한국 현대사와 개신교

한국 현대사와 개신교

2020년 12월 4일 초판 1쇄 인쇄
2020년 12월 11일 초판 1쇄 발행

지은이 강성호 강인철 권진관 김진호 김현준 김흥수 이만열 이종구 최태육 한홍구
기 획 한국기독교교회협의회 신학위원회 · 성공회대학교 민주자료관 · 평화박물관
펴낸이 김영호
펴낸곳 도서출판 동연
등 록 제1-1383호(1992. 6. 12)
주 소 서울시 마포구 월드컵로 163-3 2층
전 화 (02)335-2630
전 송 (02)335-2640
이메일 yh4321@gmail.com

ISBN 978-89-6447-634-5 03200

한국
현대사와
개신교

강성호 강인철 권진관 김진호 김현준
김흥수 이만열 이종구 최태육 한홍구

함께 지음

한국기독교교회협의회 신학위원회
성공회대학교 민주자료관
평화박물관 공동 기획
한홍구 강석훈 편

동연

이 책은 2017년 11월부터 2018년 10월까지 1년에 걸쳐서 진행된 '개신교와 한국 현대사'라는 제목의 월례강좌를 기초로 해서 만든 것입니다. 이 월례강좌를 열었던 목적 가운데는 전례가 없던 일련의 사건들로 한국 사회가 요동치고 있던 상황 속에서 특별히 우리 자신인 교회(개신교)를 역사의 흐름 속에서 엄밀하게 성찰해야 한다는 문제의식이 포함되어 있었습니다.

역사에 대한 해석과 평가는 난해한 과제입니다. 더욱이 유난히도 큰 폭으로, 그리고 따라잡기 버거운 속도로 급변하는 한국 사회를 진단하는 일은 더 어려운 일일 것입니다. 이 책도 그러한 어려움에서 예외는 아니겠지만, 그럼에도 이 책에서 다루는 각 주제는 그것의 연원과 경과를 심층적으로 들여다보는 통시적 측면을 강조함으로써 지금의 현실 속에서의 구체적 적용을 가능하게 하는 설득력과 호소력을 갖고 있습니다.

이 책은 한국 현대사와 개신교를 함께 성찰하는 주제들로 구성되어 있으며, 각각의 글은 충분한 논거를 바탕으로 뚜렷한 논지를 보여주고 있습니다. 그러므로 이 책이 연구자들을 포함하여 해당 주제에 깊은 관심을 가진 독자들에게 유용하게 활용될 수 있을 것이라고 확신합니다.

교회는 사회와 불가분의 관계에 있습니다. 그것을 성경은 너무도 잘 보여줍니다. 성경 전부가 인간의 역사 및 사회와 밀착되어 형성된 하나님의 말씀이기 때문입니다. 그러므로 교회의 참 모습 가운데 하나는 사회적 관계임을 결코 부인할 수 없습니다. 이러한 점에서 개신교가 한국 사회 안에서, 그리고 신앙인 개인이 세속 사회 안에서 존재하는 상황을 분석하는 작업은 중요한 일일 것입니다. 많은 분이 이 책을 읽고 함께 고민하면 좋겠습니다. 각 주제에서 뚜렷이 제시된 문제에 관련된 충분한 토론이 이어져서 한국 사회와 한국교회 모두가 큰 발전의 길을 갈 수 있기를 소망합니다.

이 책은 객관적 입장에서 교회의 현대사적 위치에 관하여 고민한 역사학자의 문제의식에 대하여 기독교 학자들이 답을 하는 형식을 중심으로 구성되어 있습니다. 교회를 섬기는 신앙인의 관점에서 보면 여기서 다루는 내용이 다소 불편하게 느껴질 수도 있겠지만, 그것은 이 책이 분석적인 학문 담론을 중심으로 하기 때문이라는 점을 이해해주기를 바랍니다. 독자 여러분께서 교회에 대한 큰 애정을 갖고 이 책의 내용을 읽어주시면 고맙겠습니다.

이 책은 한국교회의 기도와 헌신, 그리고 강연의 첫 시작을 함께했던 성공회대학교 민주자료관의 도움 덕분에 출판될 수 있었습니다. 더불어 강연마다 함께 해주셨던 강연자님들의 노고가 있었기에 가능했습니다. 성공회대학교의 모든 구성원과 한국기독교교회협의회(NCCK)의 가족인 모든 교단의 성도님들께 감사의 인사를 드립니다. 그리고 교회협을 위해 헌신하시는 이홍정 총무님, 특히 이 책의 기획과 출판의 모든 과정을 이끌어주신 강석훈 국장님에게 감사를 드립니다. 마지막으로

강의 녹취록을 글의 형태로 풀어주신 남기평, 하성웅, 김진수 님과 초고
와 녹취록을 종합하여 원고의 기초를 만들어주신 박은성, 민성식 님께
감사의 인사를 드립니다.

2020년 11월
한국기독교교회협의회 신학위원회 위원장 박찬웅

차 례

성조기 휘날리며[*]

친미·반공의 한국 개신교 역사를 돌아본다

한홍구 ｜ 성공회대학교 교수

한국 개신교, 왜 성조기를 드나

엄혹했던 유신시대의 민주화운동에 대해 이야기할 때면 기독교의

---

[*] TBS교통방송 〈김어준의 뉴스공장〉에서는 '사회주의 개헌 반대'라는 독특한 주장에 삼일 절에도 성조기를 들고 모이는 개신교의 행태에 주목하여, 2018년 3월 5일 필자를 초대하 여 수구의 주력이 된 개신교의 역사와, 집회마다 외국 국기인 성조기를 들고 나오는 이들 의 우파답지 않은 행태에 대한 분석을 시도했다. 필자가 기독교사 전문가가 아니면서도 여기에 응한 이유는, 우선 주제 자체가 필자 자신도 역사학도로서뿐 아니라 한 명의 시민 으로서 몹시 궁금한 주제이고, 그런 궁금증과 사안의 현실적 중요성 때문에 2017년 11월 부터 각 분야의 전문가들을 모시고 동학 몇 명과 월례 공부 모임을 운영해오고 있었기 때 문이다. 청취자들의 반응이 뜨거워 다음 날인 3월 6일 한차례 더 방송을 하게 되었고, 《녹 색평론》의 원고청탁으로 이어졌다. 본고의 내용과 관련하여 좀더 깊은 분석을 원하는 독 자들은 기독교와 반공주의에 대해서는 강인철, 《한국의 개신교와 반공주의》(중심, 2007); 적산 분야는 강인철, 《종속과 자율 - 대한민국의 형성과 종교정치》(한신대학교출판부, 2013); 개신교의 국가폭력과 민간인 학살과 관련해 서는 최태육, 〈6·25전쟁 개전 초기 (1950.6~9.) 민간인 집단희생과 한국 기독교의 관계〉, 《한국기독교와 역사》 44호(2016); 권력과의 유착은 윤경로, 〈분단 70년, 한국 기독교의 권력유착 사례와 그 성격〉, 《한국기 독교와 역사》 44호(2016); 개신교의 부정적 역할에 대한 개괄적인 설명은 강성호, 《한국 기독교 흑역사 - 열두 가지 주제로 보는 한국개신교 스캔들》(짓다, 2016) 등을 참고하기 바란다.

역할을 빼놓을 수 없다. 분단과 전쟁과 학살을 거치면서 궤멸되었던 진보세력이 아직 다시 살아나지 못하고 있던 시절, 유신의 폭압에 가장 치열히 맞선 세력은 개신교와 천주교의 양심적인 성직자와 신도들이었다. 그러나 한국 사회가 민주화와 산업화를 이루면서 21세기에 들어와서는 개신교, 특히 대형교회는 수구보수 진영의 중심세력으로 떠올랐다. 노무현 정권 출범 직후부터 본격화된 수구세력의 가두집회에서 대형교회가 신도를 동원하느냐 마느냐는 집회의 규모가 기백 명에 머무느냐 수만 명에 이르느냐를 결정하는 유일한 변수였다. 수구진영의 가두집회는 최근 들어 흔히 '태극기 집회'라 불리고 있지만, 이 집회는 거의 대부분 성조기가 등장한다는 점에서 매우 독특한 모습을 보인다. 일반적으로 보수 우파는 민족을 내세우고, 좌파는 계급을 내세우는 것이 상례이지만, 한국에서 자칭 우파들은 민족보다는 동맹을 내세워왔다. 사실 독재정권 시절 사형 등 가장 심각한 정치적 탄압을 받은 사람들은 진보당, 인혁당, 통혁당, 해방전략당, 남민전 등에서 보듯이 민족과 통일을 내세운 이들이었다. 박정희 시대에는 그래도 '민족적 민주주의'니 '민족중흥'이니 하는 구호는 들어볼 수 있었지만, 시간이 흐를수록, 특히 1980년 광주민중항쟁 이후 반미운동이 확산되면서 미국에 대한 태도는 보수와 진보, 또는 우파와 좌파를 판별하는 기준이 되어버렸다고 할 수 있다. 미국에 대한 태도가 우파로서의 정체성에서 가장 중요한 기준이 되어버린 한국의 수구 보수세력은 계급 대신 민족을 이데올로기로 내세운 다른 나라의 보수세력과는 크게 달랐다고 할 수 있다.

2016~2017년에 걸친 촛불과 탄핵으로 보수진영은 큰 위기를 맞았다. 한국 현대사에서 해방 이후 최대의 위기를 맞이했다 해도 과언이 아닐 것이다.[1] 세월호 사건 이후 정부의 무능과 거짓에 질려온 시민들은 박근혜가 최순실에 의해 조종되는 꼭두각시였다는 데 분노했다. 범야

권이 겨우 과반을 차지할 정도의 의회에서 3분의 2가 동의하여 탄핵이 이루어진 것은 폭발적인 국민적 분노 때문에 수구 보수진영에 균열이 발생했기 때문이다. 자유한국당에서도 박근혜를 출당했고, 대형교회도 극렬 친박이 주도한 박근혜 살리기 '태극기 집회'에 신도들을 동원하지 않았다. 그럼에도 '태극기 집회'가 일정 규모 이상으로 지속적으로 진행된 것을 보면, 민주 개혁진영이 그동안 보수세력의 집회를 일당 받고 동원된 군중이 모인 것으로 폄훼하던 시각을 교정해야 할 것이다.

2018년 3월 1일 개신교는 "교회여, 일어나라! 모이자! 나가자! 외치자!"라는 전투적인 구호 아래 '공산·사회주의 개헌 반대', '자유민주 수호', '한미동맹 강화'를 내걸면서 삼일절 구국기도회 및 범국민대회를 열었다. "걸을 수 있는 사람은 다 나와라!"라고 명령한 이 구국기도회와 범국민대회는 박근혜 탄핵 국면에서 한발 뒤로 물러섰던 개신교와 대형교회가 다시 전면에 등장하여 수구 보수진영의 전열을 재정비한 것이라 할 수 있다.[2] 수만 명이 모여 태극기와 성조기를 흔든 대회의 성과에 고무된 이 대회 주최 측의 한 목사는 3월 8일 '전국 목회자 비상 구국회개 기도회', 그 한 달 뒤에는 25만 장로들의 구국기도회, 4월 17일에는 트럼프 미국 대통령의 출판기념회, 6월 첫 주에는 잠실 올림픽주경

---

[1] 1960년의 4월 혁명도 보수진영에 위기라면 위기였지만 정권을 이어받은 민주당 세력 역시 자유당에 못지않은 보수 정치세력이었다. 1987년 6월항쟁으로 맞은 위기는 6·29선언의 직선제 수용과 김대중·김영삼 양김의 분열로 돌파해낸 뒤 3당 합당으로 보수대연합을 실현하여 안정적인 보수 지배체제를 구축했다. 이후 1997년 IMF사태 당시 재벌해체 위기, 2004년 노무현 대통령 탄핵에 대한 역풍, 2008년 광우병 촛불 등이 수구 보수세력에 닥친 정치적 위기였으나, 민주 개혁진영은 이 기회를 살리지 못했고, 수구 보수세력은 살아남을 수 있었다.

[2] 이 대회의 포스터에는 참여 단체로 한국기독교총연합회, 한국기독교연합, 한국교회총연합, 미래목회포럼, 평신도지도자협의회, 전국장로회, 전국여전도회, 청년연합회, 애니선교회, 청교도영성훈련원, 각 지역 17개 광역시 대표 등이 망라되어 있다.

기장에서 목사, 장로, 초교파, 전국 10만 목회자 구국기도회를 여는 데 이어, 매주 토요일 전국 17개 광역도시 공설운동장에서 삼일절 대회와 같은 국민대회를 계속 이어가 8월 15일 '건국절' 날 서울에서 '천만 명 구국국민대회'를 개최하여 끝장을 내려고 한다고 앞으로의 계획을 발표했다.[3] 8·15도 아닌 삼일절에 성조기를 휘날리고, 미국 대통령의 출판기념회까지 열어주겠다는 한국 개신교의 행태는 어디서 연유한 것일까?

서북지방과 성조기

잘 알려진 바와 같이 한국 기독교의 중심지는 서북지방이다. 조선시대 가장 많은 과거 급제자를 낸 고을은 정주이지만, 그들은 좋은 자리에 등용되지 못했다. 조선시대의 서북 차별은 심각했고, '홍경래의 난'과 같은 정치적 저항을 낳았다. 서북지방은 물산이 풍부하고 중국과의 교역도 활발하여 경제력을 갖춘 농민들이나 상인들이 상당히 되었다. 미국 북장로회 소속의 선교사들도 조선 내에서 선교 지역을 선택할 때 "자립적 중산층이 상대적으로 많고 중앙정부나 성리학적 질서에 대한 반감"이 높다는 이유로 평안도를 선택했다.[4] 한국 근대사에서 서북지역의 특색으로 빼놓을 수 없는 것은 이곳이 19세기 초의 홍경래 난에 이어 19세기 말 청일전쟁과 20세기 초의 러일전쟁을 연달아 겪었다는 점이다. 이런 전쟁은 당대를 살아가던 사람들에게 어떤 영향을 미쳤고, 또 그들

---

[3] 전광훈, "존경하는 동역자 여러분, 감사합니다!", http://cafe.daum.net/Bigchurch/7aS/6092?q=3.1%EC%A0%88%20%EA%B5%AC%EA%B5%AD%EA%B8%B0%EB%8F%84%ED%9A%8C.

[4] 김상태, 〈평안도 친미엘리트층의 성장과 역할〉,《한국기독교역사연구소소식》51호(2001), 5쪽.

을 어떻게 변모시켰을까?

최정운은 역저 《한국인의 탄생》에서 청일전쟁과 러일전쟁 시기 신소설 분석을 통해 이 시기의 조선인들이 겪은 혼돈과 공포에 대해 상세한 분석을 해놓았다. "공동체가 개인으로 분해되어 모든 사람들이 각자 살아남기 위해 하루하루 다투며 공포에 떠는 그리고 자신을 위해서는 범죄도 마다하지 않고 여유만 있으면 자신의 욕망을 채우려고 하는 그런 공간, 모든 사람들이 아귀가 되어버린 그런 세상"[5]에서도 한복판은 역시 서북이었다. 신소설의 효시로 불리는 이인직의 〈혈의 루〉는 1894년 청일전쟁 시기의 평양을 배경으로 이야기가 시작된다. 만인의 만인에 대한 투쟁, 국가권력이 무너져버린, 아니 국가권력이 가장 흉악한 강도가 되어버린 이때, 더구나 외국 군대의 살육까지 자행되던 그때, 미국과 깊게 연결된 교회는 하나님의 은총이 충만한 안전한 피난처였다. 망해가던 조선도, 그 조선을 집어삼키려던 일본도, 청나라도, 러시아도 성조기를 내걸고 있는 교회를 건드려 미국과 불편한 관계를 만들 이유가 없었다. 한국의 기독교인들이 성조기를 사랑하기 시작한 역사는 매우 오래된 것이다. 최초의 신소설 〈혈의 루〉에서 주인공인 김옥련이라는 어린 소녀는 "청일전쟁의 참담한 상황에서 일본군에 의해 구출되어 일본과 미국으로 원치 않는 유학을 가서, 나중에 조선에 돌아와 개화운동을 주도하기 위해 공부하여 신학문을 익히고 부모와 재회"[6]하도록 운명 지어졌다.

기독교의 영향 속에 일찍 문명개화의 길에 들어선 서북지방은 실제로 많은 유학생을 배출했다. 미국 유학생들의 모임인 유미조선학생총회

[5] 최정운, 《한국인의 탄생 - 시대와 대결한 근대 한국인의 진화》(미지북스, 2013), 69~173쪽. 인용문은 89쪽.
[6] 최정운, 윗글, 77쪽.

기관지 〈우라키〉에 실린 통계에 따르면, 출신지가 확인된 유학생 159명 중 평안도 출신은 73명으로 무려 46%에 달했다.[7] 서구 문물의 이른 접촉과 동경, 미국 선교사와의 교류, 남보다 빠른 영어 습득 기회 등등으로 서북 출신, 특히 평안도 출신은 다른 지역과는 비교가 되지 않을 만큼 많은 미국 유학생을 배출한 것이다. 당연히 이들은 미군정 시기에 중요한 역할을 수행하게 된다.

개신교와 친일 문제

1930년대에 접어들면서 일본의 대륙 침략이 본격화되자 한국의 기독교는 큰 시련에 빠지게 된다. 1937년 중일전쟁 무렵부터 일본은 신사참배를 강요했다. 우상숭배를 거부하는 기독교 입장에서 신사참배는 큰 충격이었다. 가톨릭과 감리교는 신사참배 요구에 일찍 순응했고, 미국 북장로 교단은 신사참배를 거부하여 숭실학교 등을 자진 폐교하고 한국에서 철수했다. 감옥행을 택한 극히 일부를 제외하고는 한국 기독교 지도자들은 신사에 참배하는 굴욕을 겪었다.

1941년 태평양전쟁이 발발하면서 미국은 식민지 조선에게는 적성국이 되었다. 저명한 개신교 목사들을 포함하여 많은 민족주의자들이 일본의 막강한 힘에 굴복하여 일본과 협력하는 것이 조선 민족의 살길이라고 공공연히 주장하게 되었다. 이들은 "귀축미영을 도륙하자"는 구호를 외치며 일본의 전쟁 수행에 적극적으로 협력했다. 한 예로 한때 독립운동에 앞장서 옥고를 치렀으나, 친일의 길에 들어선 목사 전필순은 창씨명을 '平康美洲'(헤이코 베이슈)로 정했다. 미 대륙을 평정하겠다

---

[7] 구미유학생 통계, 〈우라키〉 1호(1925). 김상태, 앞글, 6쪽에서 재인용.

는 것이다.[8]

1945년 일제는 패망했고, 38도선 이남에는 미군의 군정이 실시되었다. 38도선 이남의 기독교인들에게 해방은 하나님의 축복이었을까? 민주화 이후 친일 경력이 논란이 되었을 때 몇몇 살아 있는 친일파들은 "일본이 그렇게 빨리 망할 줄 몰랐다"고 변명했다. 일본의 빠른 패망은 친일파들에게 충격이었지만, 민족주의자에서 친일파로 변신했던 친일파들은 이제 새로운 상황에 맞추어 친미파로 또다시 변신했다. 미국은 "귀축미영을 도륙하자"던 친일파들을 처벌하는 대신 껴안았다. 해방 후 대표적인 좌파 지식인 박치우가 평한 대로 미국은 "타도 양키를 부르짖던 친일파에게마저 미륵보살도 울고 갈 무제한 무차별적인 관용정책을 베푼" 것이다.[9] 친일파들이 일본을 섬긴 것은 일본이 강하기 때문인데, 미국은 일본보다 훨씬 더 강한 존재였다. 조선이라는 낯선 나라를 다스리려면 미국은 파트너가 필요했다. 김구와 같은 민족주의자들은 일본과 싸울 때는 미국의 주니어 파트너가 될 수 있었지만, 2차대전이 끝나고 미국이 한국의 남쪽을 지배하게 되자 상황이 달라졌다. 민족주의자 김구는 분명 우익이었지만, 냉전과 좌우대립 상황에서 미국의 파트너로 선택받지 못했다. 그는 미국의 이익이 아니라 민족의 이익을 최우선시하는 민족주의자였기 때문이다. 반면 친일파들은 자신의 이익을 위해 외세에 복무할 수 있는 자들이었다. 그중에서도 영어를 하는 친일파들의 존재는 돋보였다. 일찍부터 선교사와 접촉했거나 미국 유학 경험이 있는 기독교인들은 일본식 이름을 버리고 얼른 '존'이나 '메리'가 되어 이권을 차지했다.

---

[8] 전필순은 경기도 용인 출생으로 일본에 유학한 인물로 비서북, 비미국 유학파의 대표 격이다.
[9] 박치우, 《사상과 현실》(백양당, 1946), 225~227쪽.

분단과 서북 출신의 월남

서북의 기독교인들에게는 해방이 소련 군정과 공산정권의 수립으로 이어졌다는 점에서 재앙과도 같은 것이었다. 물론 김일성과 기독교와의 깊은 관계[10]나 초기 이북 정권의 천도교 등에 대한 정책을 볼 때, 초기의 공산정권이 기독교 자체를 박해한 것이었는가에 대해서는 이론이 있을 수 있지만, 당사자들은 심각한 박해로 받아들이고 남쪽으로 남쪽으로 피난을 갔다. 그 규모는 정확히 조사된 바는 없지만, 이에 대해 가장 깊은 연구를 한 강인철 교수는 북한의 전체 개신교 신자는 총인구의 2.2% 선인 20만 명이었고, 이 중 대략 35~40% 선인 7~8만 명 정도가 월남한 것으로 추산했다.[11] 월남한 개신교인들은 남쪽의 개신교에서 주도권을 장악했을 뿐 아니라 가장 강력하고 조직적이고 공격적인 반공주의자로 등장했다. 이들이 남쪽에서 물적 토대를 갖추는 데에는 미군정의 힘이 결정적이었다.

미군정은 일본제국주의 국가기관과 일본인들 소유의 '적산'(敵産)을 미군정청에 귀속시켰다. 미군정에서 적산 불하의 실무를 맡은 적산관리처장은 한국인 최초의 신학 박사 남궁혁이었고, 적산의 분배에는 언더우드 등 선교사 출신들이 깊이 관여했다. 이들은 천리교나 신도 등 일본계 종교법인의 재산을 개신교, 특히 북에서 월남한 개신교 지도자들과 교인들에게 불하했다. 한동안 한국 개신교의 상징으로 군림한 한경직 목사의 영락교회는 천리교 교회당 자리였고, 한신대의 전신인 조

---

[10] 1892년생인, 김일성의 어머니 이름이 강반석(康盤石)인 것으로 볼 때, 강반석은 틀림없이 모태신앙의 소유자였을 것이다. 김일성의 아버지 김형직도 숭실학교 출신으로 부모 양쪽이 기독교와 깊은 관련을 갖고 있었다.

[11] 강인철, 《한국의 개신교와 반공주의》, 417쪽.

선신학교와 성남교회는 동자동 천리교 본부 자리에, 서북청년단의 주요 거주지에 자리 잡은 해방교회는 일본군의 호국신사 자리에, 기독교 박물관은 남산의 조선신궁 별관 자리에, 숭의여학교는 경성신사 자리에, 1970년대 민주화운동의 주요 거점의 하나였던 경동교회도 천리교 교회당 자리에 각각 들어서는 등 전국적으로 최소 91개의 개교회와 YWCA 본부 등 기독교 단체들이 적산을 불하받아 성립되었다. 아무리 적산이라 하더라도 천리교의 조선인 신도 등 연고권을 가진 사람들이 정식으로 불하받았음에도 미군정을 내세운 서북 출신의 월남 개신교도들은 매우 폭력적인 방법으로 적산을 접수하여 남쪽에 기반을 잡았다.[12] 개신교 측은 대단히 폭력적으로 진행된 적산 접수에 대하여 "해방 후 일본 신사나 일본 사원 자리가 예수교 예배당 혹은 교회학교로 변모된 것은 하나님의 특별한 은총인 동시에 기독교의 승리이며, 한국교회의 광영이며 사교(邪敎)에 대한 역사적 심판의 한 단면"이라고 찬양했다.[13]

폭력적 국가 건설과 개신교

대한민국은 하나님에 대한 기도로 출발했다. 1948년 5월 31일 개원한 제헌국회에서 최연장자로서 임시의장에 선임된 이승만의 첫마디는 "대한민국 독립민주국 제1차 회의를 여기서 열게 된 것을 우리가 하나님에게 감사해야 할 것입니다"였다. 그는 평안북도 출신의 목사 이윤영[14]을 지목하여 기도를 올리게 했다. 이윤영은 "이 우주와 만물을 창조

---

12 강인철, 《종속과 자율》, 145~184쪽: 윤경로, 앞글, 33쪽.
13 "변모된 일본신사 절간터들", 〈기독공보〉(1956년 9월 24일).
14 이승만은 1948년 7월 이윤영을 초대 국무총리로 지명했으나 한민당의 반대로 국회 인준

하시고 인간의 역사를 선립하시는 하나님"으로 시작되는 족히 5분 이상이 걸렸을 꽤 긴 기도를 올렸다.[15] 이승만의 내각은 그야말로 기독교 내각이었다. 초대 국무총리로 지명된 인물은 제헌의회 개막식에서 기도를 올린 목사 이윤영이었다. 비록 김성수의 국무총리 지명이 무산된 것에 분노한 한민당 의원들의 반대로 이윤영은 인준받지 못했지만, 내각에는 대한민국이 기독교 국가가 아닌가 의심이 들 정도로 기독교인들이 많았다. 이승만 정권 시기에는 초대 내각의 42.9%, 역대 장차관 및 처장의 약 38%, 역대 국회의원의 21.3%가 개신교인이었다. 열렬한 천주교 신자인 장면 정부에서도 내각에서 기독교 신자의 비중이 33%로 이승만 정부에 비해 다소 떨어졌으나 여전히 대단히 높았던 것으로 볼 때, 야당 엘리트층 역시 기독교 신자가 큰 비중을 차지함을 알 수 있다. 해방 당시 남한의 개신교 인구가 전체 인구에서 차지하는 비율이 1%에 미치지 못했던 것을 고려한다면 이 정도 개신교인들의 정부 고위직 진출은 엄청난 것이었다.[16] 국가 건설 과정은 아주 강력한 폭력행사를 수반하게 마련인데, 분단국가 대한민국의 건설 과정은 김두한의 회고록 제목[17] 그대로 그야말로 피로 물든 것이었다. 내각 구성원의 약 40%가 개신교인이었던 것에 못지않게, 제주4·3사건에서부터 1950년 한국전쟁 전후의 민간인 학살에서 기독교인의 역할은 컸다. 4·3사건의 경우 위로는 지휘체계의 이승만·조병옥에서부터 아래로는 일선의 서북청년단원들에 이르기까지 기독교인들이 주된 역할을 맡았다. 한경직 목사는 대담집에서 "우리 영락교회 청년들이 중심되어" 서북청년단을

을 받지 못했다.

15 〈국회속기록〉 제1회 제1호, 단기 4281년 5월 31일, 2면, 국회회의록 시스템.
16 강인철, 《한국의 개신교와 반공주의》, 201~202쪽.
17 김두한, 《피로 물들인 건국 전야 – 김두한 회고기》(연우사, 1963).

조직했고 "제주도 반란사건을 평정"했다고 말한 바 있다.[18] 국민보도연맹의 경우도 연맹의 사실상의 조직자인 오제도나 최초의 처형을 지시했을 것으로 추정되는 내무부장 장석윤, 서울시경찰국장 김태선, 육군정보국장 장도영 등이 모두 개신교도였다. 학살에서는 죽일 것인가 살릴 것인가를 정하는 '분류' 작업을 반드시 거치게 되어 있는데, 국민보도연맹에서의 분류 기준을 작성한 것은 물론이고, 학살 현장에서 손가락 총을 쏘아 생사를 가르는 작업에 목사나 기독교인들이 많이 개입했다.[19] 특히 스스로를 '백두산 호랑이'라는 가당치 않은 이름으로 부른 악명 높은 학살자 김종원은 여순사건 당시 '예수 믿는 사람'은 풀어주고 나머지는 처형하곤 했다고 한다.[20]

황석영의 소설 〈손님〉으로 잘 알려진 신천학살은 월남했던 서북 출신 청년들이 유엔군과 함께 북한으로 들어가 자행한 학살이다. 냉전의 역사에서 한국전쟁은 1989년 동유럽 공산진영의 몰락 이전, 공산진영의 영토 일부가 서방세계의 통치를 받은 유일한 사례였다는 점에서 특별한 위치를 점한다. 모든 전쟁은 끔찍한 것이지만 이 짧은 '해방'은 북한 사람들에게는 끔찍한 기억으로 남아 있다. 지금 북한 정권은 이 기간 벌어진 학살을 '미제 승냥이들'에 의한 것이라 선전하고 있는데, 미군이 작전지휘권을 행사했다는 점에서 미국의 책임을 부인할 수는 없지만, 실제 학살을 자행한 사람들은 남쪽에서 올라간 이북 출신의 월남자들,

18 김병희 편저, 《한경직 목사》(규장문화사, 1982), 1982, 55~56쪽.
19 감리교 목사로 '진실·화해를 위한 과거사정리위원회' 조사관을 역임한 최태육 목사는 그의 박사학위 논문에서 개신교 목사와 교인들이 민간인 학살에서 수행한 역할을 자세히 다루었다. 최태육, 〈남북분단과 6·25전쟁 시기(1945~1953) 민간인집단희생과 한국 기독교의 관계연구〉(목원대학교 대학원 박사학위 논문, 2015. 2). 학살 현장에서의 역할에 대해서는 339~401쪽 참고.
20 진실·화해를위한과거사정리위원회, 〈2010년 상반기 조사보고서 6〉, 512쪽.

특히 반공적 기독교 청년들이었다. 이들의 정신적 지주는 한경직 등 월남한 목사들이었다. 구약 성서 〈스가랴〉 11장 17절에는 "화 있을진저, 양떼를 버린 못된 목자여, 칼이 그 팔에 우편 눈에 임하리니 그 팔이 마르고 그 우편 눈이 아주 어두우리라"라 하였다. 그러나 이들 월남 목사들은 양떼를 버렸다는 자책 대신 공산주의자들에 대한 적개심을 전면에 내세우고 붉은 용을 없애는 십자군 원정에 나선 것이다. 천사와 사탄의 대결, 선과 악의 대결에는 결코 타협이 있을 수 없었다. '양떼를 버리고 도망친 못된 목자'라는 역사적 트라우마와 학살의 기억은 국제적으로 냉전이 종식된 오늘날에도 한국 기독교가 한반도 내에서 전개되는 냉전과 남한 사회 내에서의 이념 갈등에서 가장 전투적인 전사 역할을 하고 있다는 사실을 설명하는 역사적 근거가 된다.

한국전쟁은 한국민 대다수에게 엄청난 불행이었지만, 역설적이게도 한국 기독교의 팽창을 가져온 결정적 계기였다. 한국전쟁 이후 미국은 한국 사회에서 엄청난 영향력을 행사하게 되었는데, 기독교는 민간영역의 한국인들이 미국과 통하는 마법의 문이었다. 대한민국의 초대 대통령 이승만은 기독교도요 한국인으로는 최초로 미국에서 박사학위를 취득한 인물이었다. 미국이 한국에 원조한 구호품들은 많은 경우 교회를 통해 배분되었고, 미션스쿨과 교회는 영어 습득과 미국 유학의 기회를 제공했다. 한국전쟁 전후의 시기는 빨갱이로 몰린다면 목숨을 부지하기 힘든 광기 어린 학살의 시대였다. 이때 목사님이 '우리 교회 신자'라고 보증해주는 것은 빨갱이로 몰린 사람들에게는 가장 확실한 구원의 보증서였다. 교회는 농촌 공동체에서 튕겨 나와 도시로 오게 된 전쟁 피난민들에게 국가나 사회를 대신하여 복지를 제공하는 거의 유일한 사회조직이었다. 더구나 여성들에게는 교회에 나가는 것이 특별한 매력을 주는 것이었다. 유교의 영향이 강한 한국에서 교회에 나가면 번거로운 제사를 지내지 않아도 되기 때문이었다. 요컨대 '빽'이 중요한 한국에서 교회에 나가는 것은 '미국 빽'과 '하나님 빽'이라는 두 개의 든든한 백을 제공받는 것이었다. 성조기는 단순히 동맹국의 국기가 아니었다. 한국 사회에서 성조기는 그것을 드는 것을 통해 살아남을 수 있고, 식량을 얻을 수 있고 생존을 가능케 해주는 부적과도 같은 존재였다.

반공과 독재 그리고 성령대폭발

한국의 개신교는 반공과 친미를 내세운 국가권력과 결탁하여 국가권력의 비호 속에 성장했다. 미군정과 이승만 정부 시절 교도소의 교무과장에 목사들이 임명되었고, 개신교는 전쟁 초기부터 군부대, 군병원, 포로수용소에서 자유로운 포교활동을 하고(불교는 월남 파병 이후에야 군대 내 포교 활동을 할 수 있었다) 1960년대에는 경목제도를 통해 경찰서와 유치장에서, 1970년대에는 향목제도를 통해 향토예비군이나 민방위 훈련장에서 선교의 '황금어장'을 누릴 수 있었다. '전군 신자화 운동'이 벌어진 군대는 단순한 황금어장이 아니라 가히 가두리양식장이라 할 수 있었다. 강인철 교수는 "1966년 9월 현재 국방장관(김성은)과 3군 참모총장(육군 김계원, 해군 김영관, 공군 장지량), 해병대사령관(강기천), 주월한국군사령관(채명신)이 모두 개신교인에 의해 충원되는 진기한 현상"이 일어났다고 지적한 바 있다.[21] 1960년대 중반부터 아시아에서는 처음으로 시작된 국가조찬기도회는 종교행사를 매개로 새로운 방식의 정·경 연대를 가능케 하며 연례행사로 자리 잡았다.

국가와 개신교의 밀착관계를 보여주는 대표적인 사례는 여의도 등

---

21 강인철, 《한국의 개신교와 반공주의》, 356쪽.

지에서 거의 매년 벌어진 초대형 대중전도집회다. 1973년 5월 여의도 5·16광장에서 닷새 동안 열린 '빌리 그레이엄 한국전도대회'는 닷새 동안 무려 320만 명이 참여하는 대성공을 거두었다. 정부는 통행금지를 해제하고 각종 편의를 제공하는 등 이 집회를 적극 후원했다. 1974년 8월에는 여의도에서 '엑스플로74'라는 초대형 전도집회가 열렸고, 전두환이 막 대통령에 취임하기 직전에 열린 1980년 8월의 '80세계복음화대성회'는 연인원 1,700만 명이라는 초유의 동원 기록을 세웠다.[22]

이와 같은 대규모 집회에 대한 국가적 지원은, 유신 독재하에서 활발히 벌어진 개신교의 민주화운동에 대한 대응이기도 했다. 1973년 4월의 남산 부활절 예배사건으로 인한 박형규 목사 등의 구속, 1974~1975년 인혁당 사건 과정에서 지학순 주교의 구속 및 오글 선교사와 시노트 신부의 추방 등은 외국에 박정희 정권이 종교를 탄압한다는 인상을 주었는데, 이 같은 대규모 전도집회 개최는 한국에 종교의 자유가 넘치고 있는 것처럼 보이게 하는 효과를 거둘 수 있었던 것이다.

빠른 근대화를 추구하면서 군사독재정권은 미신 타파를 강력히 추진했고, 교회는 이에 열렬히 호응했다. 그러나 한국 기독교는 샤머니즘을 밀어내고 교세를 확장한 것이 아니었다. 한국의 기독교는 샤머니즘과 결합하여, 급격한 사회변동으로 불안에 떠는 대중들이 샤머니즘에서 바랐던 것을 대신 제공해주면서 세력을 확장했다. 교회가 샤머니즘적 요소를 끌어들이거나 용인하기도 했지만, 때로는 샤먼들이 적극적으로 기독교의 옷을 빌려 입기도 했다. 최태민은 샤먼이 적극적으로 기독교의 옷을 빌려 입은 대표적인 사례이다. 일본제국주의하에서 순사로 복무했던 최태민은 해방 후에도 경찰, 교사, 사업가 등 다양한 직업

---

22 앞의 책, 128~134쪽.

을 거쳐 1970년대 초반에는 신도안에서 멀지 않은 대전시에서 '원자경'이라는 이름으로 무당 노릇을 하고 있었다. 그는 신기(神氣)가 세어 인근의 다른 무당들이 설설 기었다고 한다. 최태민은 곧 원자경이란 이름을 버리고 영세교라는 새로운 종교를 창설하여 교주가 되었다. 1975년 2월 최태민이 당시 사실상의 퍼스트레이디 역할을 하던 박근혜를 처음 만났을 때는 영세교 교주였지만, 채 석 달이 안 되어 최태민은 개신교 목사의 신분으로 대중 앞에 나타났다. 무당이나 규모가 작은 신흥종교의 교주 자격으로는 아무리 박근혜를 좌지우지할 수 있다 해도 대중 앞에 나서기엔 무리였던 것이다. 또한 당시 개신교 일각에서 반유신민주화운동이 거세게 일어나고 있는 상황에서 박근혜로서는 자신이 나서 기독교 쪽으로부터 강력한 유신 지지세력을 동원하는 것은 반가운 일이 아닐 수 없었다.

최태민은 1975년 5월 분단의 상징인 임진각에서 반공과 안보를 내세운 대규모 구국기도회를 열었고, 이어 구국십자군을 조직하여 기독교 목사 다수를 군사조직으로 편제하고 100여 명의 목사와 전도사를 모아 군사훈련을 실시했다.[23] 당시 한국에서는 목사 타이틀을 사고파는 것이 가능했는데, 무당이었던 최태민은 약 10만 원을 주고 목사가 된 것으로 알려졌다. 이런 최태민이 총재로 있던 구국십자군에는 유명 교단의 지도적 목사들이 앞 다투어 가담하여 군사훈련을 받았다. 흥미로운 점은 권진관이 지적했듯이 "최태민도 그가 무당이나 교주였을 때는 냉전이나 반공 이데올로기를 내세우지 않았다. 그가 목사가 되는 순간 반공·멸공 담론을 생산했던 것을 주목할 필요가 있다"는 점이다.[24]

23 "구국선교단 목사, 군사훈련 퇴소식 근혜양 참석", 〈경향신문〉(1975년 5월 26일).
24 권진관, 〈최태민과 한국기독교 문제〉(2016), 미발표 원고.

한 가지 흥미 있는 사실은 지극히 기독교적인 십자군이란 명칭을 냉전 상황에서 먼저 사용한 것은 최태민이 아니라 박정희였다는 점이다. 1960년대 중반 베트남전쟁에 한국군을 파병하면서 박정희는 한국군에 '자유의 십자군'이 되라고 강조했다. 한국군이 베트남에서 철수할 때 박정희는 '어제의 평화십자군'이었던 이들에게 '오늘의 유신십자군, 구국십자군'이 되어달라고 당부했다.[25] 최태민은 남베트남 정권의 붕괴로 남한으로서는 심각한 안보 위기를 느끼는 상황에서 기민하게 박정희가 말했던 구국십자군을 들고 나왔다. 그것은 친일 경찰에서 무당으로 변신한 최태민이 반공을 내세워 기독교를 동원하면서 권력의 핵심으로 진입하는 과정이었다.

민주화의 역설 – 개신교의 보수화

1987년 한국 사회의 민주화 이후 개신교는 눈에 띄게 보수화되었다. 사실 개신교의 보수화란 잘못된 표현이라 하겠다, 개신교는 원래부터 대단히 보수적이었으니까. 한국 개신교가 진보적인 성향을 띨지 모른다는 생각은 1970년대에 개신교의 민주화운동이 활발히 벌어진 것이 가져온 착시현상일 것이다. 1970년대의 민주화운동에서 개신교나 천주교가 극히 중요한 역할을 한 것은 분명한 사실이지만, 민주화운동 분파가 개신교나 천주교 내에서 강했다고 할 수는 없다. 특히 외국의 선교 자금 원조에 크게 의존했던 개신교의 민주화운동은 국내적 재생산 기반을 확보하지 못한 채 원조가 끊어진 뒤 급속히 퇴조했다.

그 상징적인 고비는 역설적으로 1988년, '민족의 통일과 평화에 대

---

25 "박대통령 치사, 유신의 십자군 되라", 〈매일경제〉(1973년 3월 20일).

한 한국기독교회 선언'이라는 대단한 중요한 선언이 채택되었을 때였다. 개신교 내에서 민주화운동을 이끌어온 세력도 친미와 반공이라는 점에서는 정권과 유착한 보수 개신교 세력과 다를 바 없었다. 그러나 이 선언은 화해와 사랑의 종교여야 할 개신교가 반공을 내세우며 반목과 대립과 증오를 부추겨온 것에 대한 공개적인 회개였다. 한국 개신교 역사에서 정말 의미 있는 선언이었지만, 그 반작용은 더 컸다. 민주화의 파고가 독재권력을 넘어 개신교 자체의 반성과 회개로 향하자 위기감을 느낀 기독교의 보수세력이 굳게 결속하기 시작했다. 그 결과물이 바로 1989년 발족한 한국기독교총연합회(한기총)이다.

개신교가 '한국 사회 우익세력의 리더'로 화려하게 부상한 것은 2003년 1월 이후 대규모 반김·반핵 국민대회를 개최하면서부터였다. 2002년 하반기 두 여중생이 미군 장갑차에 희생된 사건을 계기로 민주 시민들의 촛불집회가 이어지고, 그 힘이 수구 보수세력에게는 천만 뜻밖에 노무현의 당선으로 이어졌다. 이 절체절명의 위기에 화려하게 등장한 것이 '애국 기독교'였다. 한기총이 조직적으로 움직이고, 조용기, 김홍도 등 대형교회 목사들이 전면에 나서 만들어낸 일련의 대형 집회는 대형교회야말로 수구 보수세력 내에서 유일하게 동원력을 지닌 집단, 1980년대 말~1990년대 초 민족민주운동 내에서 전대협(전국대학생대표자협의회)이나 한총련(한국대학총학생회연합)이 그랬던 것처럼이라는 것을 유감없이 보여주었다.

1950년 한국의 기독교 신자 수는 50만 명이었는데, 1991년 800만을 넘어섰다. 1990년대 초까지 10년 단위로 두 배씩 팽창했다는 것을 의미한다. 한국 기독교는 세계에서 유례를 찾을 수 없을 정도로 급팽창했지만, 양적인 성장이 곧 질적인 성숙을 의미하는 것은 아니었다. 성장을 향해 돌진해간 한국의 기독교는 종교적인 내면화를 거칠 겨를이 없었다. 한국 기독교의 팽창은 대형교회를 중심으로 이루어졌다. 조금 오래된 1993년 통계이지만, 전 세계 50개 대형교회의 거의 절반인 23개가 한국에 있고, 서울은 대형교회 신자 수에서 단연 세계 1위를 차지하고 있다. 이 같은 경향은 25년가량이 지난 지금 더욱 강화되었을 것이다. 강남개발 등 부동산 붐과 맞물린 대형교회의 출현은 지역에 대형마트가 개점하면 인근 골목상권이 직격탄을 맞는 것처럼 중소교회의 몰락을 가져왔다. 대형교회의 팽창은 신자가 새로 늘어난 것보다는 중소교회 신자의 수평이동에 의거한 것이다. 세계 최대의 대형교회는 조용기 목사의 여의도순복음교회이고, 그다음은 조용기의 동생 조용목 목사의 은혜와진리교회이다. 조용기 목사는 한때 주류 기독교에서 이단시했으나, 그 엄청난 신도 수 때문에 한국 개신교의 주류에 당당히 진입했다. 하나님을 믿고 구원을 받으면 영혼과 육체, 물질적 축복이 따른다는 조용기의 삼박자 구원론은 급격한 근대화 과정에서 불안에 떠는 대중들을 사로잡아 순복음교회를 단시간에 급성장시켰다. 순복음교회의 성장은 성장주의와 반공주의의 굳은 결합의 산물로서 개신교를 넘어 한국 사회를 이해하는 필수적인 창문이 된다.

'애국 기독교'가 '궐기'한 것은 2002년 하반기 반미를 내세운 촛불집회와 그에 힘입은 노무현 후보의 대통령선거 승리 때문이었다. 반공과 친미를 내장한 한국 개신교의 역사뿐 아니라 개신교 대형집회 출현의 계기 자체가 성조기를 휘날리게 만들 나름의 이유를 갖고 있었던 것이다. 한기총 대표회장으로 '반핵·반김 자유통일 삼일절 국민대회'를 주도한 김기수 목사는 "이 기도회가 CNN 등을 통해 미국에서도 크게 보도되면서 그 취지에 공감하는 교포, 미국인들의 전화를 많이 받고 있다"고 밝혔다.[26] 《월간조선》에 실린 2003년 1월 11일의 시청 앞 기도회 사진에는 성조기가 눈의 띄지 않지만, 그다음부터 성조기가 휘날리기 시작한 중요한 이유는 미국과 보수적인 재미동포들의 반응 때문인 것으로 보인다. 이들 대회는 국내에서는 일부 극우 매체를 제외하고는 거의 보도되지 않았지만, 미국에서는 주요 방송사들이 TV 뉴스 등에서 크게 보도했던 것이다.[27]

한국 개신교는 위기에 처해 있다. 이 글에서는 본의 아니게 한국 개신교의 부정적인 측면만 집중적으로 다루었지만, 한국 개신교가 역사적으로 기여한 바는 매우 컸다. 한국 개신교가 사회의 빛과 소금이 되지 못하고 밝음과 짠맛을 잃어가고 있다는 것은 안타까운 일이다. 문제는 한국 개신교가 밝음과 짠맛을 스스로 회복할 가능성을 보여주지 못한 채, '개독교'라고 사회로부터 지탄과 조롱의 대상이 되고 있다는 점이다. 그것은 단지 이 글에서 다룬 '성조기 휘날리며'의 문제만이 아니다. 이 사회의 영적·정신적 지도력과는 거리가 먼 기복신앙, 다른 종교를 배려하거나 인정하지 않는 '무례한 종교', 주류 개신교에서는 이단이라 하지만 일반 사회에 서는 기독교 분파로 인식되는 집단들의 사회적 문제 야기, 주류 개신교 내에서 벌어지는 세습과 탈법과 재산 싸움과 성추문 등등 개신교가 안고 있는 문제는 끝이 없다. 이 문제를 해결할 힘은 개신교 내부로부터 나와야 한다. 1970년대의 유신 시기, 개신교는 우리 사회와 억눌린 자들을 위해 기도하는 데 앞장섰었다. 개신교가 사회를 위해 기도하는 것이 정상이지, 시민들이 개신교의 거듭남을 위해 기도할 수는 없지 않은가?

26 배진영, "나라와 민족을 위한 평화기도회 김기수 목사", 《월간조선》(2003년 2월호).
27 이근미, "애국 기독교 궐기 이후, 반해·반김 기도회 전국으로 확산, 3·1절 국민대회가 서울시청 광장에서", 《월간조선》(2003년 3월호).

우승열패의 신화에 빠진
기독교 민족주의

강성호*

* 독립연구자, 《한국기독교 흑역사》와 《저항하는 그리스도인》 저자

기독교 민족주의의 형성

한국 기독교의 초기 역사를 살펴보면, 기독교를 수용한 주체는 크게 장돌뱅이와 여성 그리고 양반임을 알 수 있다. 여러 시장을 돌아다니며 물건을 파는 장수를 일컫는 장돌뱅이는 내한 선교사들이 조선에 정착하는 데 중요한 역할을 했다. 일례로 이응찬, 서상륜, 백홍준 등 의주 상인들은 존 로스(John Ross, 1842~1915) 선교사를 도와 성서를 번역하는 일에 앞장섰다. 여성들은 전도부인으로 종횡무진 활약을 했다. 전도부인이란 성서를 판매하는 여성 권서(券書)를 지칭하는 말이다. 이들은 성경반을 운영하거나 사경회를 인도함으로써 한국 기독교의 기반을 다져나갔다.

유학 교육을 받은 양반 출신들은 기독교로 개종한 후 '기독교 민족주의자'로 사회운동에 참여했다. 이승만, 신흥우, 이상재, 이원긍, 유성준, 김정직 등 독립협회 활동으로 투옥되었다가 벙커(Dalziel A. Bunker, 방거, 1853~1932) 선교사의 전도로 기독교 신앙을 받아들인 '옥중 개종자'

들이 대표적인 양반 출신의 기독교 민족주의자라고 할 수 있다. 이들은 1904년에 석방된 후 양반 교회로 유명한 연동교회에서 세례를 받았으며, 기독교 민족운동의 결사체인 황성기독교청년회(YMCA)의 주역으로 활약했다.

어떻게 보면 기독교 민족주의는 매우 독특한 현상이라 할 수 있다. '기독교'라는 보편주의와 '민족'이라는 특수주의가 하나의 개념으로 만났기 때문이다. 이는 아마도 한국이 처한 특수한 상황에 기인하지 않나 싶다. 중국과 일본의 경우 침략국가와 선교국가가 일치하는 반면, 한국은 주요 침략국가가 일본이고 선교국가가 미국이다 보니 불일치하다는 특징이 있다. 즉, 미국 선교사들이 포교에 나서도 한국인들은 크게 반감을 가질 이유가 없었다. 1880년대에 기독교가 본격적으로 수용될 때는 유아 소동과 같은 반기독교 소동이 벌어지긴 했지만, 중국의 의화단 운동과 같은 대규모 반기독교 운동이 존재하지 않았다는 게 이를 반증한다. 당시 기독교가 문명의 상징으로 여겨졌던 점도 기독교 민족주의가 형성될 수 있는 요인으로 작용했다. 민족의 문제를 해결하는 데 종교(기독교)의 힘이 중요하다는 생각은 기독교 민족주의가 등장할 수 있었던 가장 큰 요인이었다.

혹자는 기독교와 민족주의의 만남을 '접합'(articulation)으로 표현하기도 한다. 접합이란 이질적 요소들이 역사적 상황과 조건 속에서 상호 연결되는 것을 설명하는 이론이다.[1] 이 주장에 따르면, 기독교와 민족주의의 만남은 상황적으로 연결되었기 때문에 접합으로 표현해야 한다. 따라서 기독교 민족주의는 기독교 문명론 등의 담론과 인적 네트워

---

[1] 최영근, 〈근대 한국에서 기독교와 민족주의의 관계 연구〉, 《한국기독교신학논총》 104집 (2017), 132쪽.

크 등을 통해 긴밀하게 결합된 접합의 산물이라 할 수 있다. 민족공동체가 당면한 문제들을 기독교 신앙과 가치에 입각하여 해결하려는 움직임이 일어난 셈이다.

양반 출신의 기독교 민족주의자들에게는 독특한 사고방식이 있었다. 바로 사(士) 의식이었다. 조선 후기가 되면, 양반적인 가치관은 점차 아래로 확산되어갔다.[2] 스스로를 사(士)라고 자각하는 사람들이 많아진 것이다. 사(士)란 유교적 윤리의 실천주체라고 할 수 있다. 사(士) 의식이 확산됨에 따라 민중들은 정치적 주체로 등장하기 시작했다. 홍경래의 난(1811), 임술민란(1862), 동학농민혁명(1894) 등은 바로 사(士) 의식을 가진 민중들이 변혁주체로 등장해 거대한 에너지를 발산한 사건들이었다. 1919년 3·1운동은 사(士) 의식을 자각한 민중들이 일으킨 획기적인 투쟁이었다.[3]

초창기 기독교 민족주의자들은 보유론(補儒論)의 논리로 사(士) 의식을 유지할 수 있었다. 보유론이란 기독교가 유교의 결점을 보완해줄 수 있다는 입장이었다. 양반 출신들이 기독교로 개종하면서도 평생 갈고 닦은 유학을 부정하거나 포기하지 않아도 되는 주장이었다. 그러다 보니 대한제국 시절 교회는 고종의 탄신일을 적극적으로 경축하거나 고종을 위한 기도회를 개최하는 일에 부정적이지 않았다. 이 시기의 기독교인들이 "충군 애국하는 의식"[4]에 적극적으로 참가할 수 있었던 이유는 근왕을 기반으로 하는 사(士) 의식이 작용했기 때문이다. 1907년 11월 상동교회의 청년들이 도끼를 메고 덕수궁에 나가 상소를 올린 행

---

2 미야지마 히로시, 《미야지마 히로시의 양반》(너머북스, 2014), 204~225쪽.
3 조경달, 《민중과 유토피아: 한국 근대 민중운동사》(역사비평사, 2009), 230쪽.
4 이만열, 〈한말 기독교인의 민속의식 동태화 과정〉, 《한국기독교와 민족의식》(지식산업사, 1991), 273쪽.

위도 사(士) 의식의 발로로 해석할 수 있다. 1905년 을사늑약을 계기로 암살을 시도하거나 자결을 택한 기독교인들의 행위도 마찬가지였다. 암살은 사(士)가 행할 수 있는 의로운 심판이었고, 자결은 사(士)로서의 양심을 지킬 수 있는 방법이었기 때문이다.

민족성 개조 프로젝트

중요한 사실은 1920년대에 이르러 기독교 민족주의의 세대교체가 이루어졌다는 점이다. 1920년대 중반에 해외 유학을 마치고 온 엘리트들을 중심으로 2세대 기독교 민족주의자들이 등장했기 때문이다. 이때부터 국내의 기독교 민족주의는 흥업구락부를 중심으로 뭉친 이승만 계열과 수양동우회로 모인 안창호 계열로 구성되었다. 1925년에 조직된 흥업구락부는 이승만이 이끌던 동지회의 자매단체였으며, 1926년에 결성된 수양동우회는 안창호의 지시로 수양동맹회와 동우구락부가 합동한 조직이었다. 참고로 수양동맹회는 안창호가 지도하던 흥사단의 국내조직이었고, 동우구락부는 안창호가 세웠던 대성학교 출신들로 구성된 단체였다. 수양동맹회와 동우구락부의 합동은 흥사단을 국내에서 강화 및 확대하고자 했던 안창호의 구상에서 비롯된 일이었다.

흥업구락부와 수양동우회는 기독교 단체를 직접적으로 표방하지 않았지만, 구성원들이 대부분 기독교 민족주의자였다. 흥미로운 건 지역과 교파가 확연히 달랐다는 점이다. 흥업구락부의 경우 기호 지역 출신의 감리교인들이 압도적으로 많았다. 반대로 수양동우회는 서북 지역 출신의 장로교인들로 이루어졌다. 이러한 인적 구성의 차이는 1930년대 한국 기독교의 지형도에 큰 영향을 미쳤다. 흥업구락부와 수양동우회는 한국 기독교의 주도권을 둘러싸고 치열한 파벌 싸움을 벌였는데,

이는 곧 감리교와 장로교 내부의 지역 다툼으로 번졌기 때문이다. 흥업구락부 인맥을 중심으로 하는 기호파와 수양동우회를 중심으로 하는 서북파 간의 교권 쟁탈전이 펼쳐진 것이다.

한국 문학사에서 근대소설의 가능성을 열었던 춘원 이광수가 쓴 〈민족개조론〉은 2세대 기독교 민족주의의 향방을 가늠해볼 수 있는 중요한 텍스트다. 잘 알려져 있듯이 이광수는 1922년 5월에 《개벽》이라는 잡지를 통해서 〈민족개조론〉이라는 글을 발표했다. 조선 민족의 쇠퇴가 잘못된 민족성에서 비롯되었다고 보고 민족성을 개조해야 한다는 게 이광수의 주장이었다. 그의 글은 곧바로 뜨거운 논란을 불러일으켰는데, 2세대 기독교 민족주의자들에게는 하나의 강령이나 다름없었다. 1920년대 중반 이후에 등장한 기독교 민족주의자들은 민족성 개조론에 바탕을 둔 실력양성운동과 계몽운동에 매료된 이들이었기 때문이다. 조선의 민족성을 개조하려고 했던 프로젝트는 기독교 민족주의자들에게 아주 중요한 기획이었다.

일제는 식민지 조선에서 정치적 자유와 합법적인 정당 결성을 허용하지 않았다. 1920년대에 식민지 지배정책을 무단통치에서 문화통치로 바꾸어도 마찬가지였다. 그러다보니 당시 언론과 종교 단체가 민족주의 세력의 큰 비중을 차지할 수밖에 없었다. 문제는 식민지 조선에서 민족주의가 문화운동의 형태로 남게 되었다는 점이다. 이는 1920년대에 새롭게 등장한 기독교 민족주의가 민족성 개조 프로젝트를 강력하게 수행하는 요인으로 작용했다. 왜냐하면, 1920년대 문화운동은 민족성 개조론을 주요 논리 중 하나로 삼았기 때문이다.[5]

민족성 개조론의 심연에는 서구 근대성에 압도당한 식민지민의 트

---

[5] 박찬승, 《한국근대정치사상사연구》(역사비평사, 1992), 209쪽.

라우마가 존재했다.6 조선의 민족성에는 사대주의, 게으름, 악성적 이기주의 등이 내재되어 있다고 매도함으로써 민족적 모욕의 감정을 불러 일으켰다. 그리고 이 모욕의 감정을 원동력으로 삼아 민족성을 개조해야 한다고 주장했다. 요컨대, 민족성 개조론은 서구 근대성에 대한 숭배와 민족성에 대한 부정을 양축으로 구성된 담론이었다. 민족성 개조론은 한국의 민족주의가 정밀한 정치철학이나 사회사상이 아니라 감정, 욕망, 태도, 히스테리와 같은 정신분석적 증상으로 존재한다는 걸 보여준다.

덕분에 한국의 민족주의는 다른 사상체계와 결합하기가 용이한 특성을 가졌다.7 기독교 민족주의가 등장할 수 있었던 이유는 기독교가 감정의 형태로 존재한 민족주의와의 결합/접합을 성공적으로 이루었기 때문이다. 식민지 조선의 민족주의가 서구 근대성에 대한 숭배와 민족성에 대한 부정을 동시에 환기시키는 방식으로 작동했다면, 기독교만큼 이 둘을 아우르는 건 없었다. 일단, 기독교가 서구 문명의 상징으로 여겨졌다는 사실을 상기해볼 필요가 있다. 또한 기독교의 중요한 교리 중 하나인 회개는 민족성을 자연스럽게 부정하는 논리로 귀결될 수 있었다. 기독교의 상징성과 교리는 민족성 개조론에 바탕을 둔 민족주의와 조우할 수 있는 요소로 작용했다.

구체적인 사례를 살펴보자. 이광수가 핵심 멤버로 참여하게 되는 수양동우회는 1926년에 《동광》(東光)이라는 잡지를 발간했다.《동광》은 민족성 개조론을 잡지 이념으로 삼았다고 할 수 있을 정도로 수양과 계몽을 강조하는 글을 무수히 많이 실었다. 예컨대《동광》의 창간호는 조

---

6 유선영, 《식민지 트라우마》(푸른역사, 2017).
7 유선영, 위의 책, 26쪽.

선 민족의 도덕적 결함을 타파하기 위해 도덕적 수양이 필요하다는 요지의 글이었다. 수양동우회의 기관지인 《동광》은 기독교 사상에 입각한 채 민족성 개조 담론을 이끌어간 매체였다고 할 수 있다.

이들의 민족성 개조 프로젝트는 농촌운동에서 아주 잘 드러났다. 흥업구락부는 결성 직후 조선기독교청년회(YMCA)를 거점으로 다양한 활동을 펼쳐나갔다. 흥업구락부의 멤버 대부분이 YMCA와 어떻게든 관련을 맺었기 때문이다. 그러다보니 일제는 흥업구락부가 YMCA의 주도권을 거의 장악한 것으로 파악하기도 했다.[8] 이때 흥업구락부의 산파역을 맡았던 신흥우가 YMCA연합회의 총무로서 YMCA의 농촌사업을 총괄했고, 흥업구락부 멤버인 홍병선 목사가 YMCA의 농촌부 간사로 실무를 담당했다. 흥업구락부가 YMCA의 농촌사업을 주도한 셈이다. 중요한 점은 YMCA가 농민들의 '정신 갱생'을 중점에 두고 농촌사업을 펼쳤다는 사실이다.[9]

반면, 수양동우회는 1928년에 기독청년면려회 조선연합회의 주도권을 확보했다.[10] 이후 수양동우회의 핵심 멤버들은 기독청년면려회 조선연합회의 기관지인 《진생》(眞生)과 《면려회보》(勉勵會報)에 필진으로 참여하여 기독교 청년운동의 방향성을 제시했다. 수양동우회의 핵심 멤버인 정인과 목사는 1928년에 장로교회의 농촌부 조직을 주도했다. 1933년 이후에는 평양의 조만식 장로를 중심으로 결성된 기독교농촌연구회의 멤버들이 주도권을 장악했지만 말이다.[11] 어쨌든 이러한 과

8 조선총독부 경무국, 《조선치안상황》(1938), 323쪽.
9 신흥우, 〈농촌사업의 삼대강령〉, 《청년》(1931년 12월호), 3쪽.
10 장규식, 《일제하 한국 기독교민족주의 연구》(혜안, 2001), 149쪽.
11 한규무, 《일세하 한국기독교 농촌운동 1925~1937》(한국기독교역사연구소, 1997), 75~81쪽.

정을 거치면서 수양동우회는 세력 기반을 다져나갈 수 있었다. 그 결과는 1935년 장로교 제24회 총회에서 정인과 목사가 총회장으로 선출된 결로 나타났다.

　문제는 기독교 민족주의자들이 농촌의 위기를 개인 차원으로 환원시켰다는 데 있다. 이들에게 농촌의 가난은 농민의 무지와 봉건적 사고에서 기인하였다. 앞에서 이야기했듯이, 민족성 개조론은 게으름이나 이기주의와 같은 부정적 요소들이 조선 민족에게 내재되어 있다고 보기 때문이다. 이때 농민들은 계몽의 대상으로만 여겨졌다. 한마디로 기독교 민족주의자들은 농민들에게 민족 개조의 숙명을 강조하면서 현실을 자기 탓으로 받아들이게 만들었다. 식민지 경제구조가 낳은 모순은 기독교 민족주의자들의 인식 범위 밖에 있었다. 기독교 민족주의자들의 농촌운동이 합법적이고 온건한 노선의 테두리를 벗어나지 못하고, 분배의 문제보다 생산력 향상에 중점을 둔 이유이기도 하다.

　이들의 민족성 개조 프로젝트에는 우생학적 세계관이 깔려 있었다. 우생학이란 19세기 후반 유럽에 확산되었던 다윈의 진화론과 사회진화론 그리고 유전학 등이 융합된 사상으로 우수한 유전자를 보존하고 열등한 유전자를 제거해야 한다는 주장을 담고 있었다. 민족의 유전학적 개량이야말로 우생학의 궁극적 목적이라 할 수 있다. 나치의 대학살이 우생학으로 정당화되었다는 사실을 상기하면 된다. 1910년대 후반에 우생학이 '민족개선학' 또는 '인종개선학'의 이름으로 알려지기 시작한 건 결코 우연이 아니다. 사실 1922년에 이광수가 쓴 〈민족개조론〉은 당시 지식인들의 우생학적 사고방식을 엿볼 수 있는 글이기도 하다.

　1933년 9월에 창립된 조선우생협회는 우생이라는 개념이 중요한 사회담론으로 자리매김되었다는 사실을 보여준다. 이때 85명이 발기인으로 참여했는데, 무려 30명이 흥업구락부 멤버였다. 조선우생협회의 발기인 가운데 기독교 민족주의자들 수가 상당했음을 알 수 있다. 우생학은 민족의 개량을 목적에 둔 만큼 우수한 인종을 만들기 위한 방법으로 결혼에 주목했다. 이때 흥업구락부의 멤버인 구자옥은 우생학의 관점에서 배우자 조건을 제시했고 출산 통제를 주장했다. 열등한 이들에게는 산아제한을, 우수한 이들에게는 출산을 장려해야 한다고 말이다.[12] 구자옥의 주장은 우생학적으로 건강한 민족 구성원을 확보하여 문명국가를 건설하자는 사고방식에서 기인했다.

기독교 민족주의자의 우생학적 세계관은 절제운동을 통해 확연히 나타난다. 한국 기독교인의 정체성 형성에 큰 영향을 미친 절제운동은 1924년 8월에 창립된 조선여자기독교절제회연합회를 계기로 본격화되었다. 1930년대 초반 무렵에는 절제운동이 전 교회 차원에서 진행될 정도로 광범위하게 진행되었다.

절제운동에서 가장 큰 비중을 차지한 건 금주운동과 금연운동이었다. 오늘날 한국 기독교인들이 금주와 금연을 신앙생활의 척도로 삼게 된 건 이때부터라 할 수 있다. 절제운동은 기본적으로 '거룩한 몸'을 더럽히지 말자는 논리를 펼쳤다. 그 외에도 범죄율 감소와 실력 양성의 차원에서 금주와 금연을 주장했다. 흥미로운 점은 술과 담배가 신체적으로나 정신적으로 해독을 주어 열등 자손을 낳아 사회적으로 큰 손실을 준다는 우생학적 사고방식이 깃들어 있었다는 사실이다. 따라서 기독교 민족주의자들에게는 음주와 흡연으로 "건강을 잃는 것은 용서하지 못할 사회적 범죄"였다.[13]

절제운동의 일환으로 전개된 공창제 폐지운동도 마찬가지였다. 기

---

12 구자옥, 〈우생문제에 대하야〉, 《우생》 제2권(1935), 19쪽.
13 〈우리 주장〉, 《동광》(1926년 8월호).

독교 민족주의자들은 우생학적 입장에서 공창폐지론을 주장했다. 성병은 장차 우량한 후손을 낳아 건강한 사회를 만드는 데 방해물이 된다는 논리를 펼쳤기 때문이다. 성병이 '저능아' 혹은 '불구자'를 배출할 수도 있다는 불안감이 기독교 민족주의자들에게 있었다.[14] 이들에게 절제운동은 민족성의 개조를 통해 폐습을 타파함으로써 우수한 인종을 만들어내는 프로젝트였다.

국가주의의 전범(典範)으로 거듭나다

민족성 개조론과 우생학적 세계관으로 점철된 농촌운동과 절제운동은 일제의 식민지배에 대한 근본적인 문제 제기로 나아가지 못했다. 특히 기독교 민족주의의 농촌운동은 일제의 농촌 지배를 합리화해주는 측면이 있었다. 원래 기독교 민족주의자들은 농촌 교회의 이탈을 막고, 사회주의 계열의 농민운동을 견제하려는 의도에서 농촌운동을 펼쳤었다. 세계 대공황(1929)으로 인한 농업공황과 일제의 식민지 수탈로 농촌경제가 파탄이 나면서 기독교가 농촌문제에 신경을 써야 한다는 우려의 목소리가 제기된 상황에서 말이다.[15]

결론부터 말하자면, 기독교 민족주의의 농촌운동은 일제의 농촌진흥운동에 흡수되어버렸다. 1933년 6월 윤치호, 신흥우 등 34명의 민족주의자들이 "당국의 자력갱생운동에 투합"한다는 명목으로 중앙진흥회를 조직한 일은 농촌운동의 관제화를 상징했다. 다시 말해서 농촌운동이 체제 내적으로 포섭된 것이다. 사실 이들의 주요 논리였던 민족성

---

14 "사회개량의 필요", 〈기독신보〉(1927년 5월 11일).
15 "사경회와 농촌문제", 〈기독신보〉(1930년 12월 3일).

개조론은 일제의 식민지배 기구인 조선총독부가 쌍수를 들어 환영할 만큼, 식민권력의 구미에 맞는 이야기였다. 민족성 개조론에 바탕을 둔 문화운동은 시간이 흐를수록 체제 내적인 운동으로 귀결될 수밖에 없었다.

이러한 상황에서 기독교 민족주의자들은 파시즘에 경도되어갔다. 사실 1930년대는 파시즘에 대한 관심이 매우 광범위하게 이루어졌던 시기였다. 그 당시 잡지와 신문을 살펴보면, 파시즘에 대한 관심이 매우 많았음을 알 수 있다. 파시즘을 옹호하는 글들이 여러 지면을 차지했고, 청년들은 히틀러와 무솔리니를 다룬 전기를 읽으며 민족주의적 의식을 고취했다. 히틀러의 수기인《나의 투쟁》을 읽고 감명을 받은 학생도 상당수 있었다. 오늘날의 감각과는 매우 달랐음을 알 수 있다.

히틀러와 무솔리니가 식민지 조선의 사회에서 각광받은 이유는 무엇일까. 일단, 히틀러와 무솔리니는 일제가 허용하는 범위 내에서 손쉽게 접할 수 있는 전기류의 주인공이었다. 하지만 식민지 조선인들이 주목한 건 이들의 파쇼적 성격이 아니었다. 히틀러가 흩어져 있던 독일 국민을 통합하여 강력한 국가로 만들어갔던 과정이 식민지 조선인들의 관심을 끌었다.[16]

흥업구락부 멤버이자 YMCA연합회의 총무였던 신흥우도 파시즘에 관심을 가졌다. 그는 1932년 4월에 미국을 여행하던 도중《히틀러전》을 읽다 히틀러가 '적극 기독교'를 주장하고 청소년 단체를 결성해 단련을 시켜 독일의 민족운동에 활용했다는 내용에 감화를 받았다고 한다. 그해 가을에 발표한 글을 보면, 신흥우가 이탈리아의 파시즘도 선호했음을 알 수 있다.[17] 1920년대부터 추진했던 외교운동과 실력양성운동

---

[16] 변은진,《파시즘적 근대 체험과 조선민중의 현실인식》(선인문화사, 2013), 410쪽.

그리고 YMCA 농촌사업이 현실의 벽에 부딪힌 상황에서 그는 세계대 공황의 난국을 파시즘으로 타개하려는 히틀러와 무솔리니에게 매료된 듯하다. 그 결과 신흥우는 흥업구락부를 대체할 조직으로 적극신앙단을 결성했다.

적극신앙단은 정신 교화, 위생 향상, 관습 개선, 사상 정화를 기치로 내걸었다. 조선의 민족성을 개조하겠다는 의지를 엿볼 수 있다. 하지만 적극신앙단은 가시적인 활동을 제대로 남기지 못한 채 해체되고 말았다. 적극신앙단이 이승만 계열이라는 점과 비밀결사체의 성격을 띠었다는 점이 문제가 되었기 때문이다. 또한 적극신앙단이 기호 지역 출신의 기독교인들로 구성되었다는 점도 크게 작용했다. 이에 YMCA의 원로 김정식이 주도한 재경기독교유지회는 적극신앙단을 배격하는 성명서를 발표하였다. 급기야 장로교회와 감리교회로부터 가입 금지라는 처분을 받았다. 여기에 신흥우는 진위와 상관없이 박인덕과의 스캔들이 터지면서 YMCA를 떠나야만 했다.

신흥우의 상황은 더욱 나빠졌다. 이번에는 흥업구락부 사건으로 감옥에 갇히는 신세가 되었기 때문이다. 가까스로 기소유예로 풀려난 뒤 그는 일제의 침략전쟁을 지원하는 '애국 프로그램'에 참여했다. 그러다 기회가 생겼다. 1939년 10월 적극신앙단 출신의 정춘수 목사가 감리교회의 제4대 감독으로 선출된 것이다. 이를 계기로 적극신앙단 계열의 인물들이 감리교회의 일선 행정을 장악하기 시작했다.

전시체제기 한국 기독교의 친일은 크게 두 가지 차원으로 이루어졌다. 첫 번째는 일본적 기독교로 재편하여 "국체에 적합한 기독교"로 거듭나는 것이다. 일본적 기독교로의 재편은 내선일체의 기독교 버전이

---

17 신흥우, 〈자유와 통제〉, 《청년》(1932년 10·11월호), 3쪽.

라고 할 수 있다. 적극신앙단 출신들은 일본적 기독교로 재편하기 위한 구체적인 방침들을 〈조선감리회 혁신안〉이라는 제목으로 1940년 10월에 발표하였다. 이때의 '혁신'이라는 건 일본적 기독교로의 재편을 의미한다. 적극신앙단 출신들은 혁신안을 보다 효과적으로 실천하기 위하여 1941년 3월 기독교조선감리회를 기독교조선감리교단으로 탈바꿈시킨 후 기독교조선감리교단의 핵심에 포진했다.[18]

〈조선감리회 혁신안〉은 크게 다섯 가지 영역(사상선도, 교학쇄신, 사회교육, 군사후원, 기관통제)으로 구성되었다. 이 가운데 사상선도의 내용을 보면, 혁신안이 매우 국가주의적 성격을 띠고 있음을 알 수 있다. 일단, '개인주의'를 이기주의로 규정한 후 이를 철저히 배격한다든가 '민주주의'를 국체에 반하는 사상이므로 이를 금지한다는 내용은 국가주의를 적극적으로 받아들이겠다는 선언이나 마찬가지였다. 또한 일제의 전쟁 기조라 할 수 있는 '내선일체'와 '팔굉일우'를 기독교적으로 재해석하려는 뉘앙스를 풍겼다. 이를 통해 기독교 민족주의자들은 국가주의 전범(典範)으로 거듭나기 시작했다. 그 밖에도 혁신안은 신사참배, 교회 애국반 활동, 지원병 촉구, 신학생들을 대상으로 한 군사훈련 실시, 구약성서 폐지, 시국에 맞지 않는 가사가 들어간 찬송가의 개정 등을 명시함으로써 국가주의의 내면화를 촉구했다.

신흥우가 일본어 잡지인 《동양지광》에 발표한 글을 보면, 그가 얼마나 국가주의적 사고를 하고 있었는지 알 수 있다. 그는 우리가 믿는 종교가 무엇이든 정치에 좌우되는 세계에 살고 있는 이상 일정한 의무를

---

18 이후 감리교회는 교권을 둘러싼 쟁탈전으로 홍역을 앓았다. 일제는 자기들의 통제하에 있는 적극신앙단 출신들을 밀어주었고, 서북파들은 빼앗긴 기득권을 되찾기 위해 적극신앙난 출신들을 밀어내는 상황이었기 때문이다. 그렇다고 서북파들이 일제에 저항했던 건 아니었다. 양측 모두 일제의 환심을 사기 위해 적극적으로 친일활동을 벌였으니 말이다.

지고 있는 국민일 뿐이라는 점을 강조했다. 한마디로 기독교인이기 전에 국민이라는 정체성을 자각하라는 메시지였다. 이때 신흥우는 "너희는 먼저 그 나라와 의를 구하라"는 성서 구절 가운데 '그 나라'를 일본 제국주의로 뭉뚱그렸다. 기독교인이 국민의 사명을 충실히 이행할수록 신과 더 가까워진다는 이야기를 하기 위해서였다. 그에게 일제의 국책에 순응, 협력, 매진하는 건 기독교인에게 부여된 신의 사명이었던 것이다.[19] 국가주의에 매몰된 그의 사고방식을 엿볼 수 있는 대목이다.

식민지 기독교의 전쟁 협력 활동

기독교 민족주의자들이 국가주의를 받아들이고 일본적 기독교로의 재편을 도모함으로써 궁극적으로 모색한 건 전쟁 협력 활동이었다. 전시체제기에 기독교 민족주의자들은 일제의 침략전쟁을 적극 협력하는 길을 선택한 것이다. 이를 위해 기독교 민족주의자들은 일제의 전쟁동원기구에 맞춰서 한국 기독교를 개편했다. 예를 들어, 장로교회는 1939년 9월 제28회 총회에서 국민정신총동원 조선예수교장로회연맹이라는 전쟁 협력 기구를 조직했다. 이때 한경직 목사가 권력에 대한 복종을 강조하는 로마서 13장을 봉독하기도 했다. 그러다 1940년 12월 국민정신총동원 조선예수교장로회연맹은 국민총력 조선예수교장로회연맹으로 바뀌었다. 중요한 사실은 국민총력 조선예수교장로회연맹을 실질적으로 이끄는 인물이 수양동우회 멤버였던 정인과 목사였다는 점이다. 1년에 한 번씩 열리는 총회에서 선출된 총회장과 노회장들이 당연직으로 국민총력 조선예수교장로회연맹의 이사장과 이사를 맡았지만,

---

19 申興雨, 〈朝鮮基督敎の國家的使命〉, 《東洋之光》(1939년 2월호), 73~75쪽.

실무를 맡은 건 총간사인 정인과 목사였기 때문이다. 기독교 민족주의자인 정인과 목사가 장로교회의 전쟁 협력 활동을 주도했다고 할 수 있다.

　감리교회의 경우 1940년 10월에 국민총력 기독교조선감리회연맹을 조직함으로써 전쟁 협력 활동을 본격화했다. 국민총력 기독교조선감리회연맹의 핵심에는 적극신앙단 출신들이 있었다. 장로교회나 감리교회 구분 없이 이들의 전쟁 협력 활동은 크게 두 가지 방향으로 진행되었다. 하나는 침략전쟁의 정당성을 선전하는 일이었다. 이들은 명사들을 초청하여 각종 시국강연과 좌담회를 개최하였다. 이러한 과정에서 예수와 사도 바울은 전쟁 협력의 상징으로 비춰졌다. 가령, 수양동우회 멤버인 백낙준은 요한복음 2장 16절에서 예수가 "내 아버지의 집"이라고 가리킨 장면을 천황에 대한 보은(報恩)의 논리로 차용했다. 예수가 '내 아버지의 집'인 성전(聖殿)을 수호했듯이 조선인들도 일본을 결사 수호해야 한다고 것을 강조하기 위해서였다.[20] 백낙준은 식민지 조선의 청년들에게 징병제에 적극 동참할 것을 권유하기 위해 예수의 서사를 가져다 썼다. 이들에게 예수의 격언은 황국 신민의 정체성을 심어주기 위한 수단에 불과했다.

　훗날 한국기독교순교자기념사업회의 초대 회장을 맡게 된 김종대 목사는 사도 바울을 내선 일체의 중요한 모델로 제시했다. 그는 사도 바울이 유대인 이름과 언어를 버리고 로마인 이름과 헬라어를 사용했듯이 기독교인들도 창씨개명과 일본어 사용을 실천해야 한다고 주장했다. 또한 사도 바울이 지중해를 점령한 로마 덕택에 전도를 할 수 있었다고 이야기하며 대동아공영권을 구축하려는 일제의 침략전쟁을 미화했다. 김종대 목사는 사도 바울의 서사를 동원해 창씨개명과 일본어 그

---

[20] 백낙준, "내 아버지의 집", 〈기독교신문〉(1942년 5월 20일).

리고 대동아공영권을 중심으로 하는 일제의 내선일체 기조를 적극적으로 지지했다. 사도 바울을 들먹이며 내선 일체를 종용했던 그가 30여 년 후 순교자들을 기리는 일에 앞장선 건 역사의 아이러니라 할 수 있다.

다른 하나는 일제의 물자 동원과 병력 동원에 적극 협력하는 것이었다. 교회가 걷는 헌금은 '애국헌금'이라는 미명하에 일제의 군자금으로 충당되었다. 정춘수 목사는 국민총력 기독교조선감리회연맹 이사장의 명의로 각종 헌납을 독촉하는 공문을 각 교회에 보냈다. 이들의 물자 동원 가운데 가장 큰 비중을 차지한 건 비행기 헌납운동이었다. 원래 이 운동은 식민지 조선의 재력가들이 앞장섰던 전쟁 협력 활동이었는데, 태평양 전쟁 발발 이후 종교계가 적극 참여하기 시작했다.

비행기 헌납운동은 교회마다 책임지고 거두어야 할 금액을 하향식으로 할당하는 방식으로 진행되었다. 즉, 중앙-지역-교회애국반으로 이어지는 상명하달식 경로를 통해 비행기 헌납운동이 전개된 셈이다. 장로교의 경우 애국기헌납기성회를 통해 각 노회에 명하여 각 교회마다 1인당 1원씩을 헌납하도록 지시했다. 예컨대, 대구 지역의 신후식 목사는 〈미영격멸 비행기 헌납운동에 관한 건〉이라는 공문을 하달해 각 교회에 일정금액을 할당하고 기한을 정해 송부하라고 독촉했다.[21] 헌금의 수준을 넘어서 강제기부가 이루어진 것이다. 그 결과 1942년 2월 10일 장로교회는 전투기 1대와 기관총 7정을 마련할 수 있는 금액에 해당하는 15만 원을 일제에 헌납했다. 이 금액은 농가 1년 수입의 160배 이상이나 되는 거액이었다. 1930년대 초반 농민의 1년 총수입은 800~900원 정도였기 때문이다.[22]

---

21 탁지일, 〈일제 말기 경상도지역 장로교단의 전시협력활동 연구〉,《한국기독교신학논총》 제58집(2008), 109~110쪽.
22 송규진 외,《통계로 본 한국근현대사》(아연, 2004), 184쪽.

한국 기독교의 전쟁 협력에서 비행기 헌납운동은 매우 중요하다. 한국 기독교는 비행기 헌납운동을 매개로 일본군과 일종의 제휴 관계를 맺게 되었기 때문이다. 예를 들어, 1941년 장로교회는 가와키시(用岸) 총력연맹 사무총장 등을 초청한 만찬회를 열어 구라시게(倉茂) 조선군 병무부장의 시국강연을 듣기도 했고, 1942년 9월 20일 일본 해군성으로부터 비행기 명명식(命名式)에 초청되어 감사장을 받기도 했다. 그해 11월 17일 일본 육군성은 경기도 내에서 헌납한 비행기 55대 중 하나를 '조선장로호'라는 명칭을 부여하기도 했다. 이러한 명명식은 비행기 헌납 행사에서 중요한 순서로 성대하게 거행되었다. 비행기에 이름을 붙여주는 행위는 식민지 조선인들의 '물신적 애국주의'를 조성하는 주요한 기제로 작용했기 때문이다.[23]

한국 기독교는 비행기뿐만 아니라 교회종도 전쟁 물자의 보급을 위해 일제에 바쳤다. 한국 기독교의 교회종 헌납운동은 전쟁 물자의 부족을 보충하기 위해 일제가 시행한 금속회수운동의 일환으로 전개되었다. 1942년 4월 10일 장로교회는 각 교회가 보유하고 있는 교회종의 현황을 조사한 다음 일제에 바치도록 지시했다.[24] 이러한 방침에 따라 1942년 5월 7일 경북노회는 "철물회수는 현하 긴급한 정세이라 우리 노회에서는 관내 수백 개 교회에서 사용하고 있는 종모 및 철제 종각 기타 철물을 일제히 헌납하기로 결의"했음을 알리며 소속 교회에 교회종을 바칠 것을 촉구했다.[25] 그 결과 1,540개의 교회종이 무기와 총알을 제작하기 위한 재료로 바쳐졌다.

그렇다면 한국 기독교의 전쟁 협력 활동은 어느 정도 규모였을까.

---

23 한민주, 《권력의 도상학: 식민지 시기 파시즘과 시각 문화》(소명, 2013), 508쪽.

24 "귀금속 헌납의 건", 〈기독교신문〉(1943년 5월 5일).

25 탁지일, 〈일제 말기 경상도지역 장로교단의 전시협력활동 연구〉, 109쪽.

1937년부터 1939년까지의 시기로 한정해서 살펴보면 다음과 같다. 참고로 천주교와의 비교를 통해 전쟁 협력 활동의 규모를 파악하도록 하자. 먼저 천주교와 장로교회의 신자 수는 1:1.86의 비율로 장로교회가 2배 가까이 많았다는 사실을 염두에 두자. 흥미로운 점은 천주교가 정신적인 측면의 전쟁 협력에서 우세했다는 사실이다.[26] 예컨대 천주교회가 일본군의 무운(武運)을 비는 기도회를 55,452회나 개최했다면 장로교회는 그보다 6배나 적은 8,953회밖에 열지 않았다. 반대로 장로교회는 물질적인 측면의 전쟁 협력에서 천주교를 능가했다. 천주교가 국방헌금으로 3,624원을 거두고 있을 때, 장로교회는 그보다 약 436배 많은 1,580,324원을 모았기 때문이다. 위문금의 경우 천주교회는 932원이지만 장로교회는 약 185배 많은 172,646원을 거두었다. 이는 아마도 개신교의 헌금 시스템이 십일조라는 독특한 현상으로 이루어진 측면이 있기 때문에 벌어진 차이이지 않을까 싶다. 신자 수의 차이를 고려해야 하긴 하지만, 장로교회의 전쟁 협력이 물질적인 측면에서 천주교보다 아주 월등히 앞섰음을 알 수 있다.

전쟁 협력 활동이 남긴 것

일찍이 함석헌은 한국 기독교가 "이때껏 남의 나라의 침략 속에 살면서 평화운동 하나 일으킨 것이 없다"고 비판했다.[27] 그의 지적대로 한국 기독교의 주류 세력은 중일전쟁(1937), 태평양전쟁(1941), 한국전쟁(1950), 베트남전쟁(1964) 등을 지지하기에 바빴을 뿐 평화에 대한 진

26 윤선자, 《일제의 종교정책과 천주교회》(경인문화사, 2001), 299쪽.
27 함석헌, 〈한국기독교 무엇을 하려는가〉, 《씨알의 소리》(1971년 8월호), 33쪽.

지한 고민을 해보지 않았다. 이는 총력전에서 이기기 위한 일제의 군사 동원에 한국 기독교가 깊이 개입하면서 국가주의와 군사주의를 내면화한 결과라 할 수 있다.

지금까지 한국 기독교 역사는 호교론(護敎論)의 관점에서 기억된 측면이 강했다. 호교론은 한국 기독교 역사를 미화하기 위한 목적으로 과거를 재구성했다. 여기에는 생략, 부정, 책임 전가, 합리화라는 네 가지 프레임이 작동했다.[28] 예컨대, 한 인물에 대한 평가를 내릴 때 불리한 내용은 전혀 거론하지 않거나(생략) 전면적으로 거부했다(부정). 아니면, 교회 분열의 원인을 상대방에게 묻거나(책임 전가) 자기가 속한 진영의 논리로 부각시켰다(합리화). 호교론의 네 가지 프레임으로는 한국 기독교의 과거사 문제를 전혀 물을 수가 없다.

그런 점에서 2007년 9월 13일 한국기독교장로회가 발표한 죄책고백 선언문은 매우 고무적이다. 이 죄책고백 선언문은 신사참배를 저지른 죄를 회개했을 뿐만 아니라 일제의 '침략전쟁'에 협력했던 일도 명확히 밝혔기 때문이다. 심지어 해방 후 과거사 청산에 소극적이었던 행태도 반성했다.

필자는 한국 기독교의 친일 문제를 전쟁과 평화의 문제로 재해석해야 한다고 생각한다. 한국 기독교는 일제의 침략전쟁에 협력하기 위해 전쟁을 정당화하고 폭력을 미화하는 말들을 쏟아냈지 않았는가. 신사참배는 그저 내선일체의 구현을 위한 하나의 방편이었을 뿐이다. 신사참배를 친일의 상징적인 행위로 이해할 수는 있지만, 신사참배만 강조하다 보면 나머지 문제들이 가려지는 폐해가 생긴다고 본다.

일제의 침략전쟁에 협력한 대가는 컸다. 무엇보다 한국 기독교는 침

---

28 강성호, 《한국기독교 흑역사》(짓다, 2016), 22~23쪽.

략전쟁을 지지함으로써 폭력의 논리에 물들게 되었다. 이는 한국 기독교가 평화를 고백하는 공동체로 나아가는 데 아주 큰 장애물로 작동했다. 현재 한국 기독교가 아무렇지 않게 쓰고 있는 교회 용어들 가운데는 군대식 사고방식을 엿볼 수 있는 말들이 있다. '총력전도', '총동원주일', '선교의 전선으로', '선교고지 탈환', '십자가 군병들아' 등은 한국 기독교의 군사주의 문화를 보여준다. 물론 이러한 용어들은 군사주의 문화가 더욱 일상적으로 파고들었던 1970~80년대의 산물일 가능성이 크다. 중요한 점은 한국 기독교가 일제의 침략전쟁에 적극 협력함으로써 군사주의 문화에 가까워지기 시작했다는 사실이다. 이 점을 분명한 인식해야 한다.

또한, 한국 기독교의 전쟁 협력 활동은 구약 성서를 경시하는 풍조로 이어졌다. 원래 한국 기독교는 구약 성서를 중시하는 특징이 있었다. 구약 성서에 담긴 이스라엘 민족의 수난사와 구원을 자신들과 동일시하려는 경향이 강했기 때문이다. 가령, 설교 시간에는 민족의식을 고취하기 위해 에스더·에스라·느헤미야 등과 같은 이스라엘 민족지도자들을 중점적으로 인용했으며, 성탄절에는 모세의 출애굽 이야기가 성극의 주요 소재로 등장했을 정도였다.[29] 조선총독부가 구약 성서를 탐탁치 않게 여길 수밖에 없었다. 그 결과 일제는 구약성서를 폐기하거나 식민 지배를 정당화하도록 해석하는 지침서로 대체하고자 했다.

구약 성서의 폐지를 주도한 이들은 기독교 민족주의자였다. 흥미롭게도 구약 성서의 폐지는 1943년에 집중적으로 나타났다. 1943년 4월에 창립된 일본기독교 조선혁신교단과 그해 5월에 결성된 일본기독교 조선장로교단 그리고 그해 10월에 조직된 일본기독교 조선감리교단

---

[29] 케네스 M. 웰스, 《새 하나님 새 민족》(한국장로교출판사, 1997), 143, 154쪽.

모두 구약을 성서에서 빼내려고 했다. 이 세 교단 모두 적극신앙단 출신들이 교권을 차지할 때 성립되었다는 공통점을 지니고 있다.

그렇다면 일제가 구약 성서를 없애버리려고 했던 이유는 무엇일까. 아마도 일제는 구약 성서에 담긴 저항적인 메시지를 제거하고 싶어 했던 것 같다. 1940년 조선총독부의 경무국 보안과가 작성한 한 보고서는 식민지 조선의 기독교가 유대 민족의 저항의식에 큰 영향을 받았다고 평가하면서, 그 배경을 구약 성서에서 찾고 있다.[30] 이스라엘 민족이 제국의 포로로 살다가 모세라는 지도자의 인도로 이집트를 탈출한 이야기(출애굽기)라든가 북이스라엘 사회의 부정부패를 비판한 아모스 예언자의 외침(아모스서) 등이 구약 성서를 이루는 텍스트라는 걸 상기했을 때, 경무국 비밀보고서의 분석은 제법 일리 있는 말을 한 셈이다. 일제는 구약 성서의 폐지를 도모함으로써 한국 기독교가 저항의식을 갖지 못하도록 만들었다. 결과적으로 일제의 종교정책은 성공적이었다고 할 수 있겠다.

지금까지 한국 기독교의 친일 문제는 신사참배 문제로 국한되는 경향이 절대적이었다. 이제 한국 기독교의 친일 문제에 대한 인식과 논의는 전면적으로 재검토되어야 한다. 바로, 신사참배의 범위를 넘어선 전쟁의 문제로 말이다. 그렇다면 한국 기독교가 일제의 강요뿐만 아니라 자발적인 측면에서도 친일에 앞장섰음을 알 수 있을 것이다. 2007년 9월에 발표된 한국기독교장로회의 죄책고백 선언문에서 유일한 아쉬운 점은 "일본 제국주의자들의 강압에 못 이겨" 신사참배에 가담했다고 한 대목이다. 한국 기독교의 역사적 책임을 수탈의 극대화라는 외적 상

---

[30] 김승태 편역, 《일제강점기 종교정책사 자료집》(한국기독교역사연구소, 1996), 336~338쪽.

황에 두는 방향으로 이야기하는 걸 지양해야 한다. 일제의 식민 지배가
남긴 부정적 유산이 한국 기독교에 어떤 영향을 미쳤는지를 꼼꼼하게
다시 따져 살펴봐야 한다.

남북분단, 전쟁 전후의 한국교회

김흥수*

*목원대학교 명예교수, 전 한국기독교역사연구소 소장

들어가며

　이 글은 필자가 지난 2018년 2월 5일 '개신교와 한국 현대사' 월례 강좌의 세 번째 강의로 발표한 내용을 녹음해 정리한 것이다. 이 글에서 다룰 시기는 분단과 전쟁 그리고 전쟁 직후의 1950년대이다. 이 시기에 접근하는 방법은 여러 가지가 있을 수 있겠지만, 여기에서는 북한 교회가 분단과 전쟁을 어떻게 경험했는지를 중점적으로 다루면서 남쪽의 이야기를 덧붙이려 한다. 남쪽 사회가 분단이나 전쟁 전후를 어떻게 경험했는지에 대해서는 우리가 잘 알고 있지만, 우리와 다른 북한 사회와 사람들의 경험에 대해서는 잘 알지 못하고 있는 게 사실이기 때문이다.

　한국전쟁이 일어나자 서방의 교회들은 이 전쟁에 큰 관심을 갖고 깊숙이 관여했다. 따라서 이에 대한 영문 자료들이 남아 있는데, 필자는 지난 2000년부터 세계교회협의회(WCC) 등을 다니며 이 자료들을 수집, 정리했다. 그리고 이것을 2003년에 한국기독교사연구소에서 《WCC 도서관 소장 한국교회사 자료집》이라는 이름으로 세 권의 책으로 펴냈다. 첫 번째는 6·25 전쟁과 관련된 자료들을 모은 것이고, 두 번째는 1970년대 이후 이북의 조선그리스도교연맹이 WCC와 어떤 관계를 맺어왔는지에 대한 자료들을 그리고 세 번째는 WCC 도서관에 있는 105인 사건, 3·1운동, 신사참배 등에 대한 자료들을 묶은 것이다. 이 자료집들에 담긴 내용들도 이 글에서 언급될 것이다.

분단 이후 남북한 교회의 상황

북한: 북조선기독교도연맹의 결성과 활동

분단 이후 북한 종교계에서 일어난 가장 큰 변화 중 하나는 종교 재편이다. 당시 북한에는 기독교뿐만 아니라 천주교, 불교, 천도교 등 여러 종교가 존재하고 있었다. 분단으로 인해 북한 사회 전체가 재편됐지만, 종교계도 크게 재편된 것이다. 이 글에서는 주로 기독교를 살펴보려 한다.

분단 이후 북한의 기독교가 재편되면서 생겨난 조직이 바로 지금 조선그리스도교련맹(조그련)으로 알려져 있는 북조선기독교도연맹이다. 조그련이 조직되는 과정을 살펴보기 전에 먼저 분단을 전후로 한 시기 북한 기독교의 상황을 먼저 알아볼 필요가 있다.

조그련이 조직되면서 북한의 기독교는 김일성 정권과 새로운 관계를 맺기 시작한다. 그 결과 조그련에 속한 교회들은 북한에 남아 있고, 그렇지 않은 교회들 그러니까 김일성 정권에 반감을 가진 교인과 교회 지도자들은 대부분 월남을 한다.

그런데 어떤 문서에 보면 북한의 기독교인들 중 월남한 사람이 수백만 명에 달한다는 기록이 있고, 이것이 학술 서적에 공공연히 인용되기도 한다. 그러나 이는 사실이 아니다. 해방 당시의 통계는 없지만 1941

년 조선총독부가 마지막으로 조사한 자료에 따르면 당시 한반도 전체의 기독교인 수는 51만 명 정도였고, 그중 북한 지역의 기독교인은 26만 명이었다. 북한에 기독교인이 훨씬 많았던 것처럼 이야기하지만 일제의 조사 결과를 신뢰한다면 남한의 기독교인 수는 25만 명 정도가 되고, 북한의 기독교인 26만 명 중 10여만 명이 월남했다고 보고 있다. 따라서 북한에서 수백만 명의 기독교인이 월남했다는 것은 있을 수 없는 일이다.

또한 태평양 전쟁이 시작된 1941년부터는 일제의 종교 간섭이 심해졌고 종교생활을 많이 통제했다. 예를 들어 기독교 같은 경우는 '나라를 지켜야 한다'는 명목으로 주일 낮 예배만 보도록 했다. 게다가 1937년 이후로는 교회에 나가는 사람도 신사참배를 해야 했고, 심지어 예배당 안에도 작은 간이 신사를 설치해두었다. 말하자면 예배당 안에서 간이 신사에 절을 하고 예배를 드려야 하는 상황이 된 것이다. 그 결과 이것을 우상숭배라고 생각한 교인들이 많이 떨어져나갔다. 이 시기에 나온 찬송가가 소설가 전영택이 1943년에 작사한 〈어서 돌아오오〉이다. 오늘날도 즐겨 부르는 찬송가로 "비록 우리가 이런 저런 죄를 지었지만, 예수 그리스도의 따뜻한 품으로 돌아와라, 예수 그리스도께서 우리 죄를 용서해주지 않겠느냐" 하는 호소가 담겨 있다.

정확한 통계는 없지만 당시 감리교나 구세군 같은 경우를 보면 1941년 이후 교인의 3분의 1이 떨어져나간다. 그러니까 1941년에 남북 각각 약 25만 명이던 교인 중에서 약 8만 명이 떨어져나갔다는 것이다. 다시 말해서 1941년에 약 25만 명이었는데, 이 중의 3분의 1인 8만 명이 떨어져나가 해방 당시에는 남한과 북한 모두 약 17만 명씩 총 34만 명밖에 남지 않았다는 이야기가 된다.

그런데 해방이 되고 나서 교회를 포기했던 사람들이 다시 교회로 몰려들기 시작한다. 선교사들이 '그레이트 무브먼트'(Great Movement)라고 문서에 기록할 정도로 급격하게 사람들이 몰려들었는데, 그래 봐야 그 전에 교회를 떠난 사람들이 다시 돌아온 것뿐이다. 그래서 해방 이후 북한에서 나온 문서를 보면 '우리 30만 기독교는'이라는 표현이 나오는데 여기에는 약간의 과장이 들어 있다고 봐야 할 것이다. 이런 근거로 필자와 강인철 선생의 경우는 해방 직후의 기독교인 수를 20만 명에서 26만 명 정도로 추산한다. 그런데도 수백만 명이 월남했다고 하는 것은 명백한 잘못이라고 해야 할 것이다.

기독교인의 수가 20만에서 26만 명으로 복구된 해방 직후, 전국 곳곳에서 부흥회가 열린다. 조그련을 만든 강양욱 역시 1945년 10월에 평안남도 성천군에서 부흥회를 인도하고 있었다. 그런데 부흥회 5일째인 10월 18일, 평양으로 빨리 와달라는 김일성의 전갈을 받고 평양으로 떠난다.

여기서 강양욱이라는 인물에 대해 좀 더 알아보자. 그는 평양신학교를 졸업한 장로교 목사로 해방 당시 목회를 하고 있었다. 남한에도 한경직 목사 등 강양욱을 기억하는 사람들이 많았고, 1970년대 초반 남북적십자회담 당시에는 남한 기자들이 평양에서 인터뷰를 한 적도 있다.

강양욱이 사망한 뒤에는 1980년대 후반부터 그의 아들 강영섭이 조그련의 중앙위원장을 맡았고, 또 강영섭이 사망한 뒤에는 강영섭의 아들인 강명철이 중앙위원장이 된다. 말하자면 조그련 중앙위원장 직책을 3대째 이어받고 있는 것이다.

2013년 북한의 전기 작가인 림인철이라는 인물이 《사랑과 믿음 속에 빛내인 삶》이라는 책을 내는데, 이것이 강양욱의 전기이다. 이 책의 내용은 그가 김일성으로부터 은덕과 배려를 받아 조그련을 이끌어왔다, 다시 말해서 김일성의 사랑과 믿음 속에서 빛나는 삶을 살았다는 것이다. 자연히 김일성의 이야기가 많이 나오고 강양욱에 대한 이야기도 나온다.

이 책이 국립도서관 북한 자료실에 있는데 아마도 국내에는 2014년쯤 들어온 듯하다. 하지만 제목만 봐서는 강양욱 전기라는 것을 알 수가 없었던 까닭에 필자도 2015년에야 읽어볼 수 있었다. 그리고 이보다 앞선 1980년대 초 강양욱이 사망했을 때 〈평양신문〉에 이틀에 걸쳐서 그의 생애가 연재되기도 했다. 이 글의 3분의 2 정도를 1992년에 필자가 펴낸《해방 후 북한교회사》뒷부분에 자료로 실을 수 있었다. 이것을 통해 강양욱이 해방 후 어떻게 북한 기독교를 재편했는지를 알 수 있었지만, 한참 뒤에 나온《사랑과 믿음 속에 빛내인 삶》에는 이보다 훨씬 상세하게 강양욱이 어떻게 조그련을 만들었는지 서술돼 있다.

강양욱이 평양에서 김일성을 만난 것이 1945년 10월 18일이니까 북한에서 김일성 정부가 활동을 시작한 지 겨우 두 달 만에 강양욱을 찾은 것이다.《사랑과 믿음 속에 빛내인 삶》에서는 이때를 다음과 같이 기록하고 있다.

"위대한 수령께서는 그에게 선생은 자식도 있고 목사로서 교인들 속에서 인망도 높으니 많은 일을 할 수 있다고 하시니, 우리 나라에는 교인들이 적지 않다고 그대로 굳게 묶어 세워 건국사에 이바지하도록 조직 동원하도록 하는 것이 중요하다고 말씀하시었다. 그이께서는 계속하여 그런데 지금 일부 종교인들은 우리와 함께 손을 잡는 것을 두려워하고 있는 것 같다고 하시면서 우리나라에 기독교가 들어오게 된 력사적 과정에 대해 지적하시었다. … 주체 34(1945)년 10월 18일. 정녕 이날은 강량욱 선생에게 있어서 진정으로 나라와 민족의 부국강병을 바라는 종교인이라면 어떤 자세와 립장을 가져야 하는가를 알게 된 운명적인 날, 새로운 인생의 출발을 알리는 인생의 봄날이었다."

— 림인철, 《사랑과 믿음 속에 빛내인 삶》(2013)

강양욱의 생애에서 김일성을 만난 날이 운명적인 날이라는 것이다. 그런데 강양욱은 김일성이 평양에서 초등학교를 다닐 때 그 학교 교사였다. 그러니까 이미 알고 있었고, 또 인척관계에 있기 때문에 부른 것이다. 그렇다면 김일성과 강양욱은 어떤 관계였을까?

1920년대 초, 김일성의 집안은 중강진으로 이주한다. 그 전에 김일성의 아버지 김형직은 평양에서 배민수 등과 함께 숭실중학교 학생들을 중심으로 조선국민회를 조직한다. 이 사건과 3·1운동을 겪고 나서 피신을 겸해 새로운 독립운동의 장소인 지금의 자강도 중강진으로 간 것이다. 그러나 겨울이면 기온이 영하 43도까지 내려가는 중강진에도 일제 순사는 있었고 결국 바로 압록강 건너편 임강으로 건너가는데, 이때 김일성도 함께 가 그곳에서 중국인 초등학교에 다닌다. 그리고 얼마 뒤 김일성은 가족과 함께 압록강 상류를 따라 백두산 쪽으로 와 북한 혜산시가 가까운 8도구라는 곳에서 살면서 학교를 다니기도 한다. (당시 중국은 이 지역을 1도구, 2도구 하는 식으로 나눴다. 지금도 압록강 두만강 답사팀과 이곳을 지나갈 때는 김일성이 살았다는 이야기를 해준다.)

1924년 김일성은 아버지의 뜻에 따라 혼자 평양으로 돌아와 창덕학교에 들어간다. 창덕학교는 장로교회 장로였던 김일성의 외할아버지 강돈욱이 세운 학교로, 이 학교에 가면 한국인의 가르침을 받아 공부도 하고 성경도 배울 수 있다며 그때까지 중국인 학교만 다녔던 김일성을 보낸 것이다. 그리고 이때 강양욱이 이 학교의 교사로 있었다. 김일성이 혼자서 8도구로부터 평양까지 온 것을 북한에서는 '배움의 천리 길'이라고 한다. 지금도 북한의 중학생들은 여름이 되면 깃발을 들고 이 길을 따라 행군한다.

창덕학교에서 2년을 공부한 김일성은 다시 8도구로 돌아갔다가 가족과 함께 무산으로 이주를 하고, 그곳에서 아버지가 사망한다. 김일성은 아버지 친구들이 운영하던 화성의숙을 잠시 다니다가 길림시로 가 육문중학교라는 중국인 학교에 입학한다. 지금도 길림에 가면 육문중학교가 잘 보존돼 있지만 남한 사람들에게는 보여주지 않는다. 창덕학교와 육문중학교는 김일성이 다닌 학교라는 이유로 교사 교류 등을 하고 있다. 이렇게 될 수 있었던 연결고리가 바로 강양욱이라고 할 수 있는데 이런 인연으로 김일성은 해방이 되자마자 강양욱을 찾았던 것이다. 강양욱이 목사라는 사실을 알았기 때문에 지금 이야기하는 소위 연합전선을 그 당시에 생각하고 있었는지는 모르지만 교인들의 도움이 필요한데 지금 교인들은 남한 지향적이고 남한으로 가려 하니 잘 해보라는 말을 한 것이다. 이것이 씨앗이 되어 1년 뒤인 1946년 11월 28일에 조그련이 조직된다. 조직될 당시는 조그련이 아닌 북조선기독교도연맹이라는 이름을 사용했다. 림인철의 책에 따르면 첫 만남 이후 조그련이 조직될 때까지 강양욱은 5차례 정도 김일성을 만났다.

1946년에는 북조선 인민위원회 선거가 있었다. 인민위원회는 이해 2월에 조직되었는데, 9월 5일에 열린 제2차 북조선 도시군 인민위원회 확대회의에서 선거일을 11월 3일로 확정한다. 그런데 이 결정을 접한 북한의 기독교 지도자들, 그러니까 이때까지 북한에 남아 있던 기독교인들이 저항을 시작한 것이다. 당시 북한을 점령한 소련군의 대표였던 스티코프(쉬띄꼬프) 장군의 일기 《쉬띄꼬프 일기 1946-1948》가 2003년에 출판됐는데 여기에는 당시의 정황이 비교적 상세히 나와 있다.

이 일기를 보면 선거 자체를 소련군 사령부가 기획하고 추진, 감독까지 했는데 북한의 목사들로부터 선거에 대한 비판적인 이야기가 나오고 있고, 심지어 남쪽의 목사들까지도 북한으로 와서 반대하고 있다는 내용이 거의 매일 등장한다. 선거가 임박했는데도 반대 세력이 계속 나타나고 있다는 것이다. 명목상의 이유는 선거일인 11월 3일이 주일이라는 데 있었다. 왜 주일에 선거를 하느냐는 것을 내세워 사실은 선거 자체를 반대하는 데까지 나아간 것이다(당시에는 남한에서도 주일에 선거를 했다). 북쪽의 기독교와 김일성 세력이 갈라지는 결정적인 계기는 바로 인민위원회 선거였던 것이다.

상황이 이렇게 되자 김일성은 물론이고 소련군 간부들까지도 북한 지역의 목사들을 설득하기 위해 교회 지도자들과 여러 단체 지도자들과의 만남을 가졌다. 이 과정에서 선거를 불과 열흘도 남겨두지 않은 10월 25일, 스티코프는 황해도 신천에 있던 김익두 목사를 접견한다. 김익두 목사는 장로교 총회장을 지냈고 남한에서도 잘 알려진 인물이었다. 1949년 조그련이 총회를 구성할 때에는 총회장이 된다.

조그련이 만들어진 이면에는 이런 정황들이 자리 잡고 있다. 2000년에 북한에서 발행된 《조선대백과사전》 제17권에는 '조선그리스도교련맹' 항목이 있는데 그 분량이 거의 반 페이지에 달한다. 그중 몇 줄만 인용해보면 이렇다.

"우리나라 그리스도인들의 권익과 리익을 옹호하며 그들의 신앙생활을 지도하는 민주주의적이며 초교파적인 그리스도인 조직. 주체35 (1946)년 11월 28일 평양에서 결성되었다."

지금도 평양에서는 해마다 11월 28일이 되면 조그련 결성 기념대회를 갖고 12월 초쯤 되면 이것이 〈로동신문〉에도 보도된다. 몇 해 전 70주년을 맞은 바 있는 조그련은 앞에서 밝힌 바와 같이 1945년 10월 18

일에 있었던 김일성과 강양욱의 만남이 씨앗이 되어 김일성을 지지하는 기독교인들을 묶어서 만든 것이라고 볼 수 있다.

그런데 결성 당시의 이름은 '북조선기독교도련맹'이었고, 1974년에 '조선기독교도련맹'으로 이름을 바꾼다. 조금 혼란스러운 것은 이때까지 이름에 '도'가 붙어 있었다는 사실이다. 남한의 한국기독교교회협의회(NCCK) 같은 교단 연합체가 아닌, 개별적 기독교도들의 모임이라는 의미이기 때문이다. 그러나 1999년부터는 '조선그리스도교련맹'이라는 이름을 사용하고 있다. 지금 남한 교회가 상대하는 북한의 기독교 조직이 바로 이 조그련이다.

남한: 좌우익 기독교의 충돌과 반공적 기독교의 정착

이렇게 북한에서는 사회주의 사회 건설의 동조세력이 만들어졌는데, 남한의 경우는 어땠을까?

남한에도 사회주의 사회 건설을 지지하는 기독교계 인사들이 있었다. 이들은 1947년 2월 종로경찰서 인근 시천교 교당에서 3·1운동 민족대표 중 한 사람이었던 김창준 목사의 주도로 기독교민주동맹 결성식을 갖는다. 이 결성식에는 이미 1946년에 결성된 민주주의민족전선에 가입해 있던 허헌을 비롯해서 수백 명이 참석한다.

하지만 이것을 기독교 단체가 아닌 '빨갱이 조직'이라고 생각한 영락교회 청년들이 몰려와 문을 열어주지 않는 시천교 교당에 돌을 던지는 등 집회를 방해, 행사 장소는 아수라장이 되고 만다. 결국 김창준과 허헌 등 참석자들은 물론 돌을 던지며 방해한 사람들 중 일부까지 수백 명이 가까운 종로경찰서(당시 서장은 장택상)로 끌려가 조사를 받게 된다. 조직을 결성하면서부터 시련이 시작된 것이다. 기독교민주동맹은 결성과 함께 "북한의 사회주의사회 건설을 지지하는 것이 애국이며 성서적"이라는 내용의 성명을 발표한다.

기독교민주동맹의 결성을 주도한 김창준 목사는 일제 때만 해도 가장 체계적으로 맑시즘을 비판한 인물이기도 했다. 그러던 그가 해방 직후 민주주의민족전선에 가입했다. 그는 기독교민주동맹을 결성하면서 "나는 평소에 예수 그리스도처럼 농민 노동자를 위해 살고 싶었지만 그러지 못했다. 그런데 이제 북한에서 그런 사회주의 사회를 건설한다고 하니, 북한의 사회주의 사회를 지지하고 신탁통치를 지지하는 것만이 예수 그리스도의 사회적 교훈을 따르는 것이다"라고 북한을 노골적으로 지지하고 나섰으며, 이런 그의 생각은 기독교민주동맹의 결성 성명서에 고스란히 반영돼 있었다.

하지만 이런 그의 생각과 기독교민주동맹의 결성은 북한에서 월남한 한경직 등과 충돌할 수밖에 없었다. 결국 1947년부터는 남한의 기독교가 북쪽을 지지하는 세력과 이승만 정부를 지지하는 세력으로 확연하게 갈라지게 되는데, 그 출발점이 바로 기독교민주동맹 결성식이었던 것이다.

그러던 중 1948년 5월에 평양에서 전조선 정당 사회단체 연석회의가 열리고 김구, 김규식 같은 이들이 여기에 참석하기 위해 월북한다. 그때 허헌과 홍명희도 갔고 김창준 목사 역시 기독교민주동맹 대표 자격으로 초청을 받아 갔다. 그런데 김창준 목사와 홍명희는 북한에 눌러 앉는다. 당시 김일성이 "평생 3·1운동을 거치면서 항일운동도 하고 계속 고생하셨는데 여기서 금강산도 보시고…"라는 식으로 이들을 설득했고 그래서 남았다는 이야기가 기록에 있다.

함흥 출신인 허헌은 그 지역에서도 교회에 많은 헌금을 한 사람이며 그의 부인 역시 그 지역 교회를 위해 전도와 헌금을 많이 한 것으로 알려져 있다. 특히 허헌은 1920년대 초반에 함흥 YMCA가 만들어질 때 초대 이사장을 맡기도 했다.

이런 허헌이 김창준 목사의 주도로 기독교민주동맹이 만들어질 때 거기에 가담한 것이다. 그러나 이 두 사람이 월북해서 눌러앉자, 1948 년 이승만 정부가 들어서면서 이 단체를 해체시켜버렸다. 그 결과 이 세력은 지하로 잠입하고 그중 일부는 북한으로 가게 된다.

이때부터 남한에서 북쪽 사회를 지지하는 사람들이 북한으로 가기 시작하는데, 필자가 연구할 당시의 통계에서는 1945년 이후 월남한 사람은 150만 명 정도 그리고 월북한 사람은 30만 명 정도로 보았다. 5대 1 정도의 비율로 월남한 사람이 훨씬 많았고 월북한 사람들 중에는 기독교인도 일부 포함돼 있었던 것이다. 다만 이 통계가 지금도 유효한지, 다시 말해서 새로운 연구가 있는지는 확인해보아야 한다.

1950년 전쟁이 일어나고 인민군이 서울을 장악하자 김창준 목사도 서울로 내려와 기독교민주동맹을 재건하는 작업을 하다가 후퇴하는 인민군을 따라 다시 북으로 돌아간다. 그는 1959년 평양에서 심장마비로 사망하는데 1948년 이후 북한에 있으면서 주로 평양 지역의 기독교인을 조그련에 가입시키는 일을 했다는 북한 쪽 문서가 있다. 이 일을 강양욱 목사와 함께 했겠지만 그가 숭실중학교를 졸업한 평양 출신의 인물인 만큼 인맥이 매우 넓었을 것으로 보인다. 해방 이후 북한의 기독교가 크게 재편되는 과정에 김창준 목사도 일조를 한 것이다.

이 시기 남한 기독교의 사정은 어땠을까? 우선 남한으로 내려온 북한 기독교인의 수를 추산해본다면 약 40~50% 정도가 1.4후퇴 때까지 월남한 것으로 보인다. 해방 직후 북한 기독교인의 수를 20만으로 잡으면 약 10만 명 정도가 월남했을 것으로 볼 수 있고, 따라서 수백만이라는 것은 있을 수 없는 주장인 것이다.

문제는 이 월남한 10만 명 정도가 남한의 기독교를 반공적인 기독교로 만드는 데 중요한 역할을 했다는 사실이다. 10만 명이라는 숫자만으로 보면 크다고 할 수 없겠지만 앞에서 말한 바와 마찬가지로 1941년경 남한의 기독교인이 25만 명 정도였으니까 전쟁 직전까지 늘어났다고 해도 30만 명 정도였을 것으로 볼 수 있는데, 5년 사이에 북한에서 10만 명이 내려왔다는 것은 엄청난 영향력을 미칠 수 있는 세력이 내려왔다고 할 수 있을 것이다. 특히 북한에서 내려온 사람들은 대부분 장남이거나 배운 사람들이어서 이들이 순식간에 남한 기독교를 장악하게 된다.

예를 들어 필자가 있었던 목원대의 경우 1954년에 신학교로 개교했는데, 당시 10명의 신학 교수 중 1명을 빼고는 모두 북한 출신이었다. 그러니까 북한에서 많이 배운 기독교인이 남한에 내려와 교회가 많지 않았던 탓에 신학교육 기관을 장악한 것이다. 그들은 그렇게 남한 기독교를 장악해가면서 북한에서 잠시 경험했던 김일성 정권을 비판하고 우익 세력의 중심인물들이 되어갔다. 결국 북한 기독교의 월남으로 인해 남한 기독교가 급격하게 우익 세력으로 재편된 것은 물론 신학적, 사상적, 정치적 재편도 함께 이루어진 것이다.

전쟁과 남북한 기독교

한국전쟁과 해외 기독교

• WCC의 노골적인 미국 지지: 한국전쟁이 일어난 뒤에는 남한 기독교가 김일성 정부를 아주 비판적으로 보게 된다. 한국전쟁에는 UN뿐만 아니라 수많은 국제기구가 다양한 방식으로 개입했는데 국제 기독교 기구들도 예외는 아니었다.

필자는 6·25전쟁이 한국 기독교에 미친 영향을 주제로 박사논문을 썼다. 하지만 논문을 쓸 당시만 해도 국제 기독교 기구들이 한국전쟁에 미친 영향에 대한 문서들을 많이 보지 못했다. 그런데 후에 WCC에 가서 여러 문서를 보고 난 뒤 서구 교회들과 WCC가 엄청나게 한국전쟁에 개입했다는 사실을 알게 됐다.

한국전쟁은 한국 시간으로 6월 25일 일어났고, 세계의 교회들이 한국 NCC가 보낸 전보를 통해 전쟁의 소식을 들은 것은 6월 27일이었다. 그리고 전쟁이 일어난 지 열흘 만인 7월 5일 세계의 교회들이 한국전쟁에 대해 논의하기 시작한다.

한국 NCC가 전쟁 소식을 알리는 전보를 보낸 곳은 미국 뉴욕에 본부를 둔 한국교회와 관련을 맺고 있던 세계선교협의회(International Missionary Council, IMC)였다. NCC 회장과 총무의 이름으로 타전된 이 전보의 내용은 이렇다.

"Large invading forces are pressing all around us. Begging immediate help from USA, use your best influence."(거대한 침략 세력이 우리 주위를 압박하고 있다. 미국의 즉각적인 도움을 구하니 당신의 영향력을 최대한 발휘해달라.)

이 전보를 받은 IMC는 즉각 '전보를 보내준 데 대해 감사한다'(Many thanks for cable)라는 말로 시작되는 답신을 통해 뉴욕에 있는 이런저런 기독교 기관들이 한국 문제를 논의하기 시작했다고 전해온다. 그리고 이를 시작으로 국제 기독교 기구들이 한국전쟁에 개입하기 시작한 것이다.

미국을 비롯한 서구의 교회들이 처음 한국 NCC의 전보를 받은 뒤 논의한 내용은 주로 한국에 있는 수많은 선교사를 철수시킬 것인가, 전쟁이 났으니 구호가 필요할 텐데 어떻게 할 것인가 같은 것들이었다.

그리고 북한군의 침략을 무력으로 막을 것이 아니라 '외교적 방법을 통해'(by political means) 사태를 해결하라는 의견을 미국과 UN에 보내자는 내용도 들어 있다. 이때까지만 해도 서구 교회는 무력보다는 외교적인 해결을 생각하고 있었던 것이다.

그런데 WCC는 이런 분위기를 완전히 뒤바꿔버린다. WCC는 1948년에 창립된 개신교의 대표적인 국제기구이다. 그러니까 WCC로서는 창립된 지 2년 만에 한국전쟁을 경험한 것이다. 당시만 해도 WCC 총회는 4년에 한 번씩 열렸다. 그리고 총회와 총회 사이의 기간에는 70~80명 정도로 구성된 중앙위원회가 중요한 안건을 논의했다.

한국전쟁이 일어난 1950년에는 7월 9일부터 캐나다 토론토에서 중앙위원회가 열리게 돼 있었는데, 그 직전에 한국전쟁이 터진 것이다. 원래 한국전쟁은 이 회의의 의제에 포함돼 있지 않았지만, 갑작스러운 한국전쟁 소식을 듣고 이 회의에서 한국전쟁 문제를 논의한 끝에 성명서를 발표하기에 이른다. 이것이 '한국 상황과 세계 질서'(Korean Situation and World Order)라는 제목의 영문 성명서이다. 이를 통해 서구의 주류 교회들이 공식적으로 한국전쟁에 대한 입장을 표명한 것이다. 그런데 문제는 이 성명서가 UN군의 한국전쟁 참전을 지지하고 나섰다는 데 있다. 그러니까 외교적인 해결을 주장하던 교회가 불과 일주일 만에 무력 사용을 도덕적으로 지지하고 나선 것이다. 어떻게 된 일일까?

결론부터 말하자면 이것은 후에 미국 국무장관이 된 덜레스(John Foster Dulles)의 개입으로 이루어진 일이었다. 미국 장로교회의 장로였던 덜레스는 한국전쟁이 일어나기 며칠 전까지 서울에 있다가 동경으로 갔는데 그곳에서 전쟁 발발 소식을 듣고 WCC 중앙위원회가 열리는 토론토로 날아갔다. 그리고 UN이 6월 26일과 27일에 걸쳐 UN군 파병을 결의했으니 이를 신학적·도덕적으로 지지해달라고 설득한다.

덜레스 이외에도 유명한 신학자 라인홀트 니버(Reinhold Niebuhr) 그리고 나치에 저항했던 마틴 니묄러(Martin Niemöller) 목사 등도 UN의 결정, 즉 UN군 파병을 지지하도록 중앙위원들을 설득하는 작업에 나서 성명서를 이끌어낸 것이다.

토론토 중앙위원회는 7월 13일에 문제의 성명서를 통과시킨다. 그런데 이 성명서의 내용을 보면, '침략 행위가 저질러졌다'(An act of aggression has been committed)라는 구절이 나온다. 그리고 그 다음에는, "활용할 수 있는 가장 객관적인 증인인 UN 한국위원단에 따르면, '계산되고 협력을 통한 공격이 북한군에 의해 비밀리에 준비되고 저질러졌음'을 모든 증거들이 보여주고 있다"(The United Nations Commission in Korea, the most objective witness available, asserts that "all evidence points to a calculated, coordinated attack prepared and launched with secrecy" by the North Korean troops)라고 했다. 한마디로 북한군이 침략했다는 것을 인정한 것이다.

그런데 당시에는 북한이 침략했다는 것을 소련이 부인하고 있었고, 동유럽의 교회들과 중국 교회도 이를 받아들이지 않고 있었다. 그럼에도 WCC 중앙위원회가 UN 한국위원단의 보고서에 근거해 이렇게 주장한 것이다.

당시 서울에서 UN 한국위원단 두 사람이 전쟁 발발 보고서를 썼는데 소련에서는 이것을 인정하지 않았다. 그런데 WCC는 이 보고서가 객관적인지 아닌지 모르는 상황에서 이 사람들의 증언에 따르면 북한이 침략했다는 내용을 성명서의 처음 두 번째 단락에 넣은 것이다. 결국 중국과 동유럽 교회들은 이 성명서가 객관성이 없다고 강력하게 항의했고, WCC는 이 문제로 한국전쟁이 진행되던 3년 내내 시달려야 했다. WCC에는 창립 당시부터 동유럽 교회들이 회원으로 가입했고,

따라서 체코나 헝가리, 동독 등의 교회 지도자들이 중앙위원으로 참여하고 있었는데 이들은 회의가 열릴 때마다 이 문제로 항의를 제기해 문제가 아주 복잡해질 수밖에 없었다. 이 성명서만 본다면 한국전쟁은 북한이 침략해서 일어난 것이라는 이야기가 되기 때문이다.

이 성명서가 갖고 있는 문제는 또 있었다. 세 번째 단락에서는 다음과 같이 주장한다.

"국가 정책의 도구로서의 무장 공격은 잘못된 것이다. 따라서 우리는 세계 질서의 도구인 UN 이 이 공격에 대응하기 위해 즉각적인 결정을 내린 것과 모든 회원국이 지지할 수 있는 경찰 행동을 허락한 데 대해 높이 평가한다."(Armed attack as an instrument of national policy is wrong. We therefore commend the United Nations, an instrument of world order, for its prompt decision to meet this aggression and for authorizing a police measure which every member nation should support.)

필자는 이 성명서에 대해 2000년대 초에 논문을 쓴 적이 있는데, 당시에는 두 번째 문장에 나오는 'commend'를 '권고한다'로 잘못 번역해 혼동이 생겼다. 여기서는 이미 UN이 결정한 것을 나중에 추인한 것이기 때문에 '높이 평가한다'라고 번역하는 것이 옳다. 그렇다면 결국 이 성명서는 UN이 경찰 행동을 결정한 것을 높이 평가함으로써 미국의 편을 들고 있는 것이다. 그리고 그것은 곧 덜레스의 편을 드는 것이기도 하다. 문제가 될 수밖에 없었다.

WCC 성명서가 지닌 세 번째 그리고 가장 핵심적인 문제는 UN군의 참전을 '경찰 조치'(police measure)라고 표현한 데 있었다. 이 표현은,

북한군이 군사 행동으로 남한을 침략했는데, UN군이 서울에 와서 침략군인 북한군을 몰아내는 것은 군사 행동이 아니라는 의미를 담고 있다. 다시 말해서, UN이 38선이라는 국제 질서를 만들어줬는데 북한이 이 국제 질서를 어기고 남한에 온 것은 범법 행위이며, UN군이 간 것은 군사 행동이 아니라 이 범법 행위에 대응하기 위한 경찰 조치라는 것이다. 한국전쟁 당시에 나온 문서들은 대부분 UN군의 참전을 경찰 조치 또는 경찰 행동이라고 표현했는데, 이것은 모두 UN의 참전을 옹호하는 표현이었다.

• **중국과 동유럽 교회들의 반발**: 퀘이커를 비롯한 평화운동을 하는 단체들은 바로 이 표현을 이유로 WCC의 성명서에 강하게 반대했다. 이 단체들은 UN의 개입이 경찰 행동이 아닌 무력 개입이라고 주장했다. 특히 1950년 10월 이후에는 UN군의 주축이라고 할 수 있는 미군에 의한 북한 지역 폭격이 크게 늘어나는데, 이것은 경찰 행동의 범위를 넘어서는 것이라는 게 이 단체들의 주장이었다.

이것은 우리가 그동안 배워왔던 것과는 달리 미국 교회가 모두 WCC의 성명서를 지지한 것은 아니라는 사실을 말해준다. 사실 퀘이커뿐만 아니라 평화운동을 하는 미국의 여러 기독교 교파가 WCC의 성명서를 비판하며 무력 개입에 반대했다.

이 성명서에 대해 세계의 많은 교회가 강하게 반발하고 나섰다. 특히 중국 교회의 반발이 거셌다. 중국 교회 지도자 151명은 1951년 4월 성명서를 발표하고, WCC를 '월스트리트의 도구이자 한국전쟁 선동가 덜레스의 도구'라고 강하게 비판했다. 그리고 1948년 창립 당시부터 WCC에 참여했던 중국 교회는 WCC에서 탈퇴한다.

WCC 성명서에 대한 반발은 동유럽의 교회에서도 일어났다. 체코

개혁교회의 신학자로서 WCC 창립 당시부터 중앙위원으로 활동하고 있던 로마드카(Josef L. Hromadka)는 북한에 대한 군사 행동을 높이 평가한 이 성명서에 대해 '현 세계의 한쪽의 무드'에 굴복하는 것이라고 항의하면서, "WCC가 지극히 모호한 상황에서 그 자신을 세계 강대국들의 한 그룹과 동일시하고 그 그룹의 군사 행동을 지지하고, 모든 UN 회원국들에게 그것에 참여할 것을 촉구하였다! 무엇인가 무서운 일이 벌어지고 말았다!"고 말했다. 로마드카는 이에 앞선 1950년 7월 헝가리 개혁교회 방문 중 "그들[어떤 정부들]은 한국 국민의 문제를 중국과 소련의 참여 없이 그리고 아시아 사람들 및 한국 국민의 이익에 불리한 방향으로 해결하고 있다"는 입장을 밝힌 바 있다. 이 같은 로마드카의 주장은 WCC가 한국 문제에서 적어도 비판적 중립의 입장을 취했어야 했으며, 그 다음에 한국 문제의 평화적인 해결을 위한 제반 노력에 나서야 한다는 것이었다. 로마드카와 같은 소수파의 입장은 두 블록 간에 힘의 균형을 유지하기를 원했으며, 자유세계에서 진정한 기독교 세계가 표현되리라는 전망을 거부하는 것이었다.

• **재미 한인 기독교인들의 활동**: 그렇다면 한국전쟁 당시 미국에 있던 한국 교포들의 입장은 어땠을까? 필자는 이 문제를 연구하기 위해 미국 밴더빌트 대학교에서 1년간 도서관의 문서들을 살펴본 적이 있다. 그런데 한 종교잡지에서 놀라운 문서를 하나 발견했다. 그 문서는 현순과 황사용이라는 이름으로 미국 교회의 목사들에게 보내진 편지였다.

현순은 상해 임시정부에서 일했던 감리교 목사로 후에 하와이에서 목회를 하기도 했고, 황사용 역시 캘리포니아주 북부에서 목회를 했던 감리교 목사였다. 한국전쟁이 일어났던 당시에는 두 사람 모두 은퇴한 상태였는데, 이들이 영어로 쓴 한 장짜리 편지의 내용은 한국전쟁이 분

열된 조선을 다시 통일시키기 위한 내전이라는 것이었다. 이들은 "한국
전쟁은 한국인들끼리의 전쟁인데 왜 미국인들이 참전하는가. 그러니
목사 여러분들은 여러분의 교인 아들들이 이 전쟁에 참전하지 못하도
록 막아달라"는 요청이 담긴 이 편지를 수천 명의 미국 교회 목사에게
보냈는데 이것을 필자가 발견한 것이다.

그리고 잘 알려지지 않은 또 한 사람, 당시 미네소타 주립대학에서
철학박사 과정을 밟고 있던 조승복이라는 사람의 이름도 발견했다. 미
네소타 주립대학 근처에는 메카레스터 대학이라는 인문대학이 있었는
데 한국전쟁이 일어난 지 이틀 만에 이 대학의 학생회가 조승복을 초청
해 한국전쟁을 어떻게 봐야 하는지 이야기를 해달라고 요청한다. 이때
조승복 역시 한국전쟁은 내전이라면서 UN과 미국의 개입에 대해 비판
적으로 이야기했고, 이것이 미네소타의 지역 신문에도 보도돼 이름이
알려져 여러 곳에 강의를 다니기도 했다. 하지만 그는 이로 인해 이민국
의 조사를 받게 되고, 결국 1951년 미국을 떠나 스웨덴으로 가서 공부
를 하게 된다.

그런데 당시 메카레스터 대학에는 배민수라는 한국인이 와 있었다.
배민수는 1915년 김일성의 아버지 김형직 등과 함께 조선국민회를 만
든 인물이다. 그는 조승복의 이야기에 대해 잘못된 이야기라고 강하게
비판했다.

미국에 있는 한국 교포들은 대부분 UN과 미국의 입장을 지지했지만
한국전쟁에 대해 달리 해석하는 교포들이 있었던 게 사실이고, 그중 세
사람의 이름을 필자가 발견한 것이다.

전쟁에 대한 북한 교회의 입장과 활동
이번에는 전쟁과 관련된 남북한 교회들의 움직임을 살펴보자. 북한

의 교회는 당연히 북한의 입장을 지지하는데, 그 대표적인 사례가 1950
년 8월 5일 평양 서문밖교회에서 열린 '전승 궐기대회'이다. 여기에는
당시 북조선기독교도연맹의 중앙위원 등 간부들과 북한 교회의 목사,
장로, 전도사 등이 참석해 북한의 기독교인들에게 전쟁에서 승리하기
위해 총 궐기할 것을 호소했다. 이 궐기대회에서 나온 〈전 조선 애국적
기독교도들과 전체 종교인들에게 보내는 호소문〉의 다음과 같은 구절
은 '이 전쟁은 정의의 전쟁이고 성전(聖戰)'이라는 북한 교회의 주장을
잘 보여주고 있다.

> "··· 각 교회에서는 반드시 미 제국주의자들을 우리 강토에서 몰아내기
> 위한 정의의 성전에서 영용한 우리 인민 군대가 하루 속히 완전 승리하
> 도록 하느님께 진실한 마음으로 필승 기원의 례배를 드리자! ··· 내란
> 도발자와 침략자를 반대하여 조국의 통일과 독립과 민주와 자유와 평
> 화를 위하여 싸우는 우리의 전쟁은 정의의 전쟁이며 신성한 전쟁이
> 다"(〈로동신문〉, 1950년 8월 7일).

기독교도연맹의 움직임이 정신적인 측면에만 그친 것은 아니다. 기
독교도연맹의 초대 총회장을 지낸 김익두 목사가 비행기, 탱크, 함선
기금 10만 원을 헌납한 것을 필두로 무기 대금 헌납운동이 북한 전역의
교회로 확산되기도 했다. 북한 교회의 지도자들은 이런 움직임을 '조국
의 통일과 독립, 민주, 자유, 평화를 위한 것'이라고 생각했다.

서문밖교회는 1938년 신사참배를 결의한 조선예수교장로회 총회가
열렸던 장소이기도 하다. 북조선기독교도연맹이 결성된 곳도 그리고
UN군이 북진한 이후 10월 29일에 UN군과 국군을 환영하는 예배를 드
린 곳도 서문밖교회였다. 그만큼 일제 강점기부터 역사적으로 큰 사건

을 많이 경험한 교회인데, 그렇게 된 이유에 대해서는 연구해볼 필요가 있을 것 같다. 한신대에서 가르치셨던 박봉랑 박사가 이 교회 출신으로 이 교회에서 전도사로 일하기도 했다.

전쟁에 대한 남한 교회의 입장과 활동

남한 교회의 경우도 남한 정부와 UN군을 지지했는데, 북한과는 달리 기존의 조직을 활용하지 않고 '대한기독교구국회' 같은 새로운 기구를 만들어 지원 활동에 나섰다. 1950년 7월 4일 피난지 대전에서 결성된 대한기독교구국회는 기독 청년 3,000명을 지원병으로 모집해 군부대에 배치시키려 했고, 국군과 UN군이 북한으로 진군한 후에는 약 1,000명을 선무공작대원으로 훈련시켜 국군의 점령지역에 파송하기도 했다.

남한의 교회들이 한국전쟁을 어떻게 생각했는지에 대해서는 당시 정보장교였던 선우휘의 소설《노다지》에서 1950년 10월 29일 평양 서문밖교회에서 열린 환영예배를 "신앙의 자유를 되찾은 평양 기독교 신자들이 제2의 해방과 그 해방군으로서의 국군과 UN군을 맞아 하나님께 감사하고 오늘의 영광을 하나님께 돌리는 대부흥 기도회"라고 묘사한 데서 잘 알 수 있다.

그런데 남한 교회에서는 남한의 편을 드는 성명서를 발표한 WCC와 미국 교회가 1951년부터 휴전을 요청하기 시작하면서 이상한 흐름이 나타났다. 당시 이승만 정부가 휴전에 반대하는 상황에서 WCC가 휴전을 주장하는 것을 놓고, 당시 WCC에 가입해 있던 미국의 교회와 독일 교회 그리고 영국 교회 등 해외의 교회들은 물론 한국의 감리교회와 장로교회 등이 WCC의 입장을 비판하고 나선 것이다. 그리고 이것이 휴전에 반대하는 자신들의 견해에 동조하지 않는 WCC를 용공단체로 몰아가기 시작하는 출발점이 됐다.

WCC를 용공단체로 처음 지목한 것은 1951년에 국회의원 25명의 이름으로 나온 성명서였다. WCC를 용공으로 지목한 이유는 WCC에 동유럽 교회도 회원으로 가입해 있다는 사실 때문이었다. WCC의 입장에서는 종교가 자본주의와는 관련이 없는 것인 만큼 동유럽 교회들도 받아들였는데, 이것을 문제 삼은 것이다. 이 성명서는 WCC가 구호활동을 많이 하고 있지만 WCC의 구호품은 받지 말자는 주장까지 담고 있었다.

이 성명서를 시작으로 1950년대 후반까지 WCC가 용공단체라는 주장이 계속 제기됐고, 결국 1959년에는 WCC 참여 문제를 둘러싸고 장로교 합동 측과 통합 측이 분열되기까지에 이른다. 사실 WCC는 우파적 성격을 갖고 있는데도 남한 사람들 중 일부는 계속해서 WCC를 용공단체로 생각했고, 이것은 2013년 부산에서 열린 WCC 총회까지 이어졌다. 이전까지 열린 모든 WCC 총회의 개회예배에는 개최국의 대통령이 참석했지만 부산 총회 당시 한국의 박근혜 대통령은 참석하지 않았다. 여전히 남아 있는 WCC에 대한 용공시비를 의식한 것이다.

북한 교회의 국제적 활동

• **세계평화회의**: 남한의 일부 교회들이 용공시비 속에서도 WCC와 관련을 맺어온 반면 북한의 교회는 WCC에 가입하지 않고 1949년에 조직된 세계평화회의(World Peace Council)에 가입한다. 북한에서는 이 이름을 세계평화이사회라고 번역한다.

평화회의는 이전에도 많이 있었다. 예를 들어 제1차 세계대전이 끝난 직후, 그러니까 우리나라에서는 3·1운동이 일어나기 직전인 1919년 1월부터 프랑스 파리에서 평화회의가 열렸다. 우리가 보통 파리강화회의라고 부르는 이 회의 이후에도 비슷한 평화회의가 여러 차례 있었다.

하지만 세계평화회의는 제2차 세계대전이 끝나고 난 뒤 전 세계의 지식인들이 참여한 가운데 프랑스에서 조직된 첫 번째 평화회의였다. 여기에 좌파 지식인들이 많이 가담했고 피카소 등 유명인들과 교회 지도자들 역시 함께 했는데, 북한에서도 소설가 한설야를 대표단장으로 3·1운동 민족대표 김창준 목사, 모스크바에서 공부한 박정예 등이 참석하기 위해 파리로 향했다. 하지만 프랑스 정부는 공산권 국가에서 온 사람들의 입국을 거부했다. 이로 인해 입국이 허용된 사람들은 파리에 남고 거부당한 사람들은 프라하로 가 결국 두 곳에서 창설대회가 열리게 된다. 북한에서 온 세 사람 역시 프라하로 가서 여기에 참석한다.

그런데 프라하에서 열린 회의장 안 북한 대표단 자리 뒤에는 현앨리스라는 여성과 그녀의 아들 정원태(미국명 정웰링턴)가 옵저버, 그러니까 그냥 비공식 대표로 앉아 있었다. 현앨리스는 앞에서 언급한 현순 목사의 딸로 미국에서 나고 자라나 잠시 한국에서 활동하기도 했지만, 1940년대 후반에는 미국에서 여성 노동운동에 가담하고 있었다. 1949년 그녀는 월북을 결심하고 아들과 함께 프라하에 왔는데, 때마침 평화회의가 열려 옵저버로 참석하게 된 것이다. 이 장면이 담긴 사진도 있다.

2015년에 이화여대 정병준 교수가 현앨리스의 일생을 다룬 책《현앨리스와 그의 시대》를 펴낸 적이 있다. 현앨리스는 1920년대에 서울에 있으면서 박헌영을 만나 함께 활동하기도 했다. 그리고 1949년에는 박헌영이 북한에서 외무상을 하고 있었기 때문에, 프라하로 가면 북한 비자를 받을 수 있으리라고 믿었던 것이다. 하지만 북한 정부가 현앨리스에게만 비자를 내주고 아들에게는 내주지 않아 결국 현앨리스만 입북했다. 그 후 박헌영 밑에서 일하다가 1955년 박헌영이 숙청당해 사형에 처해질 때 함께 숙청돼 아마도 사망한 것으로 추정된다.

한편 비자를 얻지 못해 프라하에 남은 아들 정원태는 미국으로 돌아갈 수도 없어 프라하 대학에서 의학을 공부해 의사가 된 뒤 현지 여성과 결혼한다. 그리고 병원을 개업하려 하자 북한 대사관에서 '이 자의 어머니가 간첩으로 숙청당했으니 이 자도 미제의 간첩이 분명하니 추방시키라'고 요청해 추방 명령을 받는다. 결국 남북한도, 미국도 가지 못하는 신세가 된 그는 자살로 비극적인 삶을 마감한다.

세계평화회의에는 유명한 신학자들도 참여했는데, 그중 한 사람이 한국전쟁에 대한 WCC의 성명서에 반대한 조셉 로마드카였다. 로마드카는 히틀러를 피해 미국 프린스턴 신학교에서 조직신학 교수를 하고 있었는데, 비슷한 연배의 칼 바르트(Karl Barth)와 쌍벽을 이루는 인물이었다. 그런 로마드카와 독일 본 대학의 신학자 한스 요하킴 이반트(Hans Joakim Iwand)가 주축이 돼 1957년에 기독교평화회의(Christian Peace Conference)를 결성한다. 냉전시대가 시작된 이후 기독교와 맑시즘 간의 거리가 너무 멀어지고 있었기 때문에 대화를 시도하기 위해 이 기구를 결성한 것이다.

로마드카는 한국과 일본 신학계에도 영향을 미친 인물이다. 특히 그가 1960년대에 일본을 방문한 뒤에는 일본의 좌파 지식인과 좌파 기독교 지식인들이 그에게 심취해 그의 신학에 영향을 받음으로써 이 시기 일본의 기독교는 친소 반미적 경향을 강하게 지니고 있었다.

이반트는 지난 2018년 12월 독일에서 소천한 고 이영빈 목사의 스승이다. 이영빈 목사가 독일로 유학을 가 1950년대 후반에 이반트를 지도교수로 박사학위 과정을 밟고 있을 때, 이반트의 배려로 그의 집에서 산 적이 있었다. 그런데 연말만 되면 동구권 국가 대사관 직원들이 이 집에 와서 파티를 하는 등 들락거리는 것을 보면서 많은 것을 듣고 배웠을 뿐 아니라, 동독과 서독이 서로 만나는 것을 보면서 충격도 받았다. 이반트는 기독교평화회의를 만들고 나서 1950년대 후반에 사망했고, 그의 영향을 강하게 받은 이영빈 목사는 독일에 남아 한반도의 평화와 통일을 위한 활동을 시작한다.

• **조국통일해외기독자회**: 이영빈 목사의 노력으로 1980년 9월에 독일 프랑크푸르트에서 유럽에 있는 동포들을 중심으로 '조국통일해외기독자회의'가 조직된다. 그리고 이것이 주축이 돼 1981년 11월 3일부터 6일까지 오스트리아 비엔나에서 남과 북 그리고 해외동포들이 참석한 가운데 최초의 통일회담인 '조국통일을 위한 북과 해외동포, 기독자간의 대화'가 열리게 된다. 남한에서 반정부, 그러니까 반박정희 운동을 하다가 미국과 유럽 등 해외로 나간 사람들이 중심이 돼 북한의 조그련과 정치인들을 만나 대화를 한 것이다. 두 번째 모임은 다음해인 1981년 12월 핀란드 헬싱키에서 열렸다. 첫 번째 모임이 열린 비엔나 크리스챤 아카데미의 건물이 아직도 남아 있다.

그렇지만 이들은 WCC와 NCCK의 입장에서 볼 때 '비주류'였다. 따라서 '비주류'가 남북 간의 대화를 이끌어가는 것에 위기를 느낀 WCC와 NCCK가 북한과 접촉을 시작했고, 그 결과 1984년의 도잔소 회의를 필두로 NCCK와 WCC 등 해외의 교회 및 에큐메니칼 기구들 그리고 조그련이 참여하는 '기독교 통일 대화 모임'이 이어지게 된 것이다.

한편 기독교 평화회의가 처음 열리던 1957년 일본 기독교 대표단 15명이 중국 교회와의 협의를 거쳐 중국을 방문하는 '사건'이 발생한다. 아주 어렵게 이루어진 일이지만 일본 교회는 로마드카의 영향과 세계평화회의, 기독교평화회의 등의 영향을 받아 조금씩 냉전의 장벽을 무너트려가고 있었던 것이다. 당시의 한국 상황에서는 상상도 할 수 없는 일이었다.

• **아시아 기독교평화회의:** 북한은 세계평화회의에 계속 참여하기는 했지만 기독교평화회의에는 참여하지 않고 있었다. 1952년에 열린 세계평화회의에 참석한 김창준 목사는 미국의 북한 폭격을 강하게 비난하기도 했다. 그러던 중 1975년에는 아시아와 남미, 아프리카 등 세 곳에 기독교평화회의의 지역조직이 결성된다. 이에 따라 아시아에서는 인도 남부 캐릴라주의 고타얌이라는 소도시에서 처음으로 아시아 기독교평화회의가 열리는데, 여기에 북한 조그련이 참석하기 시작한다.

사실 북한의 조그련은 전쟁 후 1950년대까지는 활동을 거의 하지 못했다. 북한에 있는 교회들이 1.4후퇴 때 대부분 월남했고, 남아 있는 사람들도 UN군이 북진했을 때는 환영회를 열기도 했던 사람들이었기 때문이었다. 그러다가 1963년 강양욱이 바르샤바에서 열린 세계평화회의에 참석하고 1975년에 열린 아시아 기독교평화회의에 참가하면서 다시 조금씩 활동을 재개해나가기 시작한다. 이후 남한 교회는 WCC를 중심으로 움직이고, 북한 교회는 세계평화회의와 기독교평화회의를 중심으로 움직여나갔던 것이다.

해외 교회의 전쟁 구호 활동

전쟁 기간 동안 남한과 북한에는 모두 해외 원조 단체들이 들어와 구호 활동을 펼쳤다. 북한에는 헝가리, 중국, 동독 등과 같은 공산권 국가들이 들어갔고, 남한에는 유럽과 주로 북미 지역의 구호 단체들이 들어왔다. 그중 가장 대표적인 것이 기독교세계봉사회(Church World Service)와 가톨릭구제회(Catholic Relief Service)였다.

최근《서울시 사회복지사》라는 책이 세 권으로 출간됐는데, 이 중 '1950년대 외원단체' 부분의 집필을 필자가 맡았다. 1950년대 중반까지 남한에서는 50여 개의 외원단체가 활동했는데, 그중 기독교 배경을 가진 단체가 40여 개였다. 말하자면 전쟁 중에 압도적으로 많은 기독교 외원단체들이 한국에 들어와 활동한 것이다. 미국에서 온 한 단체는 UN 군이 북진하자 구호 활동은 이념의 문제가 아니라는 생각으로 북한에도 가서 구호 활동을 하려 했지만 미군이 막아 뜻을 이루지 못했다는 일화도 있다.

남한에서 구호 활동을 펼친 단체들 중에는 현재까지 남아 있는 단체들도 있는데, 그중 유명한 것이 앞서 언급한 기독교사회봉사회이다. 이 단체는 1946년에 만들어졌는데 1951년 미국교회협의회(NCCC-USA)가 결성되면서 그 산하단체가 됐고 미국 개신교회의 구호 활동을 주도하기 시작했다. 그리고 이 단체로부터 어마어마한 구호품과 구호비가 남한으로 들어온다. 가톨릭의 경우는 가톨릭 구제위원회를 통해 역시 엄청난 구호품과 구호비가 들어온다. 이때 들어온 구호품과 구호비의 규모에 비하면 선교 초기 아펜젤러나 언더우드 같은 선교사들이 학교와 병원 등을 세우기 위해 들여온 돈은 푼돈에 불과하다고 해도 과언이 아니다.

그런데 이렇게 어마어마하게 들어온 구호품과 구호비가 한국의 기독교가 친미적 기독교가 되는 결정적 계기가 됐다는 사실을 부인하기 힘들다. 큰 도움을 받고 있기 때문에 이때부터는 미군이나 미국을 비난하거나 공격하는 것이 어려워졌기 때문이다. 당시 휴전에 반대한다거나 미국을 공격하는 일이 어려워진 데에는 외원단체의 영향도 컸다는 것이다.

전후

남한: 반공과 기복신앙의 확산 및 신종파의 등장

전쟁이 끝나고 난 뒤에는 남북의 기독교가 크게 달라지기 시작한다. 남한의 경우 전쟁을 겪으면서 이전과는 다른 매우 독특한 기독교, 반공적 기독교가 만들어진다. 남한 공동체를 지키기 위해서는 반공이 필요하다는 생각에서 아주 이념적이고 반공적인 기독교가 형성된 것이다.

전쟁으로 인해 죽거나 팔다리가 잘리는 등의 부상을 당한 사람의 수는 350만 명에 이르는 것으로 추산된다. 당시 한반도 전체 인구가 3,000만 명 정도였으므로 거의 한 가정에 한 사람은 죽거나 부상을 당했다는 이야기가 된다. 당연히 생존이 최우선인 비정상적인 사회일 수밖에 없었다. 그런 분위기에서 설교의 주제도 모두 생존뿐이었으니, 기복신앙이 생겨나지 않을 수 없었다. 물론 전쟁 이전에도 기복신앙이 없었던 것은 아니지만 전쟁을 겪으면서 급속하게 뿌리를 내린 것이다.

필자는 기복신앙의 확산을 주제로 박사학위 논문을 썼다. 전쟁 후 이렇게 뿌리를 내린 기복신앙이 1970년대 산업화 과정을 겪으면서 다시 한 번 확산돼 남한의 기독교는 기복적 기독교, 무속적 기독교라는 소리를 듣게 된 것이다.

문제는 기복적 기독교에는 신학이 없다는 사실이다. 예수 믿고 복 받고 출세하고 건강하면 되는 것이기 때문이다. 이런 와중에서 신학으로 남는 것은 오로지 반공밖에 없다. 다시 말해서 기복신앙이라는 배경 아래서 반공만 살아남았다는 것이다.

전후 사회의 또 다른 특성은 규범이 무너져 사라져버렸다는 것이다. 나부터 살아야 하기 때문이다. 당시 미국인들의 목격담 중에는, 중학생이 할아버지 앞에서 맞담배를 피우더라는 이야기가 있다. 지금도 담배를 피우는 청소년들에게 훈계를 하다가 다치는 어른들이 있지만, 당시에는 할아버지조차도 어떻게 하지 못할 정도로 규범이 무너져 있었던 것이다.

이런 상황에서 등장한 것이 우리에게 익숙한 통일교, 전도관, 용문산기도원 같은 이른바 '신종파'들이다. 규범이 무너지는 상황 속에서 새로운 세계, 새로운 신국, 즉 하나님 나라를 이야기하는 집단들이 생겨난 것이다.

통일교는 독특하게도 지상천국을 목표로 하는 엘리트 집단이었다. 전도관은 한강에서 부흥회를 할 때면 10~20만 명이 모일 정도로 아주 대중적인 집단으로 건강을 중시했다. 민중들의 고통을 수용하고 선교에 이용하기도 했다고 볼 수 있다.

용문산기도원은 나운몽 장로가 세운 기도원으로 추풍령 근처에 있었는데, 안타까운 삶을 살아가는 사람들이 와서 소나무를 붙들고 일주일씩 기도를 했던 곳이다. 그런데 1960년대에 들어서면서 나운몽 장로는 놀라운 신학적 발언을 한다. "기독교가 들어오기 전에 죽은 우리 조상들은 예수의 이름도 들어보지 못하고 예수 안 믿고 죽었는데, 그렇다면 선교사들이 들어오기 전에 죽은 조상들은 다 지옥에 갔다는 말이냐?"라고 물으면서 "이건 잘못된 신학이고 서구 제국주의적 신학이다. 선교사들이 그런 신학을 가르치고 있다"라고 주장한 것이다. 그것도 전쟁의 참화를 겪고 있는 교인 수만 명이 모인 자리에서 설교를 하면서 이런 이야기를 하고, 또 한국교회의 일부 목회자들이 이런 신학을 갖고 있다고 말하기도 했다. 이런 주장 때문에 나운몽 장로는 즉각 이단으로 몰리게 된다. 그런 면에서 용문산기도원에 대해서는 새롭게 해석할 필요가 있다.

북한: 반종교 문서 발간과 종교 탄압, 가정교회의 출현

한편 북한 정부는 1951년 초 '반공단체 가담 처벌에 관한 결정'과 '군중심판에 관한 규정' 등의 조치를 취했다. 전쟁에서 반공단체 가담자나 한국군과 UN군에 협조한 사람들을 가려내기 위한 것으로, 이런 사람들은 대부분 종교인들이었다. 이 과정에서 남쪽으로 돌아가지 못하고 남아 있던 사람들이 많이 숙청을 당한 것으로 보인다.

특히 미군의 공습과 아울러 UN군의 북진과 퇴진 때 보여주었던 반공 기독교인들의 행위는 미국의 종교는 기독교이고 기독교인은 미제국주의자의 앞잡이들이라는 지울 수 없는 인상을 남겼다. 북한의 입장에서 볼 때 적군에 대한 이런 태도는 반역행위였기 때문이다. 따라서 기독교 목사나 교인 역시 숙청 대상이 될 수밖에 없었다. 확인할 길은 없지만 어떤 자료에 보면 개신교 목사는 20명밖에 남지 않았다는 기록이 있다. 20명이 북한 교회를 재건한다거나 새로 교회당을 세우는 것은 불가능한 일이었다.

결국 북한에서는 1951년부터 두세 사람의 교인이 모여 기도하고 예배를 드리는 이른바 가정교회가 탄생하게 된다. 서구의 전통적 스타일이 아닌 한국적 스타일의 교회가 탄생한 것이다. 1950년대 이후의 종교탄압 상황에서 기독교의 존속을 보여주는 것은 이런 가정교회뿐이었다. 북한에서 가정교회의 등장과 존속에 대해서는 많은 사람의 이야기를 통해 확인된 바 있다. 월남한 평남 중화군 중화읍교회 유사현 목사, 노동당 간부였다가 탈북한 신평길 씨, 1977년에 북한을 방문했던 뉴질랜드의 도날드 보리 목사 그리고 1981년 비엔나에서 열린 '조국통일을 위한 북과 해외동포, 기독자간의 대화'에 참석한 조그런의 고기준 목사 같은 이들이 그들이다.

1959년부터는 북한 사회에서 아주 체계적으로 종교 탄압이 이루어지기 시작하면서 5권의 반종교 문서를 발간한다. 그중에서도 남한 사회에 그 내용이 가장 잘 알려진 것은 1959년 8월에 간행된《우리는 왜 종교를 반대하여야 하는가?》(정하철 지음, 조선로동당출판사)이다. 이 책은 종교를 비판하면서 북한 사람들이 경험한 전시의 종교 활동에 대해 "지난 3년간의 조선전쟁과 오늘 남조선에서 '하느님'의 이름을 걸고 미제가 감행한 무고한 인민에 대한 학살, 약탈, 방화 등 비인간적인 야수적인 만행은 제국주의자들의 침략과 약탈에 이용되는 종교의 추악하고 반동적인 본질을 말하여 주고도 남음이 있다"라고 언급하고 있다. 다시말해서, 종교를 '낙후한 사상 잔재'로 보고 그것의 비과학성과 반동성을 설명하면서 전쟁시 종교인들의 북한 주민에 대한 학살 가담 행위를 언급하고 있는 것이다.

다섯 권이 나온 반종교 문서들 중 이 한 권만 알려졌다는 것은 우리의 북한 연구 상황과 수준이 어느 정도인지를 말해주는 것이다. 북한이 종교를 탄압하고 있다면서 종교 탄압의 이론적 근거를 제공했던 문서가 하나밖에 없다는 사실은 남한의 학자들이 더욱 분발해야 한다는 것을 보여주는 대목이 아닐 수 없다.

문제는 이것만이 아니다. 필자는 유일하게 알려진 이 책의 원본을 2016년에 미국 국회도서관에서 찾아냈다. 그리고 우리가 알고 있는 내용과 비교해보니 본문에서만 틀린 곳이 80여 군데나 있었고, 서너 줄이 빠진 부분도 있었으며, 머리글을 서론이라고 바꾸기도 했다. 이 책은 평양에서 5만 부가 발행됐고, 분량이 45쪽밖에 되지 않는다. A4 용지로 따지면 20~30쪽 정도인 것이다. 남한에서 북한을 비판하는 책이나 글들이 이런 책의 원본을 보다 면밀히 연구할 필요가 있다는 생각에서 필자가 그 내용을 소개한 바 있다(이 책의 원문 전문을 월간《기독교사상》2017년 1월호에 소개했다).

다른 종교 비판 문서도 찾아봐야겠다는 생각에서 계속 노력하다 보니 《종교는 인민의 아편이다》(로재선 지음, 민청출판사, 50쪽, 1959년 4월 5만 부 발행)를 연변대학교에서 찾을 수 있었다. 연변대가 대학도서관을 연변 주민들에게 개방하지 않아 교포들도 책을 보지 못하는 상황이었는데 연변대의 교수를 통해서 겨우 볼 수 있었다.

그리고 《미제는 남조선에서 종교를 침략의 도구로 리용하고 있다》(백원규 지음, 조선로동당출판사, 53쪽, 1954년 4월 5만 부 발행)를 그 후에 미국 국회도서관에서 찾았다. 이 책은 제목도 영어로 돼 있어서 처음 그 도서관에 갔을 때에는 필자가 찾지 못했는데, 15년 후 이메일로 도서관 사서에게 문의하니 사서가 올드 카탈로그에 있어서 자기도 힘들게 찾았다는 연락을 주었다. 필자가 이 책을 복사하고 싶다는 뜻을 전하자 어디에 쓰려는 것이냐는 답장이 왔고, 북한 종교 연구가라고 밝히자 권당 50달러를 받고 복사해주었다. 이렇게 찾아낸 반종교 문서들을 모아 연구자들을 위해 곧 자료집으로 출간할 계획이다.

WCC와 북한 교회

이렇게 반종교 문서가 나오면서 기독교를 비롯한 북한의 종교는 사실상 소멸된다. 그러다가 1970년대에 평양에 신학원이 생기고, 1974년에는 WCC와 접촉하기 시작한다. 당시 조그련은 WCC에 서한을 전달해 남한에서 민주화운동을 하다가 감옥에 간 함석헌, 안병무 등의 인사들을 도와주라고 요청했다. 그리고 그 이후로도 WCC와 조그련은 여러 차례 서한을 주고받았고, 필자는 이 서한들을 모아 자료집으로 출판하기도 했다(《WCC 도서관 소장 한국교회사자료집 – 조선그리스도교련맹 편》, 2003).

이 과정에서 북한의 조그련이 WCC에 가입 신청을 했지만 기각당했다는 잘못된 정보가 남한으로 들어오는 해프닝도 발생했다. 냉전시대였던 만큼 북한에 대한 정보가 왜곡되는 적이 많아 생겨난 일이다. 필자역시 이 잘못된 정보를 믿고 세 차례나 WCC 아카이브에 가서 조그련의가입신청서를 찾으려 노력했지만, 애초부터 없었던 것을 찾을 수는 없었고 나중에 그것이 잘못된 정보라는 것을 알게 됐다.

당시 제네바에는 북한 대사관이 없어서 세계보건기구(WHO)에 나와 있는 북한 대표가 남한의 민주 인사들을 도와주라는 서신을 WCC에전달했다. 그런데 WCC에 대해 아는 것이 거의 없었던 북한대표부의한 사람이 자신은 기독교인이 아닌데 WCC에 가입할 수 있느냐는 질문을 한 것이 잘못 알려져서 조그련이 WCC에 가입 신청을 했는데 기각됐다는 왜곡, 과장된 소문이 나게 된 것이다.

한국전쟁 당시 북한의 침략을 비난하는 성명서를 낸 WCC와 관계를갖지 않고 있던 북한의 교회는 이렇게 1974년부터 관계를 맺기 시작했고, 1984년 WCC의 주선으로 일본 도잔소에서 열린 '동북아시아 평화와 정의에 대한 국제협의회'(일명 도잔소 회의)에는 초청을 받았으나 참가하지 않고 '회의가 성공하기를 바란다'는 내용의 축전만 보낸다. 그리고 1986년 역시 WCC의 주선으로 스위스 글리온에서 열린 회의에는참석함으로써 역사상 처음으로 남북한 교회와 WCC 회원 교회 그리고해외 에큐메니칼 기구들이 함께 하는 통일 대화가 열리게 된다. 이런형식의 통일 대화는 이후에도 여러 차례 열린 바 있다. 결국 1981년 이영빈 목사 등이 주축이 돼 비엔나에서 모였던 '조국동일을 위한 북과해외동포, 기독자간의 대화'가 계기가 돼 1984년 이후 여러 차례의 통일 대화가 열릴 수 있었다고 해야 할 것이다.

한국 개신교와 국가 폭력

한국전쟁 전후 민간인 학살을 중심으로

최태욱*

*목사, 전 진실과화해를위한과거사정리위원회 조사관

들어가며

민간인 학살을 조사하면서, 구술자들에게서 가장 많이 들었던 단어는 '분류', '빨갱이', '애매함'이다.[1] '분류'는 긍정적 자아와 부정적 타자라는 구별 짓기와 타자 구성이라는 의미를, '빨갱이'는 공산주의·자본주의 적대라는 냉전의 논리를, '애매함'은 우리 편 아니면 반대편이라는 진영 논리의 개념을 함축하고 있다. 이 개념들로 하나의 문장을 만들면 "6·25한국전쟁(이하 전쟁) 전후 민간인들이 냉전의 진영 논리를 따라 부정적 타자가 구별·분류되어 집단 살해됐다"쯤이 될 것이다. 학살을 자행, 목격, 경험한 이들은 개인적 성격과 지역적 특색에 따라 다양한

---

1 6·25전쟁 시기 국민보도연맹원 등 검속자들을 A·B·C, 혹은 갑·을·병으로 분류했다. 분류는 관청 용어이자 종교계의 전통적 개념이기도 하다. 구별과 분리는 선과 악이라는 경직된 이원론에 근거하고 있고, 이 이원론을 근거로 부정적 타자를 특정 집단으로 분류하는 것이다. '빨갱이'는 군경이 불특정 시민들을 부정적 타자로 분류하는 논리인 동시에 정책 지침이었다. '애매함'은 '자의적 판단'의 다른 표현이었다. 애매한 사람은 확실한 자기 편이 아닐 경우 제거의 대상이 되었던 사람들이다.

생활용어와 말로 증언하지만, 기록은 냉전의 진영 논리와 학살 지침에 따라 민간인을 구별하고 분류한 다음, 배제·제거하는 형태로 학살이 진행되었다고 정리된다.

구별과 분류, 타자 구성이라는 개념은 현재 한국 기독교인들에게 매우 익숙하다. 기독교인들은 설교를 통해 진리와 거짓 간의 구별, 정의와 불의, 혹은 마귀와 사탄 간의 구별, 구원받을 자와 구원받지 못할 자 간의 분류와 타자 구성이라는 개념을 함축한 용어와 이야기들을 접한다. 자신들이 의로운 사람이고, 진리를 소유한 사람이라는 자부심은 자신과 다른 종교와 신념을 가진 사람들을 진리 밖에 있는 사람들로 규정하고, 전도를 통해 진리의 영역으로 끌어들이려 한다. 사실상 회개를 강요하지만, 이것이 이루어지지 않을 때는 전도의 대상을 부정하고 자기 삶의 영역에서 배제한다. 전도는 상대방의 삶의 조건과 생각, 문화를 탱크처럼 파괴하면서 자신의 신념을 전달하는 문화전달자의 모습을 갖고 있다. 어떤 이들은 전도와 회개가 학살과 무슨 관계가 있는 것이냐고 문제를 제기할 것이다. 그러나 앞으로 살펴볼 오제도의 신념과 국민보도연맹 정책은 회개와 학살이 상호 연결되어 있다는 걸 말해줄 것이다.

해방 이후 한반도는 소련을 중심으로 한 공산주의 진영과 미국을 중심으로 한 자본주의 진영으로 분리됐다. 양 진영은 자신의 입장과 다른 개인과 집단을 배제·제거함으로 생존과 안전을 확보하려 했다. 타자 부정을 통해 자신의 안전과 생존을 보장받는 삶의 방식이 세계를 지배했고, 한반도도 예외가 아니었다. 이러한 생존방식에 따라 다수의 기독교인도 양 진영 중 한 곳을 선택했다. 그런데 기독교인들은 자신이 속한 진영에 동조·연동했을 뿐만 아니라 그 진영 논리를 능동적으로 수용하여 신념화, 또는 신앙화했다. 기독교의 신념화는 사상전의 형태로 나타났고, 해방정국과 한국전쟁에서 발생한 민간인 학살을 정당화, 또는 적극화하는 형태로 발전했다. 한국전쟁을 전후로 일어났던 민간인 학살 사건을 중심으로 이에 대해 살펴보자.

대구10월사건과 기독교인의 진영 선택

존 루이스 개디스(John Lewis Gaddis)는 냉전 시기 "마치 거대한 자석이 생겨나 대부분 국가들, 심지어는 그 국가들 내에서의 집단들이나 개인들까지도 워싱턴이나 모스크바에서 발생되는 역장(力場)을 따라 정렬"되었다고 했으며,[2] 베른트 슈퇴버(Bernd Stöver)는 냉전이 상호 적대적인 이데올로기와 핵무기를 근간으로 형성되었지만, 곧 "경제적, 기술·과학적, 문화·사회적 대립 양상을 띠고, 그 여파는 일상생활까지 미쳤다"라고 했다. 또한 "양 진영의 비타협성은 사회 내부에 양극화 현상을 야기"했는데, "다른 진영에 호의적이거나 중립을 지킨 사람은 끝까지 의심받았다"라고 하면서 냉전은 "본질적으로 이쪽이든 저쪽이든 어느 한쪽에 소속된 전사만을 요구했다"라고 증언했다.[3] 제2차 세계대전 종전을 전후로 형성되기 시작한 냉전은 상호 적대적인 진영을 형성하면서 중간파를 포함해 자신의 진영에 속하지 않은 개인과 집단을 구별·분류하여 강제하는 정책과 그 정책에 정당성을 부여하는 이념과 문화를 창출했다.

1946년 10월에 발생한 대구10월사건은 개디스와 슈퇴버의 이러한 주장이 현실화되는 과정을 보여주었다. 남한 사회에서 이 사건은 박헌영파를 중심으로 한 공산주의 진영과 미군정을 중심으로 한 자본주의

---

2 존 루이스 개디스, 박건영 역, 《새로 쓰는 냉전의 역사》(사회평론, 2003), 60쪽.
3 베른트 슈퇴버, 최승완 역, 《냉전이란 무엇인가: 극단의 시대 1945-1991》(역사비평사, 2008), 5, 15~17쪽.

진영 간의 충돌로 나타났다. 이 충돌은 자신의 편이 아닌 개인과 집단을 구별·분류하여 폭력을 가하는 형태로 발전했다. 대구10월사건을 거치면서 대구·경북지역 사회는 중간파에 속한 개인과 집단이 빠르게 파괴되면서 공산주의 진영과 자본주의 진영으로 양극화됐고, 이 상황에서 대부분 기독교인들은 자본주의 진영을 선택하여 공산주의 적대 정책에 동조·연동했다.

여운형 계열로 중간파에 속해 있던 조선인민당 대구당 간부 최문식 목사와 경주지역 중간파 인사들은 대구10월사건을 거치면서 배제되거나 제거됐다. 대구10월사건을 주도한 혐의로 구속된 최문식은 평상시에 기독교인으로서 비폭력을 주장했고, 10월 1일 당일 "부유관사에 폭도가 침입하였다기에 이재복 등과 같이 달려가 이를 수습하기에 노력하였으며", 10월 3일에 라디오를 통해 "경관은 조선민족이 아닙니까, 왜 동족 살상을 합니까"라는 취지의 방송을 하였다면서 대구10월사건을 주도했다는 것을 부정함과 동시에 자신의 무죄를 주장했다.[4]

최문식은 박헌영파의 반미 폭력투쟁을 반대하는 한편 경찰의 폭력적 진압도 저지하려 했다. 경주 내동면의 최병호도 같은 입장을 취했다. 최병호는 대구10월사건의 여파로 마을에서 폭력이 발생할 조짐이 보이자 이를 방지하기 위해 내동면 국민회에 평화협상을 제안했다. 국민회는 회장 최○순 장로, 부회장 이○증 목사를 비롯해 절대다수가 기독교인들로 구성되어 있었는데,[5] 최○순 장로와 대다수의 교인들은 "죽든

---

4 〈대구시보〉(1946년 10월 19일).
5 구정교회, 《구정교회60년사》(경북 경주: 구정교회, 1984), 131쪽. 내동면 국민회가 조직된 것은 조선기독교청년회전국연합회 임원 엄요섭 목사가 1945년 12월경 이 교회를 방문해 반공 강연을 한 후 우익단체 조직을 주문한 것이 계기가 됐다. 1945년 겨울부터 조선기독교청년회전국연합회는 전국 각지를 순회하면서 반공 강연을 하는 한편 우익단체 조직을 독려했다. 그 대표적인 곳이 전주 국민회라고 할 수 있는데 당시 이곳에서 반공 강연을

지 살든지 하나님을 의지하고 맞서서 싸우자"라면서 최병호의 제안을 반대했다.[6] 그 결과 1946년 10월 5~6일 내동면에서 좌익강경파를 중심으로 한 시위대와 국민회 · 경찰 · 미군으로 구성된 우익강경파 간의 폭력 사건이 발생했다. 교인들과 국민회는 사제 수류탄, 대창, 몽둥이, 엽총 등으로 무장을 하고 시위에 참여한 주민 3,000명과 난투극을 벌였다. 이 싸움을 주도한 47명의 결사대 중 교회와 관계없는 사람은 5명 정도였다. 사건 발생 직후 투옥된 최병호는 풀려난 며칠 후 1948년 4월 14일 불국사 인근에서 경찰과 내동면 우익청년단에게 불법적으로 학살됐다.[7] 해방 후 여운형에게 자금을 지원한 중간파 최병호는 개디스와 슈테버의 주장처럼 이렇게 마을에서 제거됐다.

위의 사례가 중간좌파의 배제 과정을 보여준다면 안강면의 사례는 중간우파의 배제 과정을 보여준다. 1946년 10월 3일 안강면의 시위대들 중 약 20명이 우익 주민의 집에 방화를 시도했고, 6일 지원부대와 경찰들은 이 사건과 관련된 70여 명의 주민을 체포했다. 그런데 안강지서장 채승은 유혈사태 방지와 경찰의 안전을 위해 이들을 석방했다. 이때 안강제일교회 장로 김○수, 목사 심○섭이 폭도와 공모하였다는 근거 없는 혐의로 지서장을 주한미군 대구지방청에 고발했다. 이후 한국전쟁 개전까지 안강면에서는 야산대 중심의 좌익진영과 국민회 · 대한청년단 · 군경 중심의 우익진영 간의 폭력이 끊임없이 발생했다. 당시 안강제일교회 장로였다가 육통리교회 장로가 된 심○양은 국민회 안강

한 사람은 강원룡이었다.

6 구정교회, 《구정교회60년사》, 146쪽.

7 구정교회, 《구정교회60년사》, 112~116, 131~133, 153, 156쪽; 진실화해위원회, 〈대구10월사건 관련 민간인희생 사건(대구, 칠곡, 영천, 경주지역)〉(2009년 12월), 39, 67~68, 90쪽.

지부장이었고 그의 아들 심○진은 국민회청년연맹 안강지부장과 대한 청년단장이었는데, 심○진은 총기로 무장하고 주민 중 좌익 관련자들을 색출하고 다녔다.[8] 1949년 5월 25일 심○진의 아버지 심○양 장로가 적대세력에게 희생되었는데,[9] 심 장로가 살해되기 며칠 전 심○진의 지휘로 체포된 주민 중 30여 명이 안강면 육통리 능골에서 경찰에게 집단 학살당한 사건이 있었다. 당시 학살 현장에서 생존한 이조우에 따르면, 희생자 중 절반 이상이 중학생들이었다.[10] 이렇듯 심○섭 목사가 좌파계열의 시위대를 석방한 지서장을 고발하면서 안강지역 사회는 둘로 쪼개졌고, 학살을 포함한 폭력이 멈추지 않았다.

대구10월사건 이후 경주지역 기독교인들은 미국 중심의 자본주의 진영에 빠르게 편입하면서 국민회를 조직하고, 이를 기반으로 자신의 진영에 속하지 않는 개인과 집단에 폭력을 가했다. 경주지역 기독교인들이 학살에 참여한 이유는 내동면 기독교인 최○내 장로를 통해 확인된다. 그는 "하나님은 살아계시며 살아계신 하나님은 정의로우시다는 사실을 10·1 대구폭동 사건을 통해 어린 나에게, … 보여주셨다. … 정의로우신 하나님께서는 우리와 우리 구정마을을 지켜주셨고 공산주의로부터 우리 구정교회를 보호해주셨다"라고 했다.[11] 이렇게 교인들은 자신을 정의로운 하나님 편으로, 시위에 가담한 좌익과 주민을 불의한

---

8 한림대학교아시아문화연구소, 〈안강지역 폭동 보고서Report of Angang Area Distur bances(1946. 11. 14.)〉, 《미군정기 정보자료집: 시민소요·여론조사보고서(1945. 9-1948. 6)》 1권(한림대학교 출판부, 1995), 604~609쪽; 진실화해위원회, 〈대구10월사건 관련 민간인희생 사건(대구, 칠곡, 영천, 경주지역)〉, 38~39쪽; http://www.anjeil. or.kr/n_intro/intro04.php(안강제일교회, 2014. 4. 16. 접속).

9 http://kcmma.org/board/bbs(2013년 4월 5일 접속).

10 진실화해위원회, 〈대구10월사건 관련 민간인희생 사건(대구, 칠곡, 영천, 경주지역)〉, 38~39쪽.

11 구정교회, 《구정교회60년사》, 136~137쪽.

적으로 규정했던 것이다.

그 후 10월사건이 확산되면서 대구와 인근 지역 사회는 미군정을 중심으로 한 자본주의 진영과 박헌영과 조공을 중심으로 한 공산주의 진영으로 분리됐다. 두 진영은 중간파와 정치적 입장이 없는 사람들을 파괴하면서 상호 적대적인 진영을 형성했는데, 이 지역의 기독교는 미군정을 중심으로 한 친미진영에 편입되면서 자신과 다른 개인과 집단을 배제·제거하는 데 앞장섰다.

제주4·3사건과 기독교

제주4·3사건은 1947년 3·1절 당일 경찰의 발포로 인한 시위군중의 희생과 경찰의 가혹 행위, 주민들의 반경찰(反警察) 활동, 남한의 단선·단정을 통한 북한 및 소련 공산주의 봉쇄 정책, 고립된 남로당 제주지부의 무장투쟁, 강경 진압을 통한 5·10선거 보장, 재선거를 위한 조기 진압, 미국 원조를 위한 이승만 대통령의 발근색원(拔根塞源) 지시로 이어지는 일련의 과정에서 민간인들이 집단으로 희생된 사건이다.

이 제주4·3사건과 기독교인은 상호 연결되어 있다. 서북청년회 소속 교인들이 토벌대로 참여했고, 감리교인 조병옥 경무부장이 4·3사건 초기 오라리 사건을 조작하는 동시에 강경 진압 단행을 지시했다. 미국의 원조를 적극화하기 위해 발근색원 지시를 내린 이승만도 감리교인이었다.[12]

조병옥은 1948년 4월 14일 발표한 〈도민에 고함〉에서 제주4·3사건을 건국을 방해하는 폭동으로 규정하면서 민족을 소련에 팔려는 공산

---

12 《국무회의록》(1949년 1월 21일).

분자의 음모라고 주장했다. 내부 반란 세력에 의한 국가 전복 행위라는 것이다.[13] 그런데 이것은 조병옥의 개인적 주장이 아니라 미 국무부가 한반도 정책(NSC8)에서 예측했던 핵심 사안 중의 하나였다.

1948년 3월 트루먼 대통령에게 보고되고, 4월 2일 미국의 한반도 정책으로 채택된 NSC8은 한반도에서의 소련의 목표를 북한을 지원해서 "한국 전 지역을 최종적으로 지배하는 것"이라고 했다. 그러면 중국과 일본에 대한 소련의 정치·전략적인 지위가 증대되는 반면, 이 두 지역과 극동지역에서 미국의 지위는 약화된다고 보았다. 그럼에도 불구하고 주한미군을 철수했지만, 이로 인해 생긴 남한의 안보 공백을 "실행 가능한 한도 내"에서의 지원을 통해 남한에 예상했던 정부를 수립한 후 "외부 공격, 혹은 내부 전복"을 막아낼 수 있는 토착 무장 세력의 형성으로 해결하려고 했다.[14]

미 국무부와 미군정의 정책은 한반도에 미국을 중심으로 한 자본주의 진영에 편입될 수 있는 친미정부를 수립하고 이를 토대로 극동에서 소련의 팽창을 봉쇄하는 것이었다. 문제는 외부 공격과 공산주의의 사주를 받은 내부 반란에 의한 국가 전복이었다. 그런데 남한의 단독정부를 수립하는 과정에 이를 반대하는 4·3사건이 발생했다. 따라서 조병옥과 미군정은 이 사건을 NSC가 예측한 대로 외부 공산주의에 의한 내부 국가 전복으로 규정했던 것이다.

5·10선거 8일 전인 5월 2일 오라리 방화 사건과 5월 5일 제주회의도

---

[13] 〈제주신보〉(1948년 4월 8일자, 4월 18일).

[14] "NSC8: A Report to be President by the National Security Council on the Position of the United States with Respect to Korea", April 2, 1948, 5~12쪽; "미국 국가안전보장회의가 트루먼 美대통령에게 제출한 NSC8/2 '한국에 관한 미국의 입장' 보고서", 1949년 3월 22일, 970~976쪽.

이런 맥락에서 나왔다. 5월 2일 우익청년단이 제주읍 중심에서 약 2Km 가량 떨어진 오라리 연미마을 10여 가구에 불을 질렀다. 하지만 경찰과 미군정은 이를 좌익무장대의 짓이라고 판단했다. 제주 주둔 9연대장 김익렬 중령은 사건 발생 소식을 듣고 직접 현장을 조사하여 경찰의 후원 아래 서북청년단과 대한청년단들이 자행한 방화로 판단하고 미군정에 이를 보고했으나 묵살당했다.[15]

5월 5일 딘(William Dean) 군정장관, 목사 출신의 통역관 김씨, 안재홍 민정장관, 송호성 경비대 총사령관, 조병옥 경무부장, 9연대장 김익렬 등이 모여 회의를 했는데, 딘 장관과 조병옥은 오라리 사건을 무장대의 행위라고 하면서 강경 진압을 예시했다. 그러나 김익렬은 사진첩과 증거물을 제출하면서 오라리 사건이 경찰과 우익청년단에 의해 저질러졌다고 주장했다. 그러자 딘 장관이 조병옥에게 "이게 어떻게 된 일이오. 당신의 보고 내용과 다르지 않소"라고 질책했다. 딘과 조병옥이 오라리 사건에 대해 의견을 나누고, 이미 강경 진압을 결정한 상황에서 제주회의가 열린 것이다.[16]

이는 회합 다음 날인 5월 6일 딘 장관의 두 가지 조치에서 확인된다. 그는 제주4·3사건을 "도외(道外)에서 침입한 소수의 공산분자들의 모략 선동"에 의해 발생한 폭동으로 규정하고 강경 진압을 예시했으며[17] 이를 위해 9연대장을 김익렬에서 박진경으로 교체했다. 즉, 5월 5일 제주회의는 강경 진압을 위한 미군정 수뇌부의 조치를 공론화하는 자리였고, 조병옥도 충분히 이를 인지하고 있었던 것이다.[18] 이에 대해 김익

---

15 제민일보 4·3취재반, 《4·3은 말한다 ②》(도서출판 전예원, 1994), 152~153쪽; 제주4
  ·3사건진상조사보고서작성기획단, 〈제주4·3사건진상보고서〉, 199~200쪽.
16 《4·3은 말한다 ②》, 338~342쪽.
17 〈대동신문〉(1948년 5월 7일).

렬은 "4·3사건에 총책임자는 조병옥 씨야. 다른 사람은 하나도 없어요"
라고 증언했다.[19]

제주4·3사건 당시 감리교인 조병옥은 그저 미군정의 지시에 따라 수
동적으로 행동한 것이 아니라 매우 능동적으로 활동했다. 그는 제주4·
3사건의 성격을 규정하고 적극적인 진압 정책을 펼쳤다. 서북청년단 단
장 문봉제를 통해 서북청년단원 500명을 지원받아 진압 작전에 투입했
으며,[20] 심지어 오라리 사건을 조작하여 강경 진압의 명분을 만들었다.[21]

여순사건과 기독교

여순사건과 토벌사령관 원용덕

1948년 10월 말경 김○○은 국군 12연대가 여수 남산동, 군자동 등
인근 주민 1천여 명을 여수서국민학교에 집결시킨 후 이들을 좌/우익
으로 색출·분류하고, 이들 중 좌익으로 분류된 이들을 진압 군경이 교
사(校舍) 뒤편 넓은 밭으로 끌고 가는 것을 목격했으며, 바로 뒤이어 총
소리를 들었다고 증언했다. 그는 "진압군이 우익계 학생과 기독교인들
을 몇 명 데리고 와서 좌익 색출을 지시"했다고 말했다.[22]

여수시 율촌면 율촌 초등학교 인근에서 목회하던 차남진 목사는 율
촌면을 진압한 12연대 소속 군인이 연대장의 지시로 목사가 교인들을
불러내면 다시 교인들이 우익인사를 분류한 후 그중에서 반란군 협력

18 〈조선일보〉(1948년 5월 20일, 5월 27일).
19 국방부 전사편찬위원회, "김익렬"〈증언록〉(전사편찬위원회, 1966. 11. 28).
20 북한연구소,《북한》(1989년 4월호), 127쪽.
21 김익렬, "4·3의 진실."《4·3은 말한다》, 338~342쪽.
22 진실화해위원회, 〈여수지역 여순사건〉(진실화해위원회, 2010년 6월), 217쪽. 김○○은
당시 여수서국민학교에 구금되어 있었다.

민간인들을 재분류했다고 증언했다.[23] 그리고 14연대 의무병이었던 곽
○○은 여순사건이 벌어지고 일주일 지날 즈음에 "김종원이 마을 보리
밭에 주민을 집결시키고, 기독교인과 비기독교인을 분리해 기독교인은
귀가시키고, 김경배·정순태·이영만 등 비기독교인들을 구타하면서 죽
포와 여수로 연행"했다고 증언했다.[24]

즉 진압군이 특정한 진압 지침과 분류 기준을 알려주지 않아도 기독
교인들은 이 지침과 기준을 잘 알고 있었고, 이에 따라 민간인을 처형될
자와 훈방될 자로 분류했던 것이다. 서로 정보를 교환하지 않아도 진압
군과 기독교인은 서로 동조하고 연동할 수 있는 논리와 문화를 가지고
있었다. 이승만 정부의 진압정책 논리와 당시 기독교의 종교문화 사이
에는 상호 동조하고 연동할 수 있는 회랑(回廊)이 있었고, 이것이 바로
기독교인들을 학살에 가담하게 한 논리와 문화일 것이다.

1948년 10월 19일 발생한 14연대 반란사건은 여수·순천지역의 민
간인 희생 사건을 촉발시켰다. 당시 반군·반군 협력 혐의의 민간인을
수사한 Special Intelligence Service(이하 SIS 혹은 특무대) 장교와 학
살 현장에서 민간인 분류 작업에 참여한 사람들 중에는 기독교인들이
다수 존재했다. 이들 중에 특히 원용덕은 토벌사령관과 계엄사령관으
로 관할 지역의 민간인 처형을 지휘·명령했는데, 그는 남감리교 초기
교인이자 감리교 목사였던 원익상(元翊常)의 아들로 어렸을 때부터 기
독교 교육을 받으며 자랐다.

1948년 10월 20일, 임시군사고문단 단장 윌리엄 로버츠(William L.
Roberts) 준장 사무실에서 국무총리 겸 국방부장관 이범석, 국방경비대

---

23 김남식, 《사형수의 전도자 차남진 박사》(총신대학교출판부, 2009), 126, 102쪽.
24 진실화해위원회, 〈여수지역 여순사건〉(진실화해위원회, 2010년 6월), 189쪽.

총사령관 송호성 준장, 로버츠 준장, 국방부 고문 제임스 하우스만 (James Hausman) 대위 등은 광주에 토벌군사령부 설치를 결정했다.[25] 토벌군사령부는 3차에 걸쳐 재편됐는데, 원용덕은 1948년 10월 21일부터 5월 9일까지 반군토벌사령부 2여단장, 호남방면전투사령관 및 북지구전투사령관, 호남지구전투사령관을 역임했다. 특히 그는 반군토벌 총사령관인 호남방면전투사령관으로 부임하자마자 반군 협력 혐의 민간인에 대한 즉결 처형의 근거가 된 계엄령을 공포했다.[26] 그는 1948년 11월 1일 포고문을 통해 "전라남북도는 계엄지구이므로 사법 급 행정일반은 본 호남방면군사령관이 督轄(독할)"한다고 하면서 7가지 위반 사항을 제시하고 이를 어길 시 "군율에 의하여 총살에 즉결"한다고 했다.[27]

이 포고는 현실에서 그대로 적용되었다. 반군토벌사령부가 설치됐을 당시 원용덕이 지휘하는 2여단 사령부 근무자였던 박○○은 "연대에서 반군과 반군 협조자를 잡으면 여단사령부 정보참모가 조사하여 사형 결정"을 했고, "법 절차 없이 여단장(원용덕 - 인용자) 결재 후 사형에 처했다"라고 증언했다. 진실화해위원회 보고서도 "제2연대장 함병선은 계엄사령관 겸 제2여단장 원용덕의 재가를 얻어 민간인 '임의처형'을 집행했다"라고 기록하고 있다.[28]

이러한 사실은 일련의 고등군법회의 명령을 통해서도 확인된다. 여순사건 발생 당시 제2여단장이었던 원용덕은 1949년 1월 15일 5여단장으로 부임하여 광주에 주둔했다. 그는 같은 해 1월 19일, 제5여단 고

25 노영기, 〈여순사건과 육군의 변화〉,《전남사학》제22집(2004), 263쪽.
26 사사키 하루다카,《한국전비사 - 건군과 시련》상권, 354쪽.
27 〈동광신문〉(1948년 11월 5일).
28 진실화해위원회, 〈순천지역 여순사건〉, 262~263쪽.

등군법회의에서 판결을 받은 반군 협력자들을 4월 2일 내로 집행하라는 '高等軍法令議命令 第17號'(고등군법령의명령 제17호)를 하달했다. 이 명령에 따라 경성, 부산, 김천 형무소에 각각 수감됐던 여순사건 관련 민간인 허정봉 등 11명이 총살됐다.[29]

'高等軍法令議命令 第17號' 등 고등군법명령은 적법성에도 문제가 있었다. 계엄령의 법적 근거 등도 문제지만, 더 큰 문제는 이 문서에 기록된 희생자의 처형 시기와 장소가 변조됐을 가능성이다. 그 예로 김백일이 내린 '호남계엄지구사령부 고등군법회의명령 제13호'에 의해 희생된 박창래의 선 처형 후 재판 가능성을 들 수 있다.[30]

한편, 성장 시절의 원용덕은 1930년 8월 21일부터 27일에 금강산에서 열렸던 '제4회 조선남녀학생기독교청년회연합 하령회'에 참석해 진보적 목회자와 지식인으로 알려진 홍병선(洪秉璇), 이대위(李大偉) 등과 함께 '현대학생이 요구하는 기독교'라는 제목으로 강연을 하기도 했고,[31] 1930년 9월 《청년》이라는 잡지에 〈금일학생의 종교심리와 그 태도〉라는 제목의 글에서 "과학을 관통한 기독교"를 주장하기도 했다. 이러한 강연과 원고 등에서 알 수 있는 것은 원용덕이 1930년대 기독교와 과학·사회주의 간의 갈등이 고조되는 상황에서 나름의 기독교 신앙을

---

29 원용덕, "보병제5여단사령부 고등군법회의명령 제17호"(광주: 제5여단, 1949).

30 1948년 12월 15일 5여단장 김백일의 명의로 발표된 '호남계엄지구사령부 고등군법회의명령 제13호'에 따라 전주형무소에 수감되었던 여순 관련 민간인들 중 박창래 등 26명을 총살됐다. 문제는 박창래가 전주형무소에서 처형된 것이 아니라 여수에서 처형되었다는 것이다. 박창래는 독실한 기독교인으로 지역에서 독립운동가로 알려진 인사였다. 그의 친척인 박인현(朴仁炫)은 그가 1948년 겨울 '여수역전 뒤 만성리'에서 총살되었다고 했다. 마찬가지로 원용덕도 이런 방식으로 집행명령을 내렸을 것으로 추정된다. 진실화해위원회, 〈여수지역 여순사건〉(진실화해위원회, 2010년 6월), 71, 216쪽.

31 "第4回 朝鮮男女基督教青年會 聯合夏令會의 건", 《思想에 關한 情報綴 第6冊》(京鍾警高秘 제8814호, 1930년 6월 11일).

정립하려고 했다는 것이다. 그는 과학을 반대만 할 것이 아니라 과학의 지식을 가지고 "사랑이신 하나님과 … 등불이 되신 예수"를 받아들여야 한다고 주장했다.[32] 자연과학을 포함한 모든 과학의 원리를 찾다 보면 그곳에서 하나님의 창조 섭리를 찾을 수 있다는 것이다.

그의 주장의 타당성을 이야기하고자 함이 아니라 그가 과학과 사회주의의 도전에 대한 나름의 대응 논리를 마련하고 있었다는 것이다. 그만큼 그는 기독교에 대해 애착심이 있었고, 기독교 세계관이 그를 지배하고 있었다.

SIS 소속 기독교인과 여순사건

여순사건 토벌군은 주민들을 학교 운동장에 소개한 후 반군 협력 혐의가 있는 민간인들을 분류하곤 했으며, 반군 협력자로 분류된 주민들은 특무대(SIS)의 지휘로 처형과 훈방으로 재분류됐다. 여순사건 당시 공개적으로 민간인을 분류하는 작업은 여순사건의 정체를 규정짓는 가장 중요한 특징 중 하나라고 할 수 있는데 이런 분류작업을 지휘·명령한 특무대의 핵심 간부 중 다수가 기독교인들이었다. 따라서 이들이 어떤 입장에서 분류작업에 참여했는지를 파악할 필요가 있다.

여순사건 발생 직후 '5여단 호남지구 SIS대장'으로 임명받은 이세호에 따르면, "1948년 10월 20일 05시에 SIS에 비상소집이 발령"되었고 미국식 CIC 교육을 받은 SIS 교육생들에게 "교육을 중단하고 총사령부 육군정보국으로 모이라는 지시"가 내려졌다.[33] 《對共三十年史》에 따르면 김창룡, 김안일, 이세호, 정인택, 양인석, 박평래, 송대후, 이희영

---

32 원용덕, 〈今日學生의 宗教心理와 그 態度〉, 《청년》 10권 6호(청년잡지사, 1930. 9.), 13~14쪽.

33 이세호, 《한길로 섬겼던 내 조국》(대양미디어, 2009), 153쪽.

제3강: 한국 개신교와 국가 폭력_최태욱 | 103

등이 광주에 내려가 수사본부를 설치하고 사건 관련자들을 수사했는데,[34] 정보과의 김점곤과 SIS의 김안일, 이세호, 양인석, 이희영은 기독교인들이었다.

SIS의 주요 업무는 반군과 그 협조자를 색출·조사·분류하는 것이었다. 3연대 2대대 5중대 4소대 유○○은 국군 제3연대장 함준호가 "여순사건 당시 연대 및 대대 정보과 장교나 특무대를 통해 민간인을 연행하거나 취조하도록 명령했다. (중략) 대대 정보과와 특무대는 군주둔지로 연행된 민간인을 직접 취조·고문하였으며, '즉결' 대상자를 결정했다. (중략) 정보과와 특무대에 의해 '즉결처분' 대상자가 결정되면 대대장을 거쳐 연대장에게 보고하였으며, '즉결처분' 명령이 떨어지면 대대장은 각 중대장과 소대장에게 사살을 명령했다"라고 증언했다.

또한, 당시 참전했던 2, 3, 4, 15연대 소속 군인들은 육군 정보과와 SIS가 민간인들의 수사, 분류, 처형을 주도했다고 증언했다.[35] 특히 정보과 내에서도 이를 주도한 것은 SIS였다. 당시 정보과와 SIS 책임자는 각각 김점곤과 김안일이었다. 김점곤은 독실한 기독교 집안 출신이었고, 김안일은 기독교 계통의 학교인 평양 숭실학교를 졸업할 정도로 어려서부터 기독교 교육을 받으며 성장했다. 마찬가지로 SIS 장교로 참전한 이희영은 평안도, 황해도, 함경도의 모교회(母敎會)인 장대현교회 교인이었으며, 이세호는 감리교 목사의 아들로 이후 장로가 됐다. 특히 김안일은 자신이 기독교인이라는 점을 내세워 여순사건 핵심 인물인 이재복 목사를 직접 취조하기도 했다.[36]

---

34 국군보안사령부, 《對共三十年史》, 67쪽.
35 진실화해위원회, 〈순천지역 여순사건〉, 193, 266, 271~272, 300쪽.
36 〈金昌龍이 살리자고 했다: 朴正熙 수사책임자 金安一 당시 특무과장〉, 《월간조선》 (1989. 12.), 329쪽.

당시 4연대 SIS대장으로 파견된 이세호를 통해 기독교인들이 어떤 입장에서 여순사건에 참전했는지를 좀 더 알아보자. 1948년 10월 20일 이세호는 5여단 호남지구 SIS 대장으로 임명받고 전남 광주 제4연대로 파견되어 반란혐의자들을 수사한 후 1949년 3월경 귀경했다.[37] 당시 다수의 4연대 소속 군인들은 4연대 SIS가 민간인 분류와 처형을 주도했다고 증언했고, 4연대 본부 정보과 작전정보 소속의 한 군인은 여순사건 당시 반군 포로를 취조했는데 포로는 "아무것도 모르는 일반 농민들이 많았고, 이들은 실제 포로들이라 볼 수 없었다"라고 증언했다.[38] 따라서 5여단 4연대 SIS 대장 이세호가 군인은 물론 소위 반군 협력자 혐의로 체포된 민간인들에 대한 수사와 분류작업을 지휘·명령한 것으로 판단할 수 있다.

훗날 교회의 장로가 된 이세호의 아버지 이기연(李基淵)은 남감리교 목사였다.[39] 이세호가 조선경비학교를 들어갈 수 있게 된 것은 아버지 이기연 목사의 스승이었던 남감리교 선교사 윔스(Clarence Norwood Weems)의 아들인 미군정 장교 윔스(Clarence N. Weems, Jr) 중령의 소개와 원익상 목사의 아들 원용덕의 추천 때문이었다. 이세호는 당시 상황에 대해 다음과 같이 말했다.

"이렇게 신학교(감리교신학교 - 인용자)에서 한국을 지키는 간성인 군의 간부가 처음 교육 받고 탄생되었다는 사실은 우연이라기보다 하나님이 우리나라의 장래를 내다보신 예정의 섭리로서 6·25 대변란도 이학교 출신들이 조국수호의 불사신이 되어 공산군이라는 불의의 무리

---

37 이세호, 《한길로 섬겼던 내 조국》, 153쪽.
38 진실화해위원회, 〈순천지역 여순사건〉, 267, 269~272, 274쪽.
39 양주삼 편, 《조선남감리교회30년기념보》(조선남감리회전도국, 1930), 202~203쪽.

들을 앞장서 물리칠 수 있는 신화의 주인공이 될 수 있었다는 것이다.
(중략) 이러한 불타는 사명감은 그 후 옹진전투, 여순지구, 지리산지구,
제주도의 공산주의자들의 반란진압에 투입되어 이들 공비토벌에 앞장
서 전과를 이룩하는 간성이 됐다."[40]

그가 사명감을 가지고 능동적으로 여순사건에 참전했다는 것을 알
수 있다. 이런 사명감은 공산주의 적대라는 냉전의 논리로 설명하기에
는 부족하다. 여순사건 당시 그는 자신의 주요 업무가 분류작업이었다
고 하면서 "선악을 정확히 가려야 한다"라고 했다. 반군과 반군 협력자
를 분류하는 것이 아니라, 선한 사람과 악한 사람을 분류하는 것이다.
그에게 선은 기독교인과 자유민주주의 진영이었고, 악은 이에 동조하
지 않는 개인과 집단이었다. 그를 지배한 것이 냉전의 진영 논리에 바탕
을 둔 종교적 신념이었다는 것을 알 수 있다.

6·25한국전쟁 집단학살과 기독교

오제도의 죄론(罪論)과 국민보도연맹원 분류

국민보도연맹은 기독교인 오제도 검사의 제안에 따라 내무부·국방
부·법무부와 사회지도자들의 동의를 거쳐 정부 인사의 주도하에 조직
됐다. 이들은 1949년 4월 20일 서울시 경찰국 회의실에서 '국민보도연
맹 창립식'을 열어 국민보도연맹을 공식적으로 발족시켰다.[41] 보도연맹
창설 당시 정부는 보도연맹원을 심의하여 국민으로 받아들이겠다고 했

---

40 이세호, 《한길로 심겼던 내 조국》, 31, 99, 108쪽.
41 진실화해위원회, 《국민보도연맹원 사건》, 37~38쪽.

다. 오제도에 따르면 심의는 "전향 성적이 불호(不好)하거나 (중략) 맹
동기가 일시적 도피수단으로 악용한 데 있거나, 연맹사업에 대한 불평
과 중상을 일삼거나, (중략) 푸락치 행동"을 한 자를 골라내는 과정이었
다. 오제도는 골라낸 자들을 국가보안법을 적용해 엄벌에 처할 것이라
고 했다.[42]

　보도연맹원에게는 1949년 10월부터 발급되기 시작한 도민증 대신
보도연맹원 맹원증이 발급됐다. 보도연맹원은 대한민국 국민이 아니었
고, 국민이 될 때까지 감시와 통제를 받는 특정 집단으로 분류된 존재였
다.[43] 보도연맹원이 국민이 되기 위한 심사 기준은 "피눈물 섞인 속죄와
참회"였다. 과거를 회개해야 국민이 될 수 있었다. 그런데 이 속죄와 참
회라는 것은 지극히 기독교적인 용어다. 즉 오제도는 공산주의 적대라
는 이념과 이에 근거한 기독교적 신념을 가지고 국민보도연맹원을 시
민들과 구별하여 특정 집단으로 분류한 것이다.

　1949년 11월 10일 조직된 통영군 보도연맹을 통해 당시 보도연맹
원으로 분류하는 정치적 기준이 공산주의 적대라는 냉전 논리였다는
것을 파악할 수 있다. 보도연맹원으로 분류된 이들은 "민전 산하의 좌익
정당[남로당, 인공당, 민주애국청년동맹, 조선노동조합전국평의회]에 가입한
자", "좌익정당 등에 금품을 제공한 자", "좌익진영의 인물을 은닉한 자"
들이었다.[44]

　또 다른 분류 기준은 우리 편 아니면 반대편이라는 진영 논리였다.

---

[42] 오제도, 〈思想轉向者의 保導方針〉, 《思想檢事의 手記》(昌信文化史, 1957), 144,
148쪽.

[43] 《부산·사천 국민보도연맹 사건 진실규명결정서》(진실화해위원회, 2009년 9월 22일),
25쪽; 진실화해위원회, 《국민보도연맹 사건》, 124쪽; 《진주 국민보도연맹 사건 진실규
명 및 불능 결정서》(진실화해위원회), 14쪽.

[44] 〈부산일보〉(1949년 1월 13일).

이는 중간파 혹은 중간진영에 속해 있는 사람들을 보도연맹원 및 좌익 관련자로 예비 검속한 것을 통해 알 수 있다. 1950년 7월 12일 김해경 찰서 사찰계와 각 지서가 예비 검속한 주민 중에는 "중간좌경인물로서 위험성을 소지한 자"가 포함되어 있었으며, 모슬포경찰서가 1950년 9월 생산한 〈예비검속자명부 제출의 건〉에는 "확고한 사상을 표현치 않고 중간적 태도"를 취하는 사람들이 포함되어 있었다.[45] 중간적 입장을 보이는 주민도 처리 대상이 된 것이다. 이를 통해 국민보도연맹원을 특정 집단으로 분류한 정치·사회의 논리는 공산주의 적대라는 냉전 논리와 우리 편 아니면 반대편이라는 진영 논리였다는 것을 알 수 있다.

영락교회 청년면려회 지육부장(1948년)[46] 출신 오제도는 "보도연맹원은 과거에 범한 죄악에 대해 구구한 변명적 태도를 단연 버리고 고백(告白)·참회(懺悔)해야 한다. (중략) (자진전향은 - 인용자) 그 非(罪의 오기 - 인용자)를 회개(悔改)한 것이며, 공작전향은 이러한 자각이 불충분해서 아직도 사상적 미로에서 방황하는 동포에게 반성과 회개(悔改)케 하는 지도교화에 따라서 전향이 가능한 대상자에게 시행하는 온정정책"이라고 했다.[47] 그는 보도연맹원을 죄인으로 규정하고, 죄의 고백과 회개라는 기독교적 신념을 토대로 보도연맹원을 특정 집단으로 분류한 것이다.

오제도는 중국 안동 대정국민학교에 다닐 때부터 유년주일학교에 나갔다. 삼무학교(三務學校)에 다니면서 진로를 놓고 고민하다가 새벽기도를 시작했는데 이러한 그의 새벽기도는 일본 와세다 대학 전문학부 법과를 졸업할 때까지 계속됐다.[48] 그는 귀국하여 신의주 제일장로

---

45 〈김해 국민보도연맹원 사건〉(진실화해위원회, 2009년 1월 5일), 49~51쪽.
46 영락교회내학생면려회, 《永樂教會 - 創立十周年》(영락교회홍보출판부, 1955), 69쪽.
47 오제도, 〈思想轉向者의 保導方針〉, 144, 146쪽.

교회와 동부성결교회를 다니던 1940년에 신의주 지방법원 판임관 견습서기가 됐다. "억울한 사람, 억눌린 사람"의 입장을 대변할 수 있어 판임관 서기가 되었다고 했지만, 신경쇠약에 걸려 서울 세브란스병원에 3개월간 입원을 하는 등 1년 동안 치료를 해야 했다. 그는 "생명을 바쳐 독립운동에 나서지 못하고 일개 식민지 법원의 봉급자 생활"을 하는 것이 병이 되었다고 했다. 억울한 사람, 억눌린 사람을 대변하려고 판임관 견습서기가 됐다 했지만 본인 스스로 일제의 수족이 되어 불의한 짓을 하고 있는 것을 잘 알고 있었던 것이다. 그를 지배하고 있었던 것은 기독교의 '의'라는 신념이었다.

'의'에 대한 신념은 계속해서 그의 삶을 지배했다. 그는 일제강점기 수풍으로 출장을 갔을 때 검사의 권유로 현지 경찰서장과의 면담 및 회식 제안을 거부했다는 점을 예로 들면서 "불의에는 한 치의 양보를 몰랐던 시절"이었다고 회상했다. 해방 직후 미군정의 법무부 국장에게서 판검사 권유를 물리친 것을 놓고도 의롭고 양심적인 행동이었다고 하면서 "정의 앞에서는 그 무엇도 이를 타파할 수 없다는 신념과 용기"가 있었다고 했다. 검사가 된 후 국대안 반대 사건, 포천경찰서 고문치사사건, 교육자협의회 사건을 처리하면서 진실과 공정을 기하였다고 주장했다.[49] 해방 직후 "우리들의 민주진영의 행동노선에 자랑은 그 정의와 진실성에 있다. 따라서 이 정의와 진실성에 입각한 각 부분의 발전향상을 도모하여 감히 공산독균이 침범을 할 수 없는 깨끗하고 아름다운 정치"를 해야 한다고도 했다.[50] 그는 평생 자신을 지배한 선악 관념으로

---

48 오제도, 〈오제도 회고록〉, 《북한》 7월호(북한연구소, 1974), 164, 168~169, 171~174쪽.

49 오제도, 〈오제도 회고록〉, 《북한》 8월호(북한연구소, 1974), 152, 150~158, 163~164쪽.

민주진영과 공산진영을 구별 짓고 자신이 속한 진영을 정의와 진실로, 공산진영을 독균으로 규정했던 것이다.

> "병균이 침투하지 않도록 이쪽에서 적극적인 청소작업을 한다는 것, 설령 병균이 있다고 하더라도 사전에 정치적 식견과 훈련인 예방주사로서 감염되지 않도록 한다는 것 그리고 만약 감염되었을 때는 최선의 방도로서 치료하도록 하는 것이나 만약 치료할 수 없고, 그 나병자 때문에 더 많은 나병자가 있을 위험이 있는 경우에는 대국적 입장에서 희생(嚴罰)시켜야 한다."[51]

오제도가 보도연맹원을 '병균'에 '감염'된 자로 규정하는 모습은 아우슈비츠 홀로코스트 당시 가해자들이 유대인들을 학살하는 모습과 유사하다. 오제도의 보도연맹원 분류 방침은 자신과 자신이 속한 진영을 긍정적 자아로, 자신의 진영 논리에 동조하지 않는 개인과 집단을 부정적 타자로 규정하는 구별 짓기에 근거하고 있다. 이 구별 짓기는 긍정적 자아를 진리·선·의로 받아들이는 반면, 부정적 타자를 거짓·불의·악으로 규정하는 속성을 지니고 있다. 그런데 이러한 배타적 이원론은 여기서 한 걸음 더 나아가 부정적 타자를 자신을 비롯해 정상적인 사람에게 치명상을 입히는 비인간적 존재로 비하한다. 공산독균, 나병, 적마(赤魔)처럼 말이다.[52]

비인간적 존재로의 비하, 다시 말하면 생물학적으로 같은 종이지만 문화적으로 다른 종으로 규정하는 것은 학살을 포함한 제거를 위한 논

---

50 오제도, 《붉은 군상》 제1집(남광문화사, 1951), 130쪽.
51 오제도, 《붉은 군상》, 135쪽.
52 오제도, "서문", 《적화삼삭구인집》(국제보도연맹, 1951).

리이다. 나와 같은 인간이지만, 의로운 우리 집단에게 치명상을 입히는 마귀와 사탄이라면 반드시 제거해야 하고, 제거해도 아무런 죄의식을 가질 필요가 없다. 독균 제거는 많은 사람들을 위해 의롭고 선한 일이기 때문이다. 이처럼 비인간화는 제거의 정당성을 위한 것이었다. 따라서 보도연맹원 분류에 작용한 정치적 논리가 긍정적 자아와 부정적 타자를 근거로 한 냉전의 진영 논리였다면, 종교적 논리는 이를 정당화한 배타적 선악 관념과 악의 세력에 대한 멸균이었다.

조병옥의 사회복음주의와 대구·경북지역 민간인 학살 사건

1950년 7월 25일 당시 한국 정부청사가 있었던 대구시청에서 감리교 선교사 2세 노블(Harold J. Noble, 미대사관 1등 서기)의 주재로 피난민 처리 대책회의가 열렸다. 피난민 처리에는 오열(五列) 색출도 포함되어 있었다.[53] 참석자는 주한미군대사관 1등 서기관 노블, 유엔 한국정부 복지담당 고문관, 한국 내무부 차관과 국장, 한국 치안국장, 한국 사회부 차관, 미8군 헌병감, 방첩대(CIC) 등이었다. 이 회의는 "군사정보나 전복적인 요소를 갖고 있는 각 개인은 심문을 위해 가장 가까운 헌병대나 정보기관에 바로 이첩, 처리한다"라고 결정했는데,[54] 한국 경찰이 미8군 각 사단에 배치되어 피난민을 통제하고 이를 통해 첩보와 방첩 업무를 수행한다는 것이 회의 결정의 중요 사항이었다.

그런데 7월 25일의 피난민 대책회의가 있기 8일 전인 7월 17일 조병

---

[53] 노근리사건조사반, 〈노근리 사건 조사결과보고서〉(노근리사건조사반, 2001), 58~59쪽에서 재인용.

[54] Hq, Eighth Army, Informal Check Slip, Subject Control of Refugees (July 26, 1950), 노근리사건조사반, 〈노근리 사건 조사결과보고서〉(노근리사건조사반, 2001), 85~86쪽에서 재인용.

옥[55] 전 경무부장이 내무부장관으로 부임했다. 내무 일반 행정은 홍헌표 차관에게 일상적 치안은 치안국장에게 맡기고 자신은 "대구의 四圍에 경찰의 사찰망을 설치"하고 오열 색출을 지휘했다. 이 사찰망은 팔공산, 비슬산, 가산(가창골 입구), 신동 등에 설치됐다.[56]

그가 사찰망을 설치한 팔공산, 비슬산, 가산(가창골 입구), 신동은 군경에 의한 민간인 집단학살이 발생한 곳이다. 1960년 6월 6일자 〈대구매일신문〉은 국회양민학살조사단의 발표를 인용해 "형무소에서 기결수 371명과 검찰 및 법원, 경찰서에서 송치한 좌익관련 미결수 1,031명 등 총 1,402명이 특무대, 헌병, 경찰에게 … 대구시 달성군 가창면, 신동고개, 경산코발트 등에서 총살"되었다고 전했다.[57] 또한 해방 직후 경상북도 경찰국 사찰과에서 근무한 김○○을 비롯한 다수의 군경은 사찰망이 형성된 팔공산, 비슬산, 가산(가창골 입구), 신동에서 민간인들이 집단 살해됐다고 했다. 희생자들은 대구 외곽에서 들어오는 피난민, 또는 오열만은 아니었다. 희생자 중에는 대구형무소와 시내 경찰서, 극장 등지에 구금되어 있던 보도연맹원 등 예비검속된 민간인들이 다수를 차지하고 있었다.[58]

6·25전쟁 당시 경상북도 경찰국장에 재직했던 조준영은 1960년 경상북도 도지사로 있을 때, "6·25사변 당시 가창골서 자행된 학살은 당

---

[55] 조병옥, 《나의 回顧錄》(民敎社, 1959), 27쪽 이하 참조. 조병옥은 아버지 조택원(趙宅元, 조인원)은 천안 병천면 용두리에 소재한 지령리교회 초대교인으로 이 교회 속장이었다. 조병옥은 당시 이 지역 선교사인 케이블(E. M. Cable)의 추천으로 감리교 계통의 학교인 영명학교에 입학했고, 이후 평양숭실중학교, 미국 감리교 계통의 학교인 와이오밍 고등학교, 컬럼비아 대학교 경제학과를 졸업했다.

[56] 조병옥, 《나의 回顧錄》, 296∼301, 306쪽.

[57] 〈대구매일신문〉(1960년 6월 6일).

[58] 진실화해위원회, 〈군위·경주·대구지역 보도연맹원 사건〉(2009년 8월 25일), 60, 62, 69, 78쪽; 〈대구매일신문〉(1960년 5월 23일).

시 경찰국장인 한경록이 내무부의 지시에 의해 예비검속을 실시한 요시찰인을 군 당국서 인계받아 처치한 것으로 알고 있다"[59]라고 증언했다. 정상적인 지휘·명령계통이라면 도 경찰국(한경록)은 내무부(조병옥)가 아닌 치안국(김태선)으로부터 지시를 받아야 했다. 그러나 조준영은 한경록이 내무부로부터 지시를 받았다고 했다. 가창학살의 직접적인 지휘명령자가 내무부라는 것이다. 내무부 장관 조병옥은 대구의 사위(四圍)에 사찰망을 설치하고 이를 직접 지휘했기에 그의 지휘명령은 통상적이지 않았다. 자신이 사찰망을 설치하고 오열 및 좌익을 직접 처리하는 등 매우 능동적으로 행동했으며, 주관적 판단을 가지고 능동적으로 대처한 것이다.

그의 이런 행동은 제주4·3사건을 진압할 때도 나타났었다. 그는 1948년 4월 미국무부의 대한반도 정책으로 결정된 NSC8을 누구보다도 적극적으로 수용했다.

"조선을 원조함이 미국 책(美國 策)에 부합되는 까닭입니다. 미국은 조선을 통일적인 자주 독립국가를 만듦으로써 민주주의 진영을 세계적 규모로 방위하고 극동의 지리적 추요지(樞要地)인 조선반도를 미국의 우호권(友好圈)으로 편성키 위함으로써 그 국방상 생명선인 태평양을 보위할 수 있습니다. 조선의 방위가 깨어지는 날에는 태평양방위는 중대한 협위(脅威)를 받게 되는 까닭입니다."[60]

---

59 〈대구매일신문〉(1960년 5월 23일); 조준영은 7대(1950. 1. 24 - 1950. 4. 16)와 9대(1950. 8. 11 - 1951. 7. 26) 경상북도 경찰국장이었고, 한경록은 8대(1950. 4. 17 - 1950. 8. 10) 경상북도 경찰국장이었다. http://www.gbpolice.go.kr/gbpolice/intro/direct orhistory. 2014년 9월 10일 접속.

60 조병옥, "治安의 角度로 建國을 論함",《民族運命의 岐路》(경무부경찰공보실, 1948), 10, 11쪽.

미국이 조선을 원조하는 이유는 한국의 방위가 깨어지면 태평양 방위가 위협을 받기 때문이라는 것이 조병옥의 기본적인 생각이었다. 이를 방지하기 위해 "조선을 자주 독립국가"로 만들어 미국을 중심으로 하는 자유민주주의 진영의 한 부분이 되게 하고, 이를 통해 소련의 팽창을 봉쇄해야 한다는 것이다.

그리고 조선을 자주 독립국가로 만드는 첫 번째 관문이 5·10선거이므로 선거를 통해 남한에 친미 정부를 수립하여 미국을 중심으로 한 자유민주주의 진영에 편입되어야 하는데, 이를 방해하는 세력이 있다는 것이다. 이런 생각으로 그는 4·3사건을 "미신적으로 모스코바의 지령에 驅使(구사)"된 "공산당과 그 추종자들", 즉 "破壞陣營(파괴진영)의 동맹군이 된 자들"이 자행한 최후의 발악으로 규정했다.[61] 그는 자유민주주의를 긍정적 자아로, 이에 동조하지 않는 개인과 단체를 부정적 타자로 규정했다. 그리고 이러한 주장을 신학화했다.

"이제 세계는 조직된 공산주의 악도(惡徒)의 도량(跳梁)을 막기 위하야 일어나 조직하고 있다. 그것은 유엔이오, 미, 영, 불, 중(中)의 동심협력이요, 로마 법왕의 명령이다. 이제 파괴되랴는 인류의 문명을 유지하기 위하야 방공세력(防共勢力)이 나날이 결속되고 있다. 저 사탄의 진영(陣營)이 순순히 복굴(服屈)하면 몰라도 여전히 그의 악을 계속한다면 그들이 무저항(無底抗)으로 전락(轉落)하는 운명의 날이 멀지 아니할 것이다."[62]

---

61 조병옥, "총선서와 좌익의 몰락", 《民族運命의 岐路》, 1쪽.
62 위의 책, 7쪽.

여기서 無底抗(무저항)은 한글 '무뎌항'을 한문 無底坑(무저갱)으로 옮기는 과정에서의 오기로 보인다.[63] 1909년 대영성서공회가 순 한글로 발간한《신약전서》의 요한계시록 20장 1~3절에 따르면 말세에 사탄을 의미하는 용을 결박하여 1천 년 동안 가두어두는 곳이 '무저갱'이다. 조병옥은 공산주의 진영, 즉 "사탄의 진영"은 무저갱으로 굴러 떨어질 것이라고 했다. 반면, 미국과 영국, 프랑스, 중국은 "공산주의 악도의 도량"을 막는 세력이라는 것이다. 이렇듯 조병옥은 신학적 해석을 통해 공산주의 진영과 자본주의 진영을 사탄의 진영과 선의 진영으로 발전시켜 이해했다.

이런 신학화 작업은 그가 주장한 사회복음(Social Gospel)의 연장선상에서 이해할 수 있다. 그는 와이오밍 고등학교에 재학하면서 "많은 성경공부를 하게 되었으며" 이를 통해 "기독교의 교리가 어떻다는 것을 자세히 알 수 있었다"라고 회고했다. 이어 "기독교의 교리로서, 사회복음(Social Gospel)의 본질을 파악한 나로서, 언제나 기독교에 귀의할 태도를 가지고 있었으며, 기독교의 감화는 나의 인생항로에 커다란 지침이 되었다"라고 했다. 1925년 박사학위를 받고 귀국한 그는 연희전문대학에서 경제학을 강의하면서 일요일마다 서울 YMCA 일요강습회에 나가 사회복음을 주장했는데, 그가 주장한 사회복음은 하나님의 나라를 이 땅에 이루어 조선 사회를 지상낙원으로 건설하는 것이었다. 그리고 지상낙원 건설을 위해 "인간사회의 죄악인 질병, 무식, 궁핍 등의 3대 죄악의 근원을 해결"해야 한다고 주장했다.[64] 그의 사회복음주의의 내용은 지상낙원이라는 이상과 이를 방해하는 요소라는 이원론적 구조

---

63 史嚴泰 編,《믁시록희셕》(경성: 三天使之奇別社, 1914), 265쪽; 洪鍾肅,《默示錄釋義》(Studies in the Book of Revelation)(경성: 야소교서회, 1913), 100쪽 참조.
64 조병옥,《나의 回顧錄》, 40, 41, 90, 91쪽.

를 갖고 있었다. 그의 사회복음주의는 자신의 입장을 선으로, 상대를 악으로 규정하는 경직된 이원론에 근거하고 있었다. 해방 이후 그의 이원론은 남한의 단독정부 수립을 주장하는 선의 세력과 이를 방해하는 악의 세력이라는 구도로 발전했다.

육군정보국장 장도영의 기독교국가론과 적색분자 소탕

6·25전쟁 개전 초기 육군정보국에서 방첩업무를 담당한 곳은 2과인 방첩과(과장 한웅진)였다. 김창룡은 당시 고희두 사건으로 방첩과에서 보직 해임됐지만 군검경합동수사대를 지휘하고 있었다. 따라서 한웅진 중심의 방첩과와 김창룡 중심의 군경합동수사본부가 동시에 방첩업무를 맡고 있었다. 대구·경북지역 보도연맹원을 비롯한 좌익 관련자 처형을 주도한 것은 한웅진 지휘하의 육군정보국 방첩과였고, 부산·경남지역 보도연맹원을 비롯한 좌익 관련자 처형을 주도한 것은 한웅진과 껄끄러운 관계에 있었던 육군정보국 방첩과 경남지구CIC 대장 김창룡과 이를 지원한 검사 오제도였던 것이다.[65]

이렇듯 개전 초기 최소 30만 명의 민간인 집단희생사건을 주도한 기관은 육군정보국 CIC였는데 김창룡과 한웅진에게 보도연맹원을 비롯한 적색분자 소탕을 지시한 이가 바로 장도영 육군정보국장이었다. 그가 평소 어떤 이념과 신념을 가지고 있었는지 살펴볼 필요가 여기에 있다.

장도영은 태어나면서부터 기독교 교육을 받으며 자랐다. 1923년 1월 23일 평안북도 선천군 수정면 가물남에서 아버지 장인호와 어머니 이만준 사이에서 태어나 용천군 북중면 진흥동에서 자라났다.[66] 조부모

---

65 국가기록원, 김창룡 저격사건 관련 〈신초식 판결문〉(단기 4289년 형상 제356호): 진실화해위원회, 〈국민보도연맹원사건〉(2009년 11월 17일), 193~194쪽에서 재인용; 〈민주신보〉(1950년 8월 30일).

(장득황·김미도)의 품에서 자란 장도영은 유년기부터 1945년 월남 직전까지 옆 마을에 있는 덕천교회(德川敎會, 평안북도 용천군 부라면 송현동松峴洞)를 다녔다. 덕천교회는 할머니 김미도의 백부 김건주(金建柱) 목사가 1899년 설립한 교회였고, 그녀의 아버지 김국주(金國柱)는 김건주와 함께 평양신학교(조선예수교장로회신학교)의 3회 졸업생이었다. 김건주는 1912년 목사 안수, 1920년 제17·18회 평북노회 회장, 1929년 용천노회 제1대 회장을 역임했고, 김국주는 용천노회 제3대 회장을 역임했다.[67] 김건주와 김국주는 용천을 중심으로 한 평안북도의 초기 교인이면서 1910년대 평북지역 교계를 이끌었던 목사였던 것이다. 또한 선천군 가물남에 거주하는 외조부 이봉혁(李鳳赫)은 1916년 8월 제10회 평북노회의 대표적 교회 중에 하나인 가물남교회(嘉物南敎會, 선천군 수청면 가물남동 95) 장로로 장립되었고, 1929년 2월 평북노회에서 장로교의 교육기관인 평안북도 선천 신성학교(信聖學校) 기본금 모집위원으로 선임된 후 같은 해 8월 신성중학교와 보성여자중학교 등에 토지를 기증했던 인물이다.[68]

이처럼 장도영은 평안북도의 대표적인 초대 기독교 집안 사람이었다. 1945년 월남 이후 그는 평안북도 교인들을 중심으로 세워진 영락교회를 다녔다.[69] 장도영은 백선엽에 이어 평안도파의 "서열 2위의 장성일 뿐 아니라 서울 내 응집력 있는 평안도 출신 민간인집단—특히 자신이 속해 있는 영락교회—과 강력한 유대를 형성"했다.[70] 이런 배경으로

---

[66] 최석숭 편, 《평북노회사》(기독교교문사, 1979), 141쪽.

[67] 김건주(金建柱) 목사의 아들 김성찬(金聖讚)은 영락교회 장로, 숭실중학교·대광중고등학교 교장을 역임했다. 장도영, 《망향》(숲속의꿈, 2001), 50~51쪽.

[68] 장도영, 《망향》, 51~52쪽.

[69] 장도영, 《망향》, 47~48, 50, 168, 246~247쪽; 영락교회, 《영락교회 50년사》(성원인쇄, 1998,) 65쪽.

한경직 목사는 장도영과 김홍일의 부탁을 받고 5·16쿠데타 직후 민간 사절단으로 미국 정부를 방문하기도 했다.[71] 장도영은 전통적인 평북 기독교인으로 한경직 목사가 인도하는 영락교회에 출석하는 독실한 기독교인이었다.

독실한 기독교인 장도영은 창군시기 이념적 군대론을 주장했다. 1947년 9월 태릉 육군사관학교 제5기생 생도대 중대장으로 부임하면서 "소련군과 공산당을 몰아내고 새 나라를 건설해야 한다는 굳은 결의를 갖고 후보생 교육"을 했다. 그의 이러한 행동은 미 고문관들이 우려를 표할 정도였다고 한다. 1948년 5월 부산 주둔 5연대장으로 부임한 그는 5연대를 "민주사회건설의 역군인 이념적 군대로 발전"시키고자 했다. 그는 1948년 8월 한국의 정부 수립 당시 "부산의 5연대장으로 있으면서 민주정부수립이 실로 우리민족의 역사적인 위대한 성취"이며 "하나님이 보호해주시는 이 민주공화국을 결사 보위하겠다는 결의와 각오를 굳게 했다"고 회상했다.[72] 즉, 자유민주주의 국가와 하나님 나라를 일치시킨 반면, 공산주의를 하나님 나라에 반대되는 개념으로 규정했던 것이다.

신념으로 가득한 장도영은 수원에서 한웅진과 김창룡에게 적색분자 제거를 지시했고, 이후 대구에서 조직 개편을 통해 방첩 업무를 강화했다. 그는 지휘명령체계라는 큰 조직에서 하나의 부속처럼 다른 조직과 연동(聯動)했으며, 이 연동은 수동적인 것이 아닌 반공이라는 정치적 이념을 종교적으로 신념화한 군인으로서 능동적으로 사고하고 적극적

70 〈한국군부 내 주요파벌 분석 및 구성원명단〉, 《신동아》 통권606호(동아일보사, 2010. 3), 547~594쪽.
71 〈경향신문〉(1972년 7월 22일).
72 장도영, 《망향》, 173~176, 651~652쪽.

으로 행동했던 자신의 신념이었다.

학살과 기독교의 사상전

민간인 학살을 지휘·명령한 기독교인 원용덕·오제도·이세호·조병옥·장도영의 정책지침에는 냉전의 진영 논리라는 정치 논리가 담겨 있었다. 그뿐 아니라 이들은 상부의 지시에 따라 수동적으로 임무를 수행한 것이 아니라 냉전의 진영 논리를 신념화·신앙화하면서 능동적으로 업무를 수행했다.

오제도는 선과 악, 정의와 불의, 회개와 참회라는 기독교적 관점에서 국민보도연맹원을 조직하였고, 이들을 적마(赤魔)·독균·나병으로 비유하면서 통제가 어려울 때는 기필코 제거해야 한다고 주장했다. 조병옥은 공산주의를 비롯해 자신의 편에 서지 않는 개인과 집단을 사탄의 진영으로 규정하고, 이를 적극적으로 제거하고자 했다. 장도영은 자유민주주의와 하나님 나라를 일치시키고 공산주의를 그 반대 개념으로 규정하는 이념적 군대론을 주창하면서 개전 직후 보도연맹원을 비롯한 적색분자 소탕을 지시했다. 이세호는 반군과 반군 협력자를 분류하는 작업을 선과 악을 분류하는 것으로 규정했다.

선과 악의 분류, 정의와 불의, 적마(赤魔), 사탄의 진영, 자유민주주의와 기독교 국가 건국론은 개인적인 생각이 아니라, 해방 직후 다수의 기독교인들이 품고 있던 생각이었고 이는 사상전의 형태로 나타났다. 1949년 발행된《일민주의개술》에서 이승만 대통령은 공산당과의 싸움이 "군사적 싸움이 될 때까지는 사상으로 사상을 대항하는 싸움"이어야 한다고 말했다.[73] 조선기독교청년회연합회(YMCA)는 1948년 10월 "苛烈(가열)한 사상전"을 전개하자고 하면서 "3십만 남녀기독교청년의 십자군 동지들"은 유물사상을 격파할 "복음의 聖戰(성전)"을 전개해야 한다고 했다.[74] 강원룡을 비롯한 조선기독교청년회전국연합회[75] 임원들은 1945년 12월부터 전국을 순회하면서 반공 강연과 우익단체 조직을 주도했으며,[76] 형무소 형목이었던 장성옥 목사는 1949년 "세계의 거대한 2대 조류"가 한국에서 충돌하고 있다고 하면서 한국은 둘 중의 하나를 선택해야 한다고 주장했다.[77] YMCA연합회 총무 김치묵 목사는 기독교 청년들이 "한데 뭉치여 천국건설"을 위해 "유물적인 외적(外敵)에 대항하여 싸울 때"라고 했고,[78] 황은균 목사는 "우리 기독청년은 거저 보고만 있다든지 우리의 건국을 공산주의 유물론자에게나 어느 정당에게 마끼고 말 것인가?"라고 하면서 "신앙과 자유를 위하여 의의 싸움을 하지 않으면 안 된다"라고 강변했다.[79] 천주교의 강아오스딩은 1948년에 우익 대 좌익, 민주주의 대 독재주의, 유신론 대 유물론, 예수 대 마르

---

73 이승만, 《일민주의개술》, 11~12쪽.

74 主幹, "전국청년신앙동지들께 檄함: 우리들의 鬪爭對象", 《기독교청년》 창간호(조선기독교청년연합회, 1948. 10), 6~7쪽.

75 김흥수, "대한민국 건국과 기독교학생 청년운동", 〈신학과 현장〉 제23집(목원대학교신학연구소, 2013), 56~66쪽; 강원룡, "예언자의 무리", 《천성을 듣는 사람》(보이스사, 1977), 168~170쪽.

76 기청전국연합회는 1946년 10월 좌우합작을 지지한 거의 유일한 기독교 단체로 알려졌다. 그렇다고 이 단체의 회원들이 좌우합작을 지지했다고 보는 것은 무리다. 기청전국연합회는 전국순회강연회를 강행하면서 좌익단체에 타격을 입히고 우익단체를 조직하는 역할을 했다. 1946년 1월 16일에 열리는 제1차 미소공동위원회 회의를 겨냥하여 서울운동장에서 대대적인 반탁집회를 열었다. 강원룡은 이 집회에서 열렬한 강연으로 유명세를 떨쳤다. 《천성을 듣는 사람》, 171~188쪽. 조향록, "좌익단체와 정면대립", 《천성을 듣는 사람》, 209~210, 212쪽; 강원룡, 《빈들에서 1》, 179, 181쪽; 강원룡, "강원룡 목사의 체험 한국 현대사 ①", 《신동아》(2003년 12월호).

77 장성옥, "공산주의와 민족의 위기", 《사회문제와 기독교》(십자가사, 1949), 52~53쪽. 장성옥은 해방 후 광주형무소 형무목사였다.

78 김치묵, "YMCA 운동의 전망", 《기독교청년》 창간호, 29~30쪽.

79 황은균, "삼팔선과 기독교청년", 《부흥》 1948년 1월호(부흥사, 1948), 11쪽.

크스라는 사상적 십자군 전쟁을 주장했다.[80] 교회는 물론 조선기독교청년회전국연합회와 YMCA를 비롯한 기독교 단체, 형무소 형목 그리고 천주교에 이르기까지 남한 내의 대부분의 기독교는 냉전의 진영 논리를 신앙화·신학화했던 것이다.

이들은 세계가 미국을 중심으로 한 자본주의 진영과 소련을 중심으로 한 공산주의 진영으로 분리됐고, 양 진영이 서로를 대체하려 할 만큼 적대적이라는 것을 잘 알고 있었다. 그래서 다수의 기독교인들은 자신들의 생존과 기득권을 지켜줄 수 있는 자본주의 진영을 선택하면서 공산주의 적대정책에 동조·연동했던 것이다. 그뿐 아니라 기독교인들의 동조와 연동은 공산주의 적대를 기독교적 틀에서 신학화하는 과정을 거쳤다. 그 결과 기독교인들의 싸움은 진리와 거짓, 하나님의 백성과 붉은 마귀 간의 전쟁이 됐다.

공산주의를 단순한 적이 아닌 악마와 사탄으로 규정한 것은 비인간화를 의미했다. 즉, 사탄은 기독교인들에게 영육을 파괴하는 치명적 존재이므로 반드시 제거해야 한다며 학살의 정당성을 제공했던 것이다. 한경직 목사는 "공산주의야말로 일대 괴물"이고 "묵시록에 있는 붉은 용"이라고 했고,[81] 유재헌 목사도 이들을 "적룡(赤龍) 사탄"이라고 했다.[82] 김춘배 목사는 마귀의 진영이라는 의미의 적마진(敵魔陳), 경무부장 조병옥은 사탄의 진영, 김인서는 적룡(赤龍), 오제도는 공산독균[83]이

80 강아오스딩, "自序", 《천주교와 공산주의》(종현가톨릭청년회, 1948), 1쪽.

81 한경직, "기독교와 공산주의", 《건국과 기독교》, 212쪽.

82 유재헌, "구국기도단선언문", 《부흥회, 전도회, 주일학교 용 복음성가》(구국기도단, 1948), 67쪽.

83 김춘배 편, "서문", 《해방의 종교》(조선기독교서회, 1948), 1쪽; 조병옥, "총선거와 좌익의 몰락", 《民族 運命의 岐路》, 7쪽; 김인서, "서론", 《신앙생활》 10권 7·8호(신앙생활사, 1951), 1쪽; 오제도, 《붉은 군상》, 130쪽.

라고 했다. 적에 대한 비인간화 작업은 이들에 대한 배제·제거를 정당화했을 뿐 아니라 적극화했다. 한경직은 붉은 용을 멸해야 한다고 했고,[84] 유재헌은 "이 사탄의 세력을 이 땅에서 축출하는 사명을 가진 자는 … 기독교 신자뿐"이라고 했다.[85] 이들은 사상전을 통해 부정적 타자를 구별하여 특정 집단으로 분류하고 이를 배제·제거할 것을 주장했다.[86]

조병옥, 오제도, 장도영, 이세호, 원용덕 등이 이러한 자신들의 종교적 신념을 민간인을 분류하고 처형하는 데 그대로 적용한 것도 문제지만, 더 심각한 문제는 한국의 다수 기독교인이 같은 종교적 신념을 지니고 있었고 지금도 그 신념을 유지한다는 사실이다. 특정 집단에 대한 학살을 적극화한 신념이 6·25한국전쟁 전후 주류 기독교의 배타적 신념에 스며들어 현재에 이르고 있다.

맺음말

지금까지 한국전쟁 전후 지휘·명령체계 속에 있던 기독교인들이 종교적 논리와 신념을 가지고 민간인 집단희생 사건에 적극 가담했던 사실들을 확인했다. 그들의 종교적 논리와 신념은 해방 이후 전개된 기독교의 사상전에서 유래했고, 이는 공산주의 적대를 근거로 하는 냉전의 진영 논리와 동조·연동했다는 사실도 확인했다. 냉전의 진영 논리와 기독교의 종교적 논리가 상호 동조하고 연동할 수 있었던 것은 서로 왕래할 수 있는 통로가 있었기 때문일 것이다. 기독교의 그 통로는 배타적

---

84 한경직, "기독교와 정치(1946년 설교)", 《건국과 기독교》, 148~149쪽.
85 유재헌, "구국기도단선언문", 《부흥회, 전도회, 주일학교 용 복음성가》, 67쪽.
86 〈남북분단과 6·25전쟁 시기(1945-1953) 민간인집단희생과 한국기독교의 관계연구〉의 "II. 해방정국의 진영형성과 기독교"에서 "4. 한국 기독교인들의 사상전" 참조.

이원론이었다. 그리고 개인은 물론 모든 사회단체·국가·종교·문화를 선과 악, 진리와 거짓으로 구별 짓고, 자신을 선과 진리로, 자신과 다른 개인과 집단·종교·문화를 거짓과 악으로 분류하는 배타적 이원론은 오늘날 기독교에도 광범위하게 자리하고 있다.

기독교의 배타성은 자신과 다른 개인과 집단을 부정적 타자로 분류하고 배제·제거하려는 데서 나타난다. 대표적인 것이 북한과의 관계이다. 기독교만큼 북한 문제에 능동적으로 행동하는 단체가 있을까? 이 능동성이 북한을 배제하고 제거해야 한다는 전제에서 발현된다면, 이는 1950년 전후 다수의 기독교인이 저지른 과오를 반복하는 것과 다름이 없을 것이다.

기독교는 뼛속 깊이 박혀 당연한 것이 되어버린, 그래서 기독교 내에서는 누구도 이의를 제기하지 않는 그냥 그런 것이 되어버린 배타성을 직면(直面)할 필요가 있다. 이러한 직면은 현대 기독교인들에게 사상과 신념이 다른 사람을 존중하고 포용해야 하는 이유와 근거를 알려주게 될 것이다.

한국 개신교와 반공주의

강인철*

*한신대학교 교수, 전 학술단체협의회 학술위원장

이 글은 지난 2018년 3월 5일 필자가 '개신교와 한국 현대사' 월례 강좌의 다섯 번째 강의로 발표한 내용을 정리한 것이다. 당시 필자는 2007년에 출판한 책《한국의 개신교와 반공주의》의 내용을 요약한 것을 강의 자료로 배포하고, 여기에 책 출판 이후 변화되거나 새롭게 나타난 내용 등을 추가하는 방식으로 강의를 진행했다. 따라서 이 글 역시 당시 배포한 자료에 강의에서 추가된 내용을 덧붙이는 방식으로 작성됐다.

들어가며

'한국 개신교와 반공주의'라는 주제와 관련해서 생각할 때, 2003년 1월이 아주 중요한 시기라는 게 필자의 판단이다. 노무현 당선자의 취임을 한 달 남짓 앞둔 1월 11일 개신교 보수세력이 처음으로 서울 시청 앞 광장에 수만 명이 모이는 시국기도회를 열었다. 바로 한국기독교총연합회(이하 한기총)와 한국기독교지도자협의회가 주최한 '나라와 민족을 위한 평화기도회'였다. 보수세력으로서는 처음으로 정치집회를 연 것이다. 이것을 필자는 보수 개신교가 정치적 행동주의로 전환을 시작한 사건으로 보고 있다.

이 집회를 주도한 한기총은 1989년 말 탄생했다. 개신교의 보수적인 그룹은 1970년대나 80년대만 해도 성속 이원론을 내세우며 사회참여나 정치참여를 하는 개신교 그룹에 대해 비판적인 태도를 견지해왔다. 하지만 한기총이 탄생한 이후로는 사회참여 노선으로 선회하는 모습을 보여준다.

또 하나 중요한 것은 한국 개신교인들의 정치 성향 분포이다. 정확한 통계를 말하기는 어렵지만 여론조사 결과나 특정 교단의 성향 등을 토대로 미루어볼 때 보수 대 진보의 비율이 8대 2나 7대 3 정도가 되는 것 같아 보인다. 이렇게 보수가 수적으로 압도적 다수지만 대체로 조직화되지는 못했었다. 보수 개신교 지도자들도 기독교지도자협의회 등 여러 단체로 나뉘어 있었고, 또 개인적으로 가입하는 단체가 많고 개인과 교단에 모두 회원 자격을 주는 단체들도 있었다. 그로 인해 지리멸렬이라는 표현이 어울릴 만큼 조직력이 뛰어나지 못해 수적인 우위에도 불구하고 영향력은 그다지 강하지 못했다. 하지만 한기총 탄생 이후 보수세력의 '단단한 결집'이 한기총을 통해 이루어지기 시작한 것이다.

여기서 한기총 탄생 직전에 일어난 일에 주목할 필요가 있다. 1988년 2월 한국기독교교회협의회(NCCK)는 '민족의 통일과 평화에 관한 한국 기독교회 선언'(88선언)을 발표한다. 그런데 이 선언에는 반공주의를 우상처럼 섬긴 것을 죄로 고백하는 내용이 들어 있다. 여기에 보수 개신교 인사들이 경악을 하게 됐고, 이듬해 1월 북한 출신이 대부분인 총회장급 인사들이 은퇴 후 남한산성에 기거하고 있던 고 한경직 목사에게 세배를 간 자리에서 한기총 결성에 대한 공감대를 이루었다고 한다. 말하자면 NCCK의 '88선언'에 대한 조직적인 반발이 한기총 결성으로 이어지고,[1] 한기총이 결성되면서 1990년대에 들어와서는 성속 이원론을 내세워 사회참여에 비판적이던 보수세력이 이제까지의 입장을 철회하고 사회참여를 하기 시작했으며, 2003년 1월부터는 아예 정치적인 영역으로 뛰어든 것이다.

2003년 1월 이후로는 일정한 주기는 없었지만 중요한 때마다 보수세력이 이런 시국기도회를 열어왔다. 그렇게 몇 차례의 기도회를 하면서 보수집회의 양상 자체가 달라지는 모습을 보인다. 이전에는 군복을 입은 연세 드신 분들 수백 명이 모여 그냥 구호나 외치는 정도였지만 이때부터는 수억 원이 투입돼 무대도 화려해지고 애드벌룬 같은 것도 띄우며, 인원도 수만 명 혹은 십만 명 이상이 모이는 규모로 바뀐 것이다. 필자는 당시에 대한 언론 검색을 하다가 《월간조선》이 2003년 1월호부터 매달 이 문제를 다뤘다는 사실을 발견했다. 이런 양상의 보수집회에 대해 매우 깊은 인상을 받은 듯 '애국 기독교의 궐기'라는 식으로

---

[1] (편집자 주) 한기총의 결성이 '88선언'에 충격을 받은 보수 개신교계의 '자발적인' 행동이었는가에 대해서는 이론의 여지가 있다. 그동안의 언론 보도 등은 확인은 되지 않았으나 한기총의 결성 이면에 정부 기관의 '요청', 혹은 그 이상의 무엇이 있었으리라고 일관되게 주장해왔고, 당사자들 역시 이를 적극적으로 부인하지 않았다. 교계에서는 이것을 한기총의 '태생적 한계'라고 부른다.

고 한경직 목사가 한기총 창립에 나선 데에는 또 다른 '현실적 이유'도 있었다. 1984년 한국 교계는 '선교 100주년 기념사업'을 대대적으로 펼쳤고, 그 주체는 한경직 목사를 대표로 한 '한국교회 100주년 기념사업협의회'였다. 그런데 기념사업을 진행하는 과정에서 용인의 한국기독교순교자기념관, 100주년기념교회 같은 '두고두고 관리해야 할 자산'이 생겼다. 그러나 한국교회 100주년 기념사업협의회는 사실상 한시적 기구였기 때문에, 이 자산들을 관리하기에는 역부족이었다. 따라서 한경직 목사는 한기총이라는 '공적인 기구'를 통해 이 자산들을 관리하고자 했던 것이다. 한기총이 창립되자마자 100주년 기념사업협의회의 실무를 맡고 있던 김경래 장로가 한기총의 초대 사무처장으로 취임한 것도 바로 이 때문이다. 또 후에 김경래 장로가 한기총 사무처장을 사임할 때에는, 100주년 기념사업협의회 명의의 전화 가입권까지 다시 갖고 나갔다.

묘사하고 있었다.

이렇게 2003년 이후로는 기존의 보수세력과 한기총이 서로 주도권 다툼을 하면서 보수집회를 이끌어가게 되는데, 한기총이 빠질 때는 초라한 집회로 돌아갔다가 한기총이 참여하면 아주 화려하고 거대한 집회로 바뀌고 각광을 받게 되는 양상이 반복된다. 그리고 이때부터 보수 개신교 세력이 한국 보수의 양대 축 중 하나로 인정을 받게 된다.

개신교 보수주의의 의미

먼저 생각해봐야 할 문제는 '개신교 보수주의의 의미'이다. 반공주의로 넘어가기 전에 먼저 보수주의에 대해 생각해보자는 것이다. 그런데 필자는 개신교 보수주의를 이해하기 위한 키워드가 바로 반공주의라고 생각한다. 다시 말해 필자는 지난 수십 년 동안 개신교의 '반공주의'는 냉전적 세계 인식과 친미주의, 분단지향성, 보수적 정치세력과의 연대와 유착, 경제엘리트와의 교류와 수렴 등 넓은 의미의 '보수주의'를 가능하게 만들고, 촉진하고, 상호침투하게 만드는 힘으로 작용해왔다고 생각한다. 따라서 이 글의 목표가 '개신교 보수주의'의 지속성과 강력함에 대한 탐구에 있다면 이 목표는 '개신교 반공주의'의 지속성, 강력함에 대한 탐구를 통해 가장 잘 달성될 수 있다는 것이 필자의 판단이다.

반공주의는 지속성과 강력함 이외에도 공격성과 비타협성, 강경함 같은 측면도 갖고 있다. 이런 측면이 생겨나는 것은 한국 개신교 특유의 반공주의가 근본주의적 성향이 매우 강하고 비타협적이며, 영적 전쟁이라는 프레임 혹은 세계관을 갖고 있기 때문인 것으로 생각된다. 이런 요인들이 공격적이고 강경함을 만들어내는 원천이 아닐까 싶다.

그런데 한국 개신교를 말할 때 '보수'와 '진보'는 대체 무엇이며, 이 둘을 가르는 기준, 혹은 틀은 무엇일까?

좌파와 우파

개신교 보수주의를 이해하는 데 '좌파-우파'라는 전통적인 도식은 과연 적절한 것인지 생각해볼 필요가 있다. 공산주의나 사회주의에 대한 태도를 어떻게 가져가는지, 자본주의에 대한 생각은 어떤지, 사회를 해석할 때 계급 대립이라는 요인을 얼마나 중시하는지, 또 분단체제라는 우리의 특징을 감안한다면 분단과 통일에 대한 태도 등등이 한국에서 좌파와 우파를 가르는 중요한 기준이 될 수 있다. 이렇게 보았을 때 이 기준을 개신교의 보수와 진보를 나누는 데에도 대체로 무리 없이 적용할 수 있을 것 같다.

좀 더 자세히 생각해보자. 여기서 말하는 '진보' 혹은 '보수'라는 것은 일차적으로 특정 개신교 집단의 '정치·사회적' 태도를 가리키는 것이며, 이 구분은 일단 '좌파-우파'의 전통적인 구분과 유사한 것으로 간주될 수 있을 것이다. 한국 사회 전반이 그렇듯이 공산주의와 사회주의에 대한 태도 혹은 계급 대립 요인의 중요성에 대한 태도(계급 중심적 시각의 정도)는 개신교에서도 진보와 보수를 가르는 가장 효력 있는 리트머스 시험지 역할을 해왔다. 국제화된 내전(內戰)과 장기화된 민족 분단이라는 독특한 경험으로 인해 분단과 통일에 대한 태도 역시 좌우 이데올로기와 중첩되면서 개신교인의 정치·사회적 태도 결정에 중요한 요소로 작용해왔다.

해방 당시 한국 사회의 이데올로기 지형이 '전반적으로 좌경화(左傾化)된' 특징을 보였던 것과는 달리 한국 개신교의 이데올로기 지형은 '전반적으로 우경화(右傾化)된 지형'이라는 특징을 보여주었다. 그러나 1960년대 이후 개신교 이데올로기 지형은 '우경 반쪽' 상태에서 벗어나

좌-우 스펙트럼의 왼쪽 방향으로 꾸준히 확장돼왔다. 특히 1970년대에 일부 신학자들은 피억압 계급을 통칭하는 '민중'(民衆) 개념을 적극적으로 도입했으며, 1980년대에 '기독교 사회운동 진영'으로 지칭되던 여러 세력은 사회주의 이데올로기를 그리스도교 교리와 화해 내지 공존시키기 위해 노력했다. 사회주의 블록이 붕괴되고 사회주의 이데올로기의 힘이 크게 약화된 1990년대에 개신교 진보진영은 계급 대립 중심의 '민중운동 지향'과 탈(脫)계급적인 '시민운동 지향'을 결합시키려 노력해왔지만 그럼에도 '신자유주의적 자본주의 반대'의 입장은 고수하고 있다. 1990년대 이후 전체적으로 태도 스펙트럼에서 '우경 이동'(右傾移動) 추세가 현저하지만 좌-우 이데올로기 스펙트럼 자체는 여전히 유용하다고 판단된다.

친미와 반미

이 문제는 조금 어려운 것 같다. 1970년대와 80년대에 한국의 개신교 저항집단도 미국 개신교 교회에 대해 '종교적 종속성'을 갖고 있었고, 시민사회를 향해서는 무소불위(無所不爲)에 가깝도록 강력했던 당시의 군부 독재정권 역시 대미(對美) 종속성이 강했다. 그 결과 저항적 개신교 집단의 대미 '종교적 종속성'이 군부정권에 대한 '정치적 자율성의 기반'으로 작용했던 것이 한국 사회의 독특한 상황이었다. 이것을 감안할 때 미국에 대한 태도 혹은 '친미주의'의 정도는 개신교에서 정치적 태도의 차이를 가려내는 데 그다지 효과적인 구분선이 되지 못한다고 생각한다.

1970년대, 80년대에 민주화운동에 참여했던 개신교 지도자들이 대단히 친미적이었다는 것은 우리가 잘 알고 있는 사실이다. 다시 말해서 친미주의는 개신교 보수세력만이 아니라 진보세력에 의해서도 폭넓게 그리고 오랜 기간 동안 공유되어왔던 것이다. 따라서 우리가 개신교 보수주의를 특징짓는 개념 중 하나로 '친미주의'를 사용할 경우에는 미국식의 냉전적 세계관을 공유한다거나 미국 내 보수적 정치·종교 세력과의 유대감이나 유대를 실제로 갖고 있을 때 친미로 보는 것이 더 의미가 있다. 위에서 말한 종교적 종속성이나 미국 교회와의 친밀감 같은 것을 친미의 기준으로 보는 것은 부적절하다는 것이다.

국가와의 관계방식, '정치적' 차원과 '신학적' 차원

이 대목은 좀 더 복잡한 문제다. 왜냐하면 우리가 개신교의 진보와 보수를 나눌 때 정치적 진보와 보수 그리고 신학적 진보와 보수를 구분해서 볼 필요가 있기 때문이다.

개신교 내에서 정치·사회적 진보와 보수의 구분을 '국가와의 관계방식'과 직접 결부시키거나, 진보와 보수의 태도를 구분할 때 '정치적' 차원과 '신학적' 차원을 혼합시키는 것은 위험하거나 잘못된 태도라고 판단된다. 이런 맥락에서 국가에 대한 저항이 반드시 정치적 진보성을 의미하는 것은 아니며 그 역 또한 사실이라는 점을 확인하는 것이 중요하다. 정치적으로 보수적인 신사참배 반대파가 일본 제국주의 통치세력과 격렬하게 충돌했던 경험, 1990년대 말 이후 역시 정치적으로 보수적인 개신교 세력들이 '상대적으로 민주적이고 진보적인' 정부들과 긴장 관계를 유지했던 일 등이 그 사례라고 할 수 있다.

사회학적으로 정의를 내린다면, 신학적 '자유주의'(liberalism)는 '현세주의'와 '지적 상대주의'가 결합한 것이고, '근본주의'(fundamentalism)는 '초월주의'와 '지적 절대주의'가 결합한 것이라고 할 수 있다. 이 둘을 축으로 이루어지는 것이 '신학적인' 진보와 보수의 대립이다. 신학적 자유주의는 '역사 내 구원'을 강조하고 구원을 이루는 데서 인간의 역할을 좀 더 높이 평가하며, 그런 맥락에서 크리스천과 교회의 사회참여 필요성을 강조하는 특징을 보인다.

그런데 여기서 강조해야 할 사실은, 사회참여의 필요성을 강조하는 자유주의 신학이 반드시 진보적인 정치성으로 나타나는 것은 아니라는 것이다. 반대로 근본주의자들, 예를 들어 한기총의 지도자들이 언제부터인가 사회참여의 필요성을 긍정하게 되었다고 해서 정치적 진보주의자로 바뀌는 것도 아니다. 오늘날의 한국 보수 개신교 세력이 극우적인 정치참여에 적극적인 '종교적 보수파'라는 점에서, 미국의 '신(新)기독교 우파'와 한국의 개신교 보수세력은 매우 비슷하다고 말할 수 있다.

지금 제일 해석하기 어려운 부분은 앞에서도 잠시 언급된 바 있는 신사참배 반대파의 사례이다. 이들은 신사참배에 가장 강경하게 반대 입장을 밝히고 그로 인해 투옥되고 심지어는 목숨을 잃기까지 했지만 종교적으로 보면 상당히 보수적인 사람들이었다. 반면 그 당시에 자유주의 신학에 가까웠던 사람들은 오히려 좀 더 쉽게 친일을 선택했다.

1950년대 역시 해석하기 어렵기는 마찬가지이다. 이승만 정권에 적극적으로 영합했던 이들은 사회참여파들이었다. 자유주의자들이 많았다는 것이다. 부산과 경남지역에 기반을 둔 고신파라는 교단이 있는데 신사참배에 반대하다가 옥고를 치른 이른바 '출옥성도'가 중심이 돼 세운 교단이다. 그런데 이 고신파는 국가를 괴물로 여기고 악마화하기 때문에 국가와의 관계를 극구 단절하려고 했다. 이 교단이 설립한 고신대학교가 주요 개신교계 대학들 중에 가장 늦게 4년제 대학으로 승격했는데, 그 이유는 신청 자체를 아예 하지 않았기 때문이다. 신청을 해서 인가를 받으면 국가권력이 학교 운영에 개입하고 간섭을 받게 된다고 생각한 것이다. 이런 생각 때문에 고신파는 군종에도 매우 늦게 참여했다.

우리 개신교 역사를 보면 처음에는 이런 보수세력들이 오히려 독재정권과는 거리를 두고 있었다. 신학적 진보-보수가 정치적 진보-보수와 대체로 일관성을 가지며 수렴돼가는 양상을 보이는 건 1960대 후반 이후에 들어서이다. 그 이전에는 정치 성향과 신학 성향 간의 부정합이나 탈구 같은 현상이 많이 일어났던 것이다.

문제의식: 개신교 반공주의의 지속성과 강력함의 원천

반공주의는 한국전쟁 이후 친미주의·자유민주주의 이데올로기와 결합돼 하나의 '시민종교'(civil religion)[2]의 성격마저 보여주고, 그에 따라 '성스러운 외피'에 둘러싸여 '모든 것을 가능하게 하고 모든 것을 설명해내는 전지전능함' 마저 갖고 있었다. 하지만 이랬던 반공주의가 한국 사회의 민주화 이후 지배력을 급속하게 잃어갔다. 그런데 이런 추세 속에서도 최근 개신교 측의 종교적으로 채색된 반공주의가 '죽어가는 반공주의'에 새 생명력을 부여하고 있다.

다시 말해서 2000년대 들어 한국의 개신교 집단은 민주화 이후 약화되어온 반공·반북 지향의 보수세력의 든든한 지원군으로 등장했을 뿐만 아니라 갈수록 설득력이 약해지고 있는 반공 이데올로기에 새로운 생명력을 불어넣는 역할 또한 하고 있다. 개신교 보수집단의 시국 집회는 보수 언론들로부터 '애국적 기독교의 궐기'로 칭송을 받기도 했다. 개신교 반공주의, 더 넓게는 개신교 보수주의에 대한 연구가 갖는 현재적 의의도 바로 여기에서 찾을 수 있다.

한국 사회 전체로 볼 때 반공주의적 세력과 담론의 약화 추세가 뚜렷

---

2 여기서는 시민종교를 "국가나 민족을 성화(聖化)하는 담론과 실천의 체계"로 간명하게 정의할 수 있다.

함에도 불구하고 개신교 반공주의에서 발견되는 이런 '강력함'과 '지속성'의 원천은 무엇일까? 개신교 반공주의가 보여주는 '끈질긴 생명력'의 비결은 과연 어디에서 찾을 수 있을까? 필자의 책《한국의 개신교와 반공주의》도 바로 이런 의문들에서 출발한다. 또한 최근의 변화된 국제적, 정치·사회적 환경 속에서 개신교 반공주의는 어떤 변화를 겪고 있으며, 그 특징들은 무엇인가 하는 점 또한 흥미로운 관심사일 것이다.

그런데 이런 질문에 대답하기 위해서는 개신교 반공주의의 역사적 형성 과정을 밝히는 것만으로는 부족할 수 있다. '개신교 반공주의'라는 주제에 접근하고자 할 때 개신교 반공주의의 '생산'(production)과 '재생산'(reproduction)이라는 두 측면을 구분하는 것이 유용하리라 생각한다.

개신교 반공주의의 '생산'이 그 발생과 형성, 변화 등에 일차적으로 주목한다는 점에서 '역사적' 측면을 강조한다면 '재생산'은 개신교 반공주의의 지속성에 주목하면서 그것을 가능하게 만드는 여러 기제들, 주체들, 이익들을 일차적으로 다룬다는 점에서 그것의 '구조적' 측면과 주로 관련된다고 할 수 있을 것이다. 그러나 개신교 반공주의의 생산 측면과 재생산 측면은 오직 '분석적으로만' 구분 가능할 뿐이다. 실제로 일정한 '생산'의 과정을 거친 담론은 이미 '재생산'의 힘을 내장하게 되고 '재생산'의 과정 자체가 새로운 '변화'(생산)를 초래하는 것 역시 불가피하기 때문이다.

분석적 편의를 위해 개신교 반공주의의 생산과 재생산 측면을 구분하는 것은 이 주제와 관련된 연구의 쟁점과 과제를 정리하는 데도 도움이 된다. 지난 20~30년 사이에 개신교 반공주의를 주요한 연구대상으로 삼은 성과들이 어느 정도 축적됐다. 그러나 전체적으로 볼 때 기존 연구의 대부분은 개신교 반공주의의 역사적 형성 과정에 집중되어 있어서 그것의 지속성이나 재생산 과정, 기제들에 대한 탐구가 부족하다. 또한 개신교 반공주의의 역사적 측면에 초점을 둔 연구들 역시 대부분 일제강점기나 한국전쟁 시기 이전을 다루고 있어 한국전쟁 이후의 변화와 그 특징들을 이해하는 데 미흡하다. 이런 두 가지 문제를 극복하기 위해 이 글에서는 한국전쟁 이후를 포함하여 현재까지로 대상 시기를 확장하는 한편 개신교 반공주의에 끊임없이 힘과 생명력을 제공하는 다양한 요소를 밝히는 데 주력하고자 한다.

개신교 반공주의의 '생산': 역사적 고찰

개신교 반공주의의 형성기(1920년대~해방)

먼저 개신교 반공주의가 어떻게 처음 등장했고 또 어떤 변화를 거쳤는지 알아보자. 1920년대에는 여러 가지 서로 상충하는 흐름이 있었던 것으로 보인다. 일단 국외에서는 만주와 연해주 지역에서 선교하는 이들이 러시아의 공산화 이후로 해당 지역의 사회주의자들과 충돌을 빚기 시작하고 또 박해를 받는 사건도 나타나기 시작한다. 그리고 국내에서도 1910년대 말부터 사회주의가 확산하면서 초기 사회주의자들이 반기독교 운동이나 기독교 비판 활동을 전개하기도 했다. 그렇지만 또 한편으로는 전통적 교리에 대한 급진적인 재해석에 기초해 기독교 신앙 형태의 강력한 쇄신을 요구했던 1920년대 YMCA 중심의 기독교 사회주의 운동도 있었고, 선교사들에게 자주적인 기독교의 건설을 요구하는 움직임 등 사회주의적 기독교 비판을 긍정적인 자극으로 수용하거나 기독교와 사회주의의 공존을 추구하는 움직임도 나타났다. 예를 들어 우리나라에서 제일 먼저 사회주의로 전향한 인물 중 하나인 이동휘 선생 같은 이도 망국(亡國)을 전후한 시기에 '기독교를 통한 구국운동'에 헌신적이었다.

1930년대에 들어서면 좀 더 분명한 역사적 분기점이 생겨난다. 기독교 사회주의나 자주적 기독교 노선으로 대표되는 진보적·자주적인 노선과 성속 이원론적인 보수적인 노선 사이에서 일종의 역사적 타협이 이루어지는 것이다. 이 시기에 특히 중요한 것은 1932년 9월에 열린 조선예수교연합공의회 제9회 총회에서 제정·발표된 12개조의 사회신조(社會信條, social doctrine)이다. 이 사회신조를 통해 최저임금법이나 소작법, 사회보험법 제정 등 몇 가지 사회개혁 지침을 허용하고 기독교의 사회적 책임을 강조함으로써 탈사회적 보수주의 신학 노선에 중대한 수정이 이뤄졌다. 그러나 여기서 우리가 주목해야 할 사실은 "일체의 유물교육, 유물사상, 계급적 투쟁, 혁명 수단에 의한 사회 개조와 반동적 탄압에 반대한다"는 문구를 사회신조 전문에 삽입해 반공적 태도 또한 명확하게 하고 있다는 점이다. 1930년대 초에 사회교리라는 형식으로 반공주의를 교리나 신조의 수준으로 끌어올림으로써 개신교 전체가 순식간에 반공주의로 공식 정리된 것이다. 그리고 그 이후 1930년대와 40년대를 지나면서 개신교의 사회개혁 의지는 후퇴한 반면 반공주의는 더욱 위세를 더해갔다고 할 수 있다.

이렇게 1930년대 이후에 반공주의가 교리화(敎理化)됨으로 인해 1910년대 말부터 1920년대를 거치면서 사회주의를 받아들였거나 사회주의로 기울어졌던 개신교 지도자들도 결국 이 무렵쯤 교회를 떠난 것으로 보인다. 예를 들어, 여운형 같은 이는 평양신학교를 다닌 바 있고 그 후 상해로 가 한인교회에서 전도사로 생활하며 독립운동을 한다. 조봉암 역시 교회 청년들과 함께 3·1운동에 참여했다가 투옥됐는데, 출소 후에는 YMCA 중등부에 다닌 것으로 알려져 있다. 바로 이런 인물들이 1930년대에 들어서면 교회와 거리를 두게 되고, 결국 교회를 떠나는 일이 발생한 것이다.

개신교 반공주의의 정형화 시기(1945~1972년)

해방 후의 개신교는 정치적 중도파 정도의 입지조차도 허용하지 않는 모습을 보여주기도 한다. 앞에서 언급했듯이 해방 당시 한국 사회의 이데올로기 지형은 좌경적인(손호철이 쓴 표현을 쓰면 '좌경 반쪽'인) 그런 특징을 보였고, 또 그 당시 불교나 천도교에는 좌파세력이 상당히 강세를 보였다. 특히 천도교 청우당 같은 신파 세력은 상당히 좌파적이었다. 반면 개신교와 천주교는 우경 반쪽에 가까운 모습을 보여준다. 개신교와 천주교의 공통적인 특징은 식민지 시절에 반공주의를 교리로 받아들였다는 것이다. 천주교 역시 사회교리에 그런 내용이 담겨 있었다. 다시 말해서 두 종교에서는 일제강점기에 이미 사회교리의 형태로 반공주의의 '교리화' 과정이 완결되었기 때문에 해방을 맞을 당시 한국 사회의 전반적으로 좌경화된 이데올로기 지형과는 완전히 딴판인 우경 반쪽의 이데올로기 지형을 보여주게 된 것이다.

우리가 주목해야 할 부분은 식민지 시기에는 개신교와 천주교 모두 정치참여를 멀리했지만 해방 직후에는 전면적인 정치참여로 전환했다는 사실이다. 그래서 목사들이 정당 활동을 하고 1948년 5.10선거 등 일련의 선거에 출마하는 일들이 자주 일어난다. 그리고 해방 직후부터 개신교 신자들과 사회주의자들 사이에 충돌이 자주 벌어지고, 그 충돌은 종종 폭력 사태로 이어졌다. 우리가 잘 알고 있는 서북청년회의 경우 종교단체는 아니지만 영락교회와의 연관성이 아주 뚜렷하게 확인되고 월남한 이윤영 목사나 조선민주당과도 관련을 맺고 있었다.

이런 대립은 곧 전체 교회로 확산된다. 그 결과 1945년 말 혹은 늦어도 1946년 초에 이르면 남한과 북한 모두에서 개신교와 공산주의 사이의 대립이 전면화되는 것으로 보인다. 우선 남한의 경우는 1946년에 신탁통치 문제가 제기되면서 개신교와 공산주의의 대립이 전면적으로 벌어지게 된다. 미군정과 이승만 정권 초기에 정치권력의 중심부로 진입한 개신교 지도자들은 사회주의자들에 대한 공격에 앞장섰고 역으로 특히 전쟁 때 사회주의자들에 의해 인명과 재산상의 막심한 피해를 입기도 했다.[3]

북한에서도 사정은 마찬가지였다. 이에 따라 북한에서 사회주의자들과 격렬하게 갈등했던 반공주의적 다수세력의 대대적인 남하 행렬이 한국전쟁 때까지 이어지게 된다. 신의주학생사건의 주역 내지 배후로 지목된 한경직 목사나 윤하영 목사 같은 인물이 대표적이라고 할 수 있다. 장로교가 감리교보다 우세했고 또 장로교 교세의 상당 부분이 북한 지역에 있었던 상황에서 북한의 장로교인들과 적지 않은 감리교인들이 월남을 하게 되면서, 한국전쟁이 끝날 무렵에는 남한 개신교 교회가 매우 공격적인 반공주의자들의 집결지로 변모하게 된다.

1946년 신탁통치 반대운동 과정에서 3·1절 기념행사가 좌우로 나뉘어 치러진다. 우파 측은 탑골공원에서 그리고 좌파 측은 남산 조선신궁 터에서 각각 기념행사를 가졌고, 이것이 물리적인 충돌로 이어지기도 했다. 그런데 우파 측 행사를 주도한 것은 바로 개신교인들이었다. 이후 개신교는 대표적인 반공세력 중 하나로 남한 사회 전반에 각인된다.

당시의 반공주의적 개신교 지도자들은 소련을 세계 적화 야욕을 지닌 '제국주의 세력'으로, 남북한의 공산주의자들을 소련 제국주의의 하

---

[3] 격화되는 대립 속에서 사회주의와 개신교의 공존을 추구하던 그룹들은 양자택일적 선택을 강요당했다. 북한에서는 사회주의자들의 도움을 얻어 소수의 개신교 사회주의자들이 빠른 속도로 종교권력을 장악해갔던 반면, 남한의 소수 개신교 사회주의자들은 월북하거나, 폭력적으로 제거되거나, 아니면 공개적으로 전향해야만 했다.

수인인 '반민족 세력'으로 낙인찍었다. 반면에 자신들을 이들에 대항하는 '민족진영' 혹은 '자유진영'으로 묘사함으로써 세계적 차원의 냉전체제에 적응해나갔다. 그리고 남한에 단독정부가 세워지자 이것을 대공(對共) 투쟁에서의 1단계 '승리'로 해석하고 정당화함으로써 남한의 개신교인들은 한반도 차원의 분단체제에도 적응하게 된다. 말하자면 "소련이 38선을 이용하여 북한에 주둔하면서 일찌감치 사실상의 '괴뢰 국가'를 세운 마당에 남한에도 강력한 반공국가를 수립함으로써 소련의 제국주의적 팽창을 저지할 단단한 보루를 먼저 마련하고, 이를 기반으로 삼아 실력을 키운 뒤 역으로 다시 북진(北進)함으로써 진정한 민족통일을 달성한다"는 '분단 정당화'의 논리가 자리를 잡은 것이다.

한국 개신교 반공주의의 역사적 전개과정에서 한국전쟁은 결정적으로 중요하다. 개신교 내부에서도 '반공주의의 종교화' 과정이 전쟁 도중과 직후에 집중적으로 진행됐을 뿐만 아니라, 종교적 신념체계의 측면에서는 '사탄론'이 등장하고 여기에 '종말론적' 성격과 '선민의식'이 결합되면서 반공담론 자체가 '구원론'의 일부로 발전해나갔기 때문이다.

개신교 교회들은 해방 이전부터 '유물론(무신론)-유신론의 대립' 등을 통해 '공산주의와 기독교의 상극성(相剋性)'을 체계적으로 정립해왔을 뿐만 아니라, 전쟁을 겪으면서 공산주의에 종교적 속성마저 부여함으로써 양자 간의 대립을 '선과 악, 천사와 악마의 대립'으로 한 단계 격상시켰다. 그 결과 공산주의와 기독교의 갈등이 단순한 '이념투쟁'을 넘어 '종교 대 종교'의 갈등 그리고 나아가 우주적 차원에서 전개되는 종말론적 '종교전쟁'(religious war)의 일부를 이루는 것으로 혹은 그 전쟁의 축소판으로 재해석되는 변화가 한국전쟁 때 일어난 것이다.

또한, 한국전쟁을 거치는 동안 그리고 한국전쟁이 끝난 직후에 이 전쟁을 신의 섭리로 보는 해석들이 많이 제기된다. 한민족이 인류를 대표해서 시련과 고난을 당하는 민족으로 선택을 받았기 때문에 우리 민족이 이 고난을 잘 이겨내고 승공(勝共)을 이뤄내면 세계 구원을 이끄는 현대판 이스라엘의 역할을 하게 될 것이라는 식의, 한국 중심의 선민주의적인 반공주의로 발전하게 되는 시점도 한국전쟁이었다. 한국전쟁을 계기로 통일교와 전도관처럼 반공의식이 매우 강한 개신교 계통의 신종파들이 생겨나는데, 이들은 반공주의적 선민의식이 잘 드러나는 신앙을 발전시켰다고 볼 수 있다.

개신교 반공주의가 강한 종교적 성격을 띠게 될수록 악의 화신인 공산주의와의 접촉이나 대화, 공존과 타협은 하나의 금기(taboo)가 되어갔으며 이런 태도는 1950년대 초의 휴전 반대운동으로부터 1950년대 말의 재일교포 북송 반대운동에 이르기까지 일관되게 나타난다. 이렇게 볼 때 1950년대는 개신교 반공주의의 절정기인 동시에 개신교 반공주의의 가장 순도 높은 모습을 관찰할 수 있는 시기였다. 이 시기는 개신교 반공주의가 사탄론과 선민의식, 종말론적 구원론과 결합되면서 가장 창조적인 양상을 보여주었던 때이기도 했다.

우리가 주목해야 할 대목은 개신교 반공 담론의 발전 과정에서 한국전쟁이 지닌 또 다른 두 가지 중요성이다. 첫 번째는 교회 경계를 넘어 '전사회적 수준에서' 개신교가 반공의 탁월한 상징으로 부각됐다는 사실이다. 인천상륙작전 이후 유엔군이 북진할 때 선교사들과 천주교 신부들도 종군을 해 함께 올라갔다. 이후 중공군의 개입으로 후퇴를 시작하자 이들은 원산과 함흥, 평양 등지에서 피난을 가는 사람들에게 군종 자격으로 '이 사람은 개신교 신자'라는 내용의 통행증을 엄청나게 많이 발급해주었다. 말하자면 개신교 신자라는 것이 곧 반공주의자임을 입증하는 신분증 역할을 한 것이다. 또 포로수용소에서는 십자가 완장이 반공포로임을 입증하는 중요한 증거가 됐다는 일화도 있다.

두 번째는 한국전쟁 시기에 개신교가 반공 심리전 내지 사상투쟁의 효과적인 무기로 인정을 받았다는 사실이다. 특히 개신교와 천주교에게만 접근이 허락되었던 군종제도에서의 주목할 만한 활약상, 포로수용소에서 수많은 반공포로를 획득해낸 일 등이 그런 인정을 받게 만들었다.

그런데 이미 세계의 절반을 장악한 상태에서 끊임없이 세력을 확장하려고 시도하는 거대한 사탄의 세력, 다시 말해서 소련을 중심으로 한 공산세력과 최전선에서 맞서 싸워야만 하는 피할 수 없는 운명이 한민족에게 주어졌다면 한국 사회에서 기독교 인구가 여전히 소수에 불과하다는 사실은 큰 모순이 아닐 수 없었다. 따라서 기독교와 공산주의의 대결을 핵심으로 하는 선과 악의 지구적 투쟁에서 승리하려면 한국 및 한민족을 '기독교화'하는 것이 매우 시급하면서도 선차적인 과제로 떠오를 수밖에 없었다. 반공주의적 세계관은 이처럼 남한의 교회와 신자들에게 강한 선교적 열정을 불어넣는 측면 또한 갖고 있었다.

개신교 반공주의의 부분적 변형과 지속 시기(1973~1987년)

1970년대에 들어서면서 한국의 개신교 반공주의는 의미 있는 변화를 시작한다. 먼저 7.4남북공동성명이 나오고 이를 지지하면서 '악마의 세력'과의 접촉을 금지하고 터부시해온 전통이 흔들리거나 해체되어갔고, 무력통일 노선을 포기하고 적어도 말로는 평화통일을 주장하기 시작했다. 또한 민주화운동이 조직적으로 벌어지면서 반공주의를 정치적으로 이용하거나 안보를 빙자해 반공주의를 악용하는 모습을 보게 됐고, 이것은 반공주의의 위험에 대한 성찰로 이어졌다. 그리고 무엇보다 스스로 반공주의의 보루라고 자부해왔고, 또 그렇게 인정받아왔던 한국의 개신교 지도자들이 '용공'세력으로 낙인찍히는 쓰라린 경험이 반공주의에 대한 비판적 성찰을 강요했다.

이렇게 개신교 반공주의 안에 잠재적 균열 요소들이 생겨나고 있음에도 그와 충돌하는 두 가지 사실을 확인할 수 있다. 하나는 NCCK를 중심으로 한 개신교의 일부 세력이 군부독재 세력과 맞서 민주화·인권운동을 주도적으로 이끌었지만 이들조차도 그 대부분은 반공주의와 냉전적 체제경쟁의 인식틀 내에 머물러 있었다는 점이고, 다른 하나는 개신교인들의 민주화운동이 거세지고 국가와 개신교 사이의 대립이 심화되는 데 비례해서 NCCK와 경쟁관계에 있는 개신교 세력은 반공주의적 담론과 행동을 더욱 강화해나갔다는 점이다. 용공세력으로 낙인찍혀 투옥당하고 고문당하는 경험을 한 개신교 진보세력이 반공주의를 정치적으로 악용하는 것에 대해 심각하게 고민하고 있는 상황에서도 개신교 보수세력은 더욱 강경하게 반공주의를 외치고 실천에 옮겼던 것이다.

특히 정권에 의해 이데올로기 공세가 가해지는 상황에서 저항적 개신교 지도자들은 한편으로는 자신들이 강력한 반공주의자임을 끊임없이 입증하거나 고백해야 하는 부담을 안게 되고, 다른 한편으로는 '신성한 반공주의'를 독재에 악용하지 말라는 주장을 펴게 된다. 그리고 이런 이중적 대응방식의 절묘한 결합, 혹은 논리적 돌파구가 바로 '승공을 위해서라도 민주화와 인권을 보장하라'는 식의 논리였다. 말하자면 "한국이 사탄적인 공산세력과 최전선에서 대적할 세계사적인 사명을 부여받고 있다면 한국이야말로 제대로 된 자유민주주의를 구현하는 모범 국가가 돼야 하고, 이런 민주주의를 바탕으로 공산세력과 싸워 이겨야 마땅할 것인데도 독재와 비인간화, 빈부의 양극화 등이 만연한다면 공산주의 세력과의 싸움에서 승리는커녕 한국 사회 자체가 공산화되기 쉬운 불온한 사상의 온상이 될 것"이라는 주장을 개발해냈다는 것이다.

이처럼 1970년대는 개신교의 저항적 지도자들이 반공과 체제경쟁에서의 승리를 명분으로 민주화와 인권 보장을 주장하던 시기, 다시 말해서 교회가 '진정한 반공'에 대해 군부정권을 상대로 훈계하던 시기라고 할 수 있다.

반공주의의 균열과 재적응 시기(1988년 이후부터 현재까지)

1980년대 말 이후 사회주의 블록의 해체와 탈냉전이 진행되고 국내에서는 민주화가 이루어지면서 개신교 반공주의에 또 다른 균열 요소가 생겨났다. 이런 맥락에서 1988년 2월에 앞에서 언급한 NCCK의 '민족의 통일과 평화에 관한 한국 기독교회 선언'(88선언)이 나오게 된다. 이 선언을 통해 NCCK는 반공주의와의 결별을 공개적으로 선언했고, 이에 따라 개신교 반공주의는 보수그룹의 전유물이 됐다.

하지만 그 이후의 역사적 진행 과정은 참으로 역설적이었다. NCCK가 과감하게 반공주의와 결별 선언을 한 것은 탈냉전과 민주화라는 국내외의 변화에 부합하는 역사적 선택이라고 할 수 있지만, 그것이 개신교 내에서 불러온 결과는 NCCK에게 대단히 '파괴적인' 것이었기 때문이다.

개신교 반공주주의에 대한 NCCK의 사망선고는 반공주의를 여전히 금과옥조처럼 여기던 개신교 보수그룹의 격분을 불러왔고, NCCK에 속한 일부 교단 및 상당수 인사들까지 동요하기 시작한다. 결국 NCCK의 통일선언이 발표된 지 채 1년도 못 가서 NCCK의 일부까지 가세한 보수그룹의 대동단결이 가시화돼 1989년 초부터 한기총의 출범 준비로 이어지게 된 것이다. 그리고 같은 해 12월, 36개 교단 6개 단체가 회원으로 참여한 한기총이 정식으로 창립된다. 이것은 당시 6개 교단으로 구성돼 있던 NCCK를 규모 면에서 압도하는 것이었다. NCCK의 회원 중 가장 큰 교단은 대한예수교장로회 통합 측(통합)과 기독교대한감리회(기감)이었는데, 기감은 한기총에 참여하지 않았지만 통합은 한기총에 참여한 것은 물론 1994년 초 NCCK에 대한 '참여 유보'를 선언하고 한동안 NCCK와 거리를 두는 모습을 보여주기도 했다.

1995년에는 통합이 NCCK에 복귀하는 조건들을 놓고 협의하는 과정에서 NCCK의 구조 개편과 문호 개방이 촉진되었고, 이에 따라 이듬해에는 여의도순복음교회로 대표되는 기독교대한하나님의성회(기하성)와 동방정교회 계통의 한국정교회가 NCCK의 회원 교단으로 가입한다. 그런데 잘 알려진 바와 같이 기하성은 대단히 보수적인 교단이다. 이런 교단이 NCCK의 세 번째로 큰 회원 교단이 된 것이다. 결국 1996년 이후에는 NCCK가 진보적인 조직인지 보수적인 조직인지 알기 힘든 구조가 돼버렸고, 순복음인천교회의 담임목사였던 최성규 목사가 NCCK의 회장이 되는 일도 일어나게 된다.

이렇게 되자 NCCK 내에서 오랫동안 민주화운동을 해오면서 많은 고초를 겪었던 인물들은 인권위원회를 비롯한 몇몇 하위조직만으로 영향력이 제한되는 현상이 발생했다. NCCK의 구조 개편으로 인해 '88선언'을 주도했던 세력이 NCCK 내에서조차 소수파로 전락한 것이다.

그런데 세계적 탈냉전과 한국의 민주화 등 개신교 반공주의에 위기로 작용할 수도 있는 시대적 변화에도 불구하고 개신교 보수그룹들은 뛰어난 적응력을 보여주고 있다. 여기에는 북한이 남한의 개신교 반공주의에 우호적인 환경을 만들어준 것도 한 요인으로 작용한 것으로 보인다.

우선 냉전적 세계 질서 속에서 북한의 지도층에게 부여돼왔던 악마적 이미지는 미국이 북한을 '악의 축', '테러지원국'으로 낙인찍고 거기에 1990년대 이후 북한이 본격적으로 핵무기를 개발하면서 더욱 보강

됐다. 또한 1994년 7월 김일성이 사망하고 김정일이, 2011년 12월에는 다시 김정은이 권력을 3대째 '세습'하면서 악마적 이미지의 연속성을 보장해주기도 했다.

냉전 이후의 새로운 세계 질서에서도 냉전시대와 마찬가지로 '선악 이원론적' 세계 정의가 지배하고 있다. 그뿐만 아니라 세계의 공간적 분할이 분명했던 냉전시대에 비해 '보이지 않는'(invisible) 적과 맞서 싸워야 하는 '테러와의 전쟁' 시대에는 '악의 세력'이 갖는 이미지가 오히려 본래적인 사탄의 이미지와 더욱 부합하는 측면도 있다. 특히 9.11테러 사건은 많은 개신교 보수주의자들에게 '선의 세력 심장부에 은밀히 침투해 있는 악의 세력'의 존재를 생생하게 체험케 해주었다. 이를 통해 한국의 보수교계는 '미국이 주도하는 반북(反北) 캠페인'에 동의하게 된다.

미국 주도의 반북 캠페인에 대한 동의는 친미주의와 반공주의의 화학적 융합을 낳았다. 전체적으로 볼 때 한국 개신교의 경우 북한 집권세력에 대한 '악의 축' 규정을 적극 수용해 이들에게 '세계의 파멸을 호시탐탐 노리고 북한 주민들의 인권을 유린하는 악마'의 이미지를 덧붙이고 결국 이를 통해 종전의 반공주의를 반테러주의와 성공적으로 결합시킨 것으로 보인다. 친미주의와 반공주의가 화학적으로 융합됨으로써 나타난 현상이 태극기 집회에서 성조기와 태극기를 양손에 들고 있는 모습이다. 그리고 이런 모습이 민주세력으로의 평화적 정권교체 이후 오히려 굳어지는 현상도 나타났다.

우리가 주목해야 할 또 하나의 대목은 1980년대 이후 개신교 전체적으로 보수세력의 힘이 더 강해지는 양상을 보인다는 점이다. 대표적인 것이 NCCK를 보수 개신교가 장악해가는 듯한 모습이다. 지금은 그 움직임이 조금 뜸해졌지만 2000년을 전후해서는 한기총이 NCCK를 흡수통합하려 한 적도 있었다. 표면적으로는 진보와 보수를 초월한 하나의 개신교 대표조직을 만들자는 것이었지만 본질은 흡수통합이었다. 진보와 보수의 힘의 차이가 너무 현격했고 NCCK 내에도 보수세력이 이미 득세하고 있는 상황이었기 때문이다. 만일 당시에 한기총과 NCCK 가 통합을 해서 단일 개신교 기구를 만들었다면 그 기구는 분명히 보수 세력의 손아귀에 들어갔을 것이라는 게 필자의 생각이다. 그 정도로 당시의 보수세력은 기세등등하고 자신감이 넘쳐 있었다.

이렇게 민주화 이후 '보수세력의 헤게모니 강화'라는 방향으로 개신교 내부의 종교권력 구도가 변화돼온 결과로 1990년대 이후에는 반공주의적 담론과 행동이 더욱 증가했고, 미국 주도의 '테러와의 전쟁'에 이끌리는 새로운 세계 질서 형성과정에도 비교적 성공적으로 적응하는 모습을 보여주고 있다. 민주화 이후 우리 사회에서 반공주의의 위력이 약해지고 있음에도 개신교 내에서는 보수세력의 헤게모니가 더 강해지면서 이들의 반공주의적 목소리도 이전보다 오히려 더 강해지는 역설적 현상이 나타나고 있는 것이다. 더욱이 2000년대에 접어들어 개신교 반공주의자들이 정치무대로 뛰어들면서 한국의 보수세력 전체를 견인해가는 양상을 우리는 목격하고 있다.

아마도 '북한의 존재와 위협'이 확인되는 한 개신교 반공주의도 계속 생명력을 유지할 것이다. 더욱이 2008년 출범한 이명박 정부 이후 남북관계는 더욱 악화됐고 북한의 핵실험이나 미사일 시험은 더 빈번해졌다. 따라서 평화·진보세력에게 종북이나 좌파라는 낙인을 찍고 색깔론을 휘두르기가 오히려 쉬워진 측면도 있다.

탈냉전 시대의 개신교 보수세력 입장에서 볼 때 가장 유리한 시나리오 중 하나는 '무슬림과 좌파'를 한데 묶어 종전의 좌파 세력뿐만 아니라 이슬람 세력을 또 하나의 적으로 삼는 것이다. 특히 1990년대 이후 개신교의 해외선교가 급성장하고 2001년 9.11사건 이후 '테러와의 전쟁'

이 확산하는 가운데, 이슬람과 공산주의라는 두 악한 영(靈)을 상대로 '두 개의 전선(戰線)'이 동시 전개된다는 '영적 전쟁'(spiritual war) 담론이 빠르게 퍼져나갔다.

'무슬림과 좌파의 연대'라는 주장은 사실 전혀 근거가 없는 것임에도 개신교 보수세력 중에 이를 내세우는 사람이 많다. 이런 주장이 설득력이 없다고 판단될 경우에는 여기에 '종교다원주의'라는 연결고리를 넣어 부족한 설득력을 보충한다. 종교다원주의자들은 무슬림에 대해 우호적이거나 관용적인데 종교다원주의자들은 대체로 진보파 즉 좌파들이고, 따라서 무슬림과 좌파는 서로 통한다는 것이다.

2010년대 이후에 들어서는 개신교 보수세력들이 동성애자를 포함한 성소수자들에 대해서도 비슷한 접근을 하는 것을 볼 수 있다. 동성애자를 공격하는 것과 좌파를 공격하는 것은 명백히 다른 차원이다. 하지만 여기에도 '윤리적 자유주의'라는 연결고리를 집어넣으면 이야기가 달라진다. 동성애자에게 우호적인 사람들은 대체로 윤리적 자유주의자들인데, 윤리적 자유주의자들 중에는 진보파들이 많고, 따라서 동성애자들과 좌파는 통한다는 식의 논리가 만들어지는 것이다.

이렇게 무슬림과 좌파의 연대, 성소수자와 좌파의 연대 등으로 전선이 계속 확대되고 있는 것이 최근에 진행되는 변화라고 할 수 있다. 최근 '가짜 뉴스'가 문제가 되고 있지만 굳이 정교한 증거를 내세우지 않더라도 그냥 그렇게 주장하고 거기에 '아멘' 하면 끝나버리는 측면도 있다.

개신교 반공주의자들에게 무슬림은 '이스라엘과 최후의 아마겟돈 전쟁을 벌일' 종말론적인 전쟁의 적수이기도 하다. 그들의 눈에 무슬림은 절대로 타협할 수 없는, 반드시 없애버려야 하는 존재인 것이다.

개신교 반공주의의 '재생산' 기제들

하나의 이데올로기가 상황 변화와 세월의 흐름에도 지속적으로 강세를 유지하려면 구성원들의 자발적 동의와 지지 그리고 이를 가능케 하는 효과적인 이데올로기 '재생산 기제들'(reproduction mechanisms)이 반드시 필요하다. 개신교 반공주의의 경우도 마찬가지이다. 개신교 반공주의의 '지속성'과 '강력함', 세월과 상황의 부침(浮沈)에도 불구하고 스스로를 부단히 '재생산해내는 능력'을 이데올로기적 강제로만 설명할 수는 없는 것이다.

하지만 '재생산 기제들'이라는 말은 앞에서 언급한 책 필자의 책《한국의 개신교와 반공주의》에서 주로 사용한 것이다. 필자는 최근 반공인프라스트럭쳐(infrastructure)를 줄인 '반공인프라'라는 말을 자주 사용한다.

필자는 다양하고도 촘촘하게 짜인 개신교의 반공인프라, 즉 개신교 반공주의 재생산 기제들을 1) 반공주의의 종교화 기제들, 2) 제도적 이익 혹은 이익의 침해, 3) 주체 혹은 조직들 그리고 4) 사회 기지들(social bases)의 네 가지로 나누어 분석했다.

반공주의의 종교화(宗敎化) 기제들

반공주의를 종교화하는 기제들에는 종교적 교리와 신념체계, 의례, 교회력(敎會曆)과 절기, 대중적 신심(信心)운동, 선교 전략, 그중에서도 특히 북한 선교와 공산권 선교 전략, 교회 법규와 제도 등 다양한 종교적 영역들 안으로 반공주의가 침투하도록 만드는 각종 제도와 프로그램, 장치들이 포함된다. 이런 기제들을 통한 '반공주의의 종교적 전용' 과정이 성공적일 때, 다시 말해 반공주의 자체가 강한 종교적 성격을 띠게 될 때 그것은 한층 강력해질 뿐만 아니라 지속적인 생명력을 부여 받게 된다.

여기서 중요한 것은 북한 선교나 공산권 선교라고 할 수 있다. 북한 선교나 공산권 선교, 그중에서도 북한 선교는 아주 오래전에 시작됐지만 실제로 선교사들이 북한 접경지역에 가서 활동하기 시작한 것은 그리 오래되지 않았다. 한국교회의 해외선교가 폭증하는 시기는 해외여행에 대한 규제가 풀린 1980년대 후반과 완전히 일치한다. 이에 따라 1990년대에 들어서는 북중 국경지대로 수많은 선교사가 몰려간다. 그리고 구소련이 무너진 1991년부터는 러시아와 동유럽 지역으로도 선교사들이 몰려간다. 반공주의의 종교적 전용 작업의 핵심 그리고 그것의 성공 여부는 갈등과 박해 등 공산주의와 관련된 '역사적 기억'의 성화(聖化)에 있다.

교리 및 신념 체계라는 기제에는 앞에서 이야기한 바와 같이 1930년대에 반공주의가 '사회교리'의 형태로 등장한 것이 있고, 반공주의적 관점에서 교회사를 편찬하는 것도 포함된다. 공산주의자들이 연루된 부정적 체험들과 기억들의 종교화를 낳는 교회사의 편찬이 그것이다. 특히 공산주의와 관련된 교회사 서술은 시간의 흐름에 따라 자연스럽게 '순교사'(殉敎史)의 성격을 짙게 띠게 되고 뒤이어 쏟아져 나오는 순교자 전기들 속에서 '교회사의 반공주의적 기능'은 절정에 도달하게 된다.

교회의 법규와 제도라는 기제로는 먼저 목사나 장로의 자격을 심사하는 과정에 '사상검증'이 포함돼 있었다는 사실을 들 수 있다. 용공 혹은 좌경 사상을 지닌 것으로 의심받는 이들로부터 목사·장로 자격을 영구적으로 박탈하거나, 그렇게 할 수도 있다는 위협을 가했던 것은 반공주의가 교회 법규 속으로 제도화되기 시작했음을 보여주는 중요한 증거라고 할 수 있다.

실제로 해방 직후에 그런 사례가 있었다. 당시 좌우합작위원회의 우파 대표는 김규식이었고 좌파 대표는 여운형이었다. 여운형은 앞에서 언급한 대로 평양신학교에서 수학한 후 상해 한인교회에서 전도사 생활을 하기도 했고 교회 대표로 소련에 갔다 오기도 했다. 우파의 대표였던 김규식은 새문안교회 초대 장로였고 해방 직후에는 기독교청년회 전국연합회 초대 회장을 지냈다. 그런데 당시 김규식 장로를 도와 좌우합작위원회에서 열심히 활동했던 인물이 목사 안수를 받기 전의 강원룡 목사이다. 그런 강원룡 목사가 목사 안수를 받고자 했을 때 노회에서 빨갱이가 아니냐는 의심을 받았고, 김규식 장로 역시 노회에서 자격심사를 다시 해야 한다는 주장이 나오는 등의 수모를 겪었다.

교회 법규와 제도라는 기제에서 가장 중요한 것은 월남한 개신교 신자들로 구성된 장로교의 '무지역(無地域) 노회 제도'와 감리교의 '무지역 연회 제도'가 등장해 지금까지 지속되고 있다는 점이다.[4] '망명 노회' 혹은 '망명 연회'라고도 일컬어지는 무지역 노회와 연회는 방대한 규모였던 개신교 월남자들의 조직적 구심점 역할을 담당했고, 이 제도들을 통해 '골수 반공주의자들'의 공고한 연대와 통합이 가능해졌다. 또한 '망명' 노회와 연회 제도 도입은 '북한 교회의 남한 내 재건'이라는 의미를 갖고 있기 때문에 북한 교회에 대한 '사망선고' 내지 '부재증명'이나 다름없었다. 이들의 존재 자체가 공산주의와 개신교의 '적대적 양립불가능성'에 대한 살아 있는 상징이 되기도 했다. 그리고 무지역 노회와 연회를 통한 북한 교회에 대한 사망선고의 자연스럽고도 필연적인 귀결로서 '북한 선교'가 반(半)항구적인 실천적 과제로 등장하며 북한 선교

---

[4] 한국 개신교 3대 교파인 예장 통합 교단과 합동 교단 그리고 기독교대한감리회(기감) 교단 모두가 무지역 노회 혹은 연회 제도를 지금도 유지하고 있다.

의 주체는 당연히 남한 교회와 신자들이 될 수밖에 없었다. 나아가 '망명' 노회와 연회 제도 도입은 '현실의' 북한 교회 및 신자들에 대한 남한 교회의 접근 및 대응 방식을 사전에 결정해버리는 효과도 있는데 그것은 북한에 실제로 존재하는 교회와 신자들은 '가짜 혹은 어용 교회와 신자'라는 낙인을 피하기 어렵게 됐다는 것이다.

의례와 신심운동이라는 기제와 관련해서 '반공주의의 의례화(儀禮化)'는 종교적 열정 및 감정과 결합된 이데올로기의 힘을 엄청나게 증폭시킨다. 이 가운데 '순교자기념의례'와 '전쟁기념의례'가 중요한데, 그 사례가 많지는 않고 6·25를 상기하는 예배를 드리는 정도지만 모두 '전쟁 기억의 의례화'와 밀접하게 연관돼 있다.

반공주의의 종교화를 촉진하는 '신심(신앙)운동들'은 대부분 '순교'와 관련된 것들이다. 순교 담론과 순교 신심운동은 '순교자'와 '순교 성지(聖地)'의 창출, 순교자들을 성화하고 그들의 공덕을 찬양·숭배하는 다양한 기념사업과 '성지순례' 등을 포함한다. 불과 30~40년 전만 하더라도 이런 풍경들의 대부분은 한국 개신교에서 매우 낯선 것이었다. 다시 말해서 이런 일들의 대부분은 1980년대 이후 펼쳐진 '선교 100주년 기념사업'과 함께 비로소 시작되었거나 본격화된 것들이다. 이에 따라 '순교자 기념관'이나 '순교 기념탑'과 같은 순교자 관련 인프라 역시 대부분 1980년대 이후에 생겨났다.

그런데 1980년대 이후 한국 개신교에 의해 순교자로 공식 인정된 이들의 압도적 다수는 '반공 순교자들'이다. 용인 한국기독교순교자기념관에 모셔진 순교자들의 비율을 보면 일제강점기에 신사참배를 거부하다가 순교한 이들은 10%가 채 되지 않고 나머지는 사실상 전부가 공산주의자에 의해 순교한 이들이다. 이후에 추가된 인물은 고 탁명환 씨 정도로 순교자기념관의 시계는 한국전쟁 무렵에 멈춰 있다.

천주교의 경우는 조금 다르다. 천주교 신자들이 순교자 신심운동에 참여하고 순교자와 관련된 성지들을 순례하다 보면 그들의 애국심이나 민족의식이 약해질지도 모른다. 예를 들어 황사영 순교 성지에 가서 황사영 백서를 보고 나면 이것을 어떻게 생각해야 할지 난감해질 수도 있기 때문이다.

반면 개신교의 순교 성지를 방문하다 보면 '공산주의자들의 만행을 절대로 용납해도 안 되고 잊어서도 안 된다'는 반공의식이 솟아날 수밖에 없다. 그런데 이런 개신교 순교 신심운동, 순교 성지의 개발 그리고 순교 성지에 대한 순례가 본격화되고 활성화된 때는 대개 민주화 이후이다. 따라서 이것이 한국 사회에서는 반공주의가 위력을 잃어가는데도 개신교에서는 오히려 위력을 더해가는 현상을 설명해주는 중요한 요인이었다고 할 수 있다.

복음화와 선교라는 기제에서는 '복음화운동', 그중에서도 특히 대규모의 대중적 전도운동이 반공주의에 끊임없이 생기를 공급하고 반공주의를 종교적 경지로까지 끌어올리는 데 기여한 중요한 반공주의 재생산 기제였다. 대규모 부흥전도 집회에서는 '구국의 기도' 혹은 '위정자를 위한 기도'가 빠지지 않았으며, 이때마다 반공주의적 수사들이 넘쳐나곤 했다.

개신교의 '선교활동' 역시 반공주의적 의도를 전제로 한 경우가 종종 있었는데, 특히 북한 선교 혹은 공산권 선교는 거의 예외 없이 이런 범주에 포함된다. 특히 1973년부터 1980년 사이에 열렸던 네 차례의 초대형 전도집회들을 통해, 반공주의와 전도, 개신교의 세력 과시가 절묘하게 어우러지는 것을 확인할 수 있다. 마치 박정희 정권이 '경제력의 경쟁을 포함하는 남북한 간의 체제경쟁' 논리를 매개로 하여 반공 이데올로기와 발전 이데올로기를 절묘하게 결합시켰던 것처럼 개신교 역시 초대형 대중 전도집회들을 통해 '반공주의와 성장주의의 절묘한 결합'을 추구했고 또 어느 정도는 성공적으로 이뤄냈다고도 볼 수 있다. 그리고 이 집회의 인도자와 참여자들은 천상(天上) 혹은 내세의 행복을 열렬히 추구했던 만큼이나 반공주의를 재생산하는 데도 열중했으며, 그런 의미에서 이 행사들은 '초월적'이었을 뿐만 아니라 매우 '세속적'이었고 '정치적'이기도 했다.

최근에 들어서는 '해외선교'가 반공주의를 보강해주는 측면이 있음을 반드시 지적할 필요가 있다. 앞에서도 언급한 바와 같이 1990년대 이후에 개신교의 해외선교가 폭발적으로 성장한다. 그 결과 1990년대 말에서 2000년대 초 무렵에는 한국이 미국 다음으로 해외선교사를 많이 파견하는 나라가 되고, 그 이후에도 계속 이런 위치가 굳어가고 있다. 지금은 해외에 파견한 선교사 수가 3만 명에 육박한 상태이다.

우리나라 해외선교사들이 가장 많이 진출한 나라는 중국이다. 북한 선교를 위해서 북중 국경지대로 몰려가 있는 것이다. 개신교에서도 해외선교에 가장 강경한 그룹들은 '전방 개척선교', 혹은 '미전도 종족 선교'라는 표현을 즐겨 사용한다. 이것은 선교사를 파송할 곳을 선택할 때 크리스천 인구 비율이 낮은 곳을 우선해야 한다는 뜻을 담고 있다. 그럴 듯하게 들릴지 모르나 문제는 여기서부터 발생한다. 크리스천 인구 비율이 낮은 곳은 대부분 불교 국가와 이슬람 국가, 구 사회주의 국가들이다. 이런 곳에 가서 땅밟기 같은 것도 하고 때로는 은밀하게 때로는 좌충우돌 싸우면서 이 나라들을 종교적으로 정복하자는 의도가 그런 표현 속에 담겨 있는 것이다. 따라서 해외선교의 활성화가 공산권 선교를 매개로 해서 개신교의 반공주의를 상당히 보강해주는 측면이 있다고 봐야 할 것이다.

제도적 이익, 혹은 이익의 침해

교회는 반공주의적 태도와 실천을 견지함으로써 정부 혹은 파워엘리트 집단들로부터 제공되는 다양한 물적·이데올로기적 이익을 누릴 수 있다. 반면에 교회는 공산주의자들에 의해 심각한 이익의 침해 사태를 겪을 수도 있다. 따라서 '이익의 증진' 혹은 '이익의 침해'는 교회 안팎에서 개신교 신자들의 반공주의적 행위 패턴이 반복되고 강화될 수 있도록 지탱해주고 유도하는 요인이다.

이와 관련해서 다음과 같은 기본적인 가설을 하나 세워보자. "만약 개신교가 공산주의(자들)에 의해 심각한 피해를 입었을수록 그리고 개신교가 반공주의를 고수하고 주창함으로써 의미 있는 이득을 얻었을수록 개신교 지도자들의 반공주의적 태도와 행동은 계속되거나 더욱 강화될 것이다."

사실 개신교는 반공주의를 고수했기에 북한에서는 물론 남한에서도 공산주의 혹은 공산주의자들로부터 많은 피해를 입었다. 많은 사람이 순교를 당했고 많은 교회가 불타기도 했다. 하지만 반공주의를 앞장서 외침으로써 얻은 이득도 많다는 것이 필자의 생각이다.

반공주의를 고창함으로써 반공주의를 국시로 내세우는 정권과의 관계가 일단 돈독해질 수 있다. 이렇게 되면서 여러 부수적인 이익을 얻게 되는데, 특히 정부 기관 안에 들어가서 선교할 수 있는 좋은 조건을 얻게 된다. 예를 들어 초코파이에 끌려 너도나도 세례를 받던 신병교육대, 갇힌 이들의 심금을 조금만 자극해도 종종 울음바다가 만들어지곤 하던 포로수용소나 교도소 같은 '선교 효과가 좋을 수밖에 없는 곳'에서의 종교 활동은 처음에는 개신교에게만 혹은 천주교에게까지만 허용됐다. 이런 특혜들은 개신교가 반공주의를 내세우고 반공주의의 상징으로 인정받으면서 누릴 수 있었던 이득이라고 할 수 있다.

이렇게 볼 때 가설적 명제 앞부분에서 제시한 두 가지 조건은 지난 개신교 역사를 통해 모두 충족되고 있다고 평가할 수 있다. 개신교가 공산주의 혹은 공산주의자들에 의해 입은 피해와 개신교가 반공주의로 인해 얻은 이득 모두가 명백하게 확인되는 것이다. 그런 면에서 공산주의자들의 강력한 존재는 교회라는 제도에 대해 '위협'과 '도움'을 동시에 주었다고도 말할 수 있다.

여기서 공산주의에 대한 공포와 불안만으로 반공주의의 재생산이 오랫동안 지속될 수는 없다는 점을 확인하는 것이 중요하다. 레드콤플렉스가 반공주의의 수명을 연장해줄 수 있는 힘은 그렇게 과장할 것이 못 된다는 것이다. 그것이 '반공을 매개로 한 정권과 교회의 공생관계'로 인한 정치적 영향력 증대를 비롯하여, 그것이 선교적 이익이든 혹은 가시적인 물질적 이익이든, 아니면 심리적·상징적 이익이든 반공주의의 생명력을 굳건하게 지탱해주는 근원적인 힘은 반공주의가 교회 및 그 지도자들에게 긍정적인 보상과 대가를 끊임없이 제공해왔다는 사실에서 찾을 수 있다.

주체들 혹은 조직들

여기에는 교회 내에서 반공주의적 담론의 생산과 확산에 핵심적인 역할을 담당하는 다양한 주체들과 조직들이 포함된다. 개신교 반공단체들을 비롯하여 개신교 언론기관이나 학교, 공산권 선교단체, 해방 직후와 전쟁 과정에서 북한에서 피난 온 이들 같은 특정한 인구집단, 그리고 반공주의를 주요 목적 중 하나로 표방하는 교단 혹은 교파 등도 이런 주체 혹은 조직으로 기능한다.

그동안 한국 개신교 교회 안에는 '반공주의가 해당 조직의 정체성 내지 존재 이유, 목적 혹은 활동의 핵심적 일부를 이루는 단체나 집단들'

이 매우 다채롭게 그리고 수없이 많이 포진해왔고 그것은 현재도 마찬가지이다. 그래서 필자의 책《한국 개신교와 반공주의》에서는 개신교 보수단체들에 대한 일종의 '계보학적 작업'(genealogical work)을 시도한 바 있다.

먼저 1970년대부터 1980년대까지는 크게 전도·부흥·선교 단체들, 보수 교단 및 개인들의 연합조직들, 개신교 반공단체들, 한국기독교교회협의회(NCCK), 개별 교단·지역연합체·교회 등의 다섯 가지 범주를 중심으로 서술했고, 1980년대 말 이후부터 현재까지의 시기는 한기총 및 관련 단체들을 중심으로 서술했다[6장].

또한 별도로 다룰 가치가 있는 주체들로 공산권 선교방송(극동방송), 북한 선교 단체들, 개신교 계통의 신종파들에 대해 서술했다. 신종파에는 나운몽의 용문산기도원(애향숙), 박태선의 전도관, 문선명의 통일교 등이 포함돼 있다. 최근 관심을 끌었던 최태민의 대한구국선교단에 대해서도 다뤘다[7장].

우리는 개신교 반공주의의 가장 중요한 주체인 월남자들의 존재와 역할에도 주목할 필요가 있다. 아울러 월남자들을 주축으로 구성·운영되고 있는 무지역(망명) 노회들과 연회, 월남자들의 다양한 연합조직들도 주목해봐야 한다[2부].

사회기지들

반공주의의 주체·조직과 상당 부분 겹치면서도 교회 조직과 외부 환경 사이에 반공 담론의 상호적 교류와 보강 작용을 매개하는 제도나 조직, 주기적인 행사 등이 있다. 필자는 이들을 뭉뚱그려 '사회기지'라고 부른다. 이런 외부 환경에는 군대나 교도소 등의 국가기구, 시장 등의 경제영역, 시민사회 등이 두루 포함될 수 있으며 이를 통해 개신교 반공주의가 사회 전역으로 확산된다.

다시 말해서 교회와 국가·정치사회의 관계를 매개하면서 반공 담론과 반공주의를 강화하거나 반공주의를 축으로 삼아 교회와 국가·정치사회의 교류와 접근을 촉진한 기제들이 사회기지들이다. 대표적인 사례로는 교도소(형무소) 내 종교 활동인 '형목(刑牧)제도'와 '교도소 선교', 군대 내 종교 활동인 '군종(軍宗)제도', 예비군 내 종교 활동인 '향목(鄕牧)제도'(예비군 군종제도), 경찰서 및 유치장에서 이루어지는 '경목(警牧)제도', 국공립병원에서의 종교 활동인 원목(院牧) 활동, 국회의원 및 대통령·고위공무원을 대상으로 한 각종 '조찬기도회'(朝餐祈禱會), 한국전쟁 기간 중에 일시적으로 운영됐던 포로수용소에서의 교육·선전·선교 활동 등이 있다.

이 중에서도 경목제도, 형목제도, 군종제도, 원목제도 등이 특히 중요하다. 예를 들어 국공립병원 원목 활동의 경우, 아무래도 환자들은 마음이 약해지고, 특히 중환자일수록 더 그렇기 때문에 선교 효과가 클 수밖에 없다. 따라서 모든 종교가 국공립병원들에 들어가 활동하기를 원하지만 개신교에게 선택적으로, 혹은 우선적으로 허용됐다.

지금은 없어졌지만 해방 직후에 만들어져 이승만 정권 시절 내내 운영되었던 형목제도도 주목할 만하다. 당시 전국의 모든 형무소에는 형무소장 바로 밑에 교무과장이라는 직위가 있었다. 교무과장은 가석방 서류에 사인을 해줄 수 있는 막강한 권한을 갖고 있었는데 전국의 모든 형무소 교무과장 자리는 현직 목사에게만 허용됐다. 마땅한 통계는 없지만 이를 통해 형무소에서 많은 신자를 얻었을 것으로 보인다.

예비군을 대상으로 하는 군종 활동인 '향목제도'는 1970년대에 생겼다. 그리고 국회의원, 대통령 등 고위공무원들을 대상으로 하는 각종 조찬기도회는 미국에서 수입한 모델이지만 정작 한국에서 가장 활성화돼 있다. 최근에는 국가조찬기도회를 아예 폐지하거나, 유지하더라도 대통령은 참가하지 말라는 내용의 청와대 청원까지 있었다.

이러한 제도들이나 행사들은 개신교의 강렬한 반공주의가 국가기구에 일시적 혹은 항구적으로 속해 있는 무수한 시민에게 확산되고 동시에 그 반대로 반공주의적 국가기구들의 영향이 교회 안으로 흘러들어오는 매개체들이었다. 이 제도들이나 행사들을 통해 교회와 국가가 강렬한 상호작용을 지속하는 가운데 반공주의의 위력이 유지되거나 더욱 증폭됐던 것이다.

개신교 반공주의의 사회기지들은 '반공주의의 재생산 기제로 기여하는 교회의 제도적 이익 증진'이라는 앞서의 주제와도 연관된다. 이 제도들은 대부분 세계적으로도 희귀한 사례들이며 인구학적으로 소수집단에 불과한 개신교에게 과도하게 특혜적인 것들이기도 했다. 교회조직과 정치영역의 상호작용과 교류를 매개하는 다양한 장치들을 통해 교회는 막대한 정치적·선교적 이익을 도모할 수 있었다. 또 정치영역과의 긴밀한 관계를 활용하여 교회는 급속한 양적인 성장을 도모할 수 있었다. 그뿐만 아니라 교회는 고위공직자 그룹과의 인적 네트워크를 활용하여, 개신교에게 유리한 정책과 법률을 만들어내거나 불리한 정책과 법률이 생겨나는 것을 저지하는 능력 등 다양하게 실현될 수 있는 정치적 영향력을 키워나갈 수 있었던 것이다.

교회가 국가의 후원으로 막대한 선교적 이익을 얻은 사례를 상징적으로 보여주는 것이 여의도에 있었던 5·16광장이다. 1970년대만 해도 이 광장은 국군의 날 행사나 학도호국단 사열 같은 것을 제외하고는 일반 대중에게 거의 개방되지 않았다. 당시 대통령 박정희의 경우 광장을 대단히 두려워해 대통령 취임식도 체육관에서 했을 뿐만 아니라, 동작동 국립묘지에서 열리는 현충일 옥외 행사에도 참석하지 않았다. 그런 그가 개신교의 대규모 전도집회에는 5·16광장을 개방했고, 그 결과 수백만 명이 모이는 빌리 그레이엄 전도집회나 엑스플로74 같은 집회가 열릴 수 있었던 것이다.

교회가 고위공직자 그룹과의 인적 네트워크를 키워나갈 수 있게 만든 대표적인 제도는 군종제도이다. 군종제도의 위력은 1966년 9월 현재 국방부 장관, 3군 참모총장, 해병대사령관, 주월한국군사령관 자리가 모두 개신교 신자로 채워지는 진기한 사실에서도 잘 드러난다. 이후에도 유사한 상황이 지속되어, 예컨대 1990년대 초에는 장성급 지휘관의 60% 이상이 개신교 신자이고 80~90%가 크리스천이라는 지적이 나오기도 했다. 군종제도로 인해 육군·해군·공군 사관학교에서 양성된 엘리트 장교들의 다수가 크리스천이 돼서 졸업할 뿐 아니라, 그 후로도 그들끼리 종교적 동질감으로 뭉쳐 서로 밀어주고 끌어주게 된다. '한국기독장교회'(OCU)라는 개신교인 장교단체가 이미 1950년대에 조직돼 탄탄한 조직력을 갖고 있기도 했다. 군종제도를 지렛대 삼아 무려 30년간 지속된 군사정권과 강한 유대를 맺어옴으로써 교회가 얻은 이익은 말할 수 없을 정도로 큰 것이었다.

정부와 국가 기관에는 주요 종교별로 직원들 모임이 만들어져 있다. 예전에 학력 위조로 물의를 빚은 동국대 신정아 교수와 추문을 일으켰던 청와대 정책실장은 청와대 불교 모임인 청불회의 회장이었다. 청와대에는 개신교와 천주교 신자 조직도 있고 이 조직의 책임자들은 종종 청와대와 정부를 상대로 한 종교계 로비스트 역할을 자임한다. 청와대뿐만 아니라 국회, 정당 안에도 종교별로 조직이 존재한다.

국회조찬기도회는 보통 한 달에 한 번 그리고 국가조찬기도회는 일년에 한 번 열리는데, 국회조찬기도회에 참석하는 인물들도 언제든 해당 종교의 입법 로비스트로 활약할 수 있다. 이것은 개신교뿐만 아니라 불교나 천주교 등 다른 종교의 경우도 마찬가지인데 주요 선거가 다가오면 이런 움직임이 더 활발해진다.

반면 국가나 정치사회의 입장에서 볼 때는 시민들의 일상생활 속에 반공주의를 확산·침윤시키는 데 개신교 교회들이 상당히 유용한 자원이자 기제이기도 했다고 말할 수 있다. 아울러 군목·경목·형목으로 임명된 개신교 교직자들은 교회 안에서 정권 엘리트층의 보수적이고 반공주의적 시각을 대표하는 역할을 수행했으며, 그들 자신이 개신교 반공주의의 핵심적인 생산자이자 수호자이기도 했다.

맺음말

반공주의의 재생산과 관련하여 개신교는 다른 시민사회 조직들이 갖지 못한 많은 것을 갖고 있다. 전쟁기념의례, '반공 순교자들'로 가득 찬 순교 신심운동, 대규모 대중전도운동과 부흥회들, 방대한 월남자들, 월남자들의 항구적인 교회 내 영향력을 보장하는 망명 노회나 연회 같은 교회 조직들, 극동방송 같은 반공주의적 방송들, 공산권 선교 및 북한 선교와 그 단체들, 북한을 '주적'(主敵)으로 삼아온 군부대와 경찰 내부의 교회 기관들, 반공주의로 연결된 개신교의 국제 네트워크 등은 그런 일부 사례들이다.

북한 선교 방송과 공산권 선교 방송은 다른 시민사회 조직들이 시도해보거나 갖지 못한 '개신교만의 독특한 반공주의적 무기들'이었다. 이 가운데 공산권 선교 방송은 한국의 다른 종교들조차 접근할 수 없었던 개신교만의 배타적인 특권 영역이었다. 반공운동과 관련해서 본다면 개신교의 독자적인 방송망은 월남자 집단들, 군목·형목·경목 관련 조직들과 함께 개신교가 지닌 강력한 무기였을 것이다. 월남자들과 관련된 이른바 무지역 노회 및 연회 제도 역시 개신교 반공주의의 힘을 유지하는 중요한 조직적 기반으로 작용하고 있고, 남한 사회의 어디에서도 이런 조직들을 찾아볼 수 없다는 점에서 한국의 개신교를 매우 독특하게 만드는 현상들이라고 할 수 있다.

1990년대 이후 개신교 반공주의가 보여주는 '특이한 역동성'을 해명하는 데에는 순교자 기념의례, 즉 공산주의 세력에 의해 희생된 이들을 순교자로 격상시키고 숭배하는 각종 의례들이 결정적으로 중요하다. 다시 말해 '순교 담론과 반공주의의 결합'은 민주화 이후 반공주의의 위력이 눈에 띄게 감소해가던 바로 그 시기에 개신교 보수세력이 행동주의적 반공주의를 무기로 공적인 무대로 뛰어올라 쇠약해진 한국 우익세력의 든든한 우군이 되고, 결국 우파의 정치적 재기에 기여할 수 있었던 유력한 요인 중 하나였다고 해설할 수 있다.

한국 개신교와 군사정권

강인철*

*한신대 교수, 전 학술단체협의회 학술위원장

들어가며

이 글은 지난 2018년 4월 2일에 있었던 '개신교와 한국 현대사' 월례 강좌의 여섯 번째 강의 내용을 정리한 것이다. 당시 강의는 자료를 배포하고 그 자료를 대체로 읽어나가는 방식으로 진행됐지만, 간혹 자료에 없는 내용이 덧붙여진 경우도 있었다. 따라서 이 글은 자료와 추가된 내용을 취합해 정리한 것이다.

이 글에서는 박정희 정권을 중심으로 군사정권과 개신교의 관계를 다룬다. 개신교계는 1961년에 박정희가 일으킨 5·16군사쿠데타를 환영하고 지지했다. 따라서 몇몇 쟁점을 둘러싼 부분적 갈등이 1960년대 초에 있기는 했지만, 1960년대에는 개신교가 박정희 정권과 비교적 원만한 관계를 유지할 수 있었다.

2013년에 출판한 필자의 책《저항과 투항》의 앞부분에도 나와 있지만 군사쿠데타 직후인 1960년대 초에 현충일 의례가 불교와 유교를 중심으로 재편되는 것, 1961년에 제정된 사회단체등록법이 종교단체들도 등록을 의무화한 것 그리고 1962년 남산에 거대한 단군 동상 건립을 추진한 것 등이 개신교 측의 반대를 불러일으켰다. 하지만 이런 부분적 갈등에도 불구하고 1960년대에는 대체로 원만한 관계를 유지했던 것으로 보인다. 《저항과 투항》에서 구분하고 있는 '저강도 갈등'과 '고강도 갈등'이라는 측면에서 볼 때, 1960년대에는 개신교와 천주교 모두 박정희 정권과 갈등을 일으킬 만한 사안들이 꽤 있었음에도 대체로 저강도 갈등에 머물러 있었지만 1970년대 민주화운동이 본격화되면서 고강도 갈등이 시작된 것 같다. 하지만 표현이 이렇다고 해서 갈등의 측면이 강조될 필요는 없어 보인다. 1960년대에는 원만한 협조 관계가 주를 이루었기 때문이다.

그러나 1960년대 말을 거쳐 1970년대에 접어들자 개신교와 국가의 관계는 '대립'과 '협력'을 모두 포함할 뿐 아니라, '대립과 협력이 경쟁적으로 공존하는' 매우 복잡한 양상을 드러내게 된다. 개신교 지도자들의 정치적 태도나 성향이 본격적으로 분화되고, 또 개신교의 민주화운동과 인권운동이 본격화됨으로써, 1970년대 이후 교회와 국가의 관계가 상당히 달라지는 모습을 보여주게 된 것이다.

군사정권 시기 개신교-국가 관계의 쟁점들

군사정권 시대의 개신교, 특히 이 시기의 교회와 국가의 관계에 관한 기존 연구를 전체적으로 살펴볼 때, 여전히 해명을 기다리거나 더 눈여겨보아야 할 몇 가지 쟁점이 남아 있다. 필자는 이를 다음의 네 가지로 압축해볼 수 있다고 생각한다.

민주화운동의 '제한된 주체' 문제

첫 번째는 민주화운동의 '제한된 주체'라는 문제이다. 한국 종교 전체로 넓혀 보든 그리스도교만으로 좁혀 보든 박정희 정권 당시 민주화운동에 지속적으로 참여한 종교인들은 소수에 불과했다. 따라서 다른 종교 혹은 교파와 비교해본다는 측면에서 "왜 일부의 그리스도교 교회들만이 그러한 역할을 수행할 수 있었는가? 왜 다른 종교들은 그렇게 하지 못했는가?"라는 질문을 진지하게 던져보아야 할 것이다.

이 문제에 대해 여러 가지 대답이 가능하겠지만, 필자는《저항과 투항》의 앞부분에서 '종교적 종속성의 역설적 효과'를 지적한 바 있다. 다시 말해서 박정희 정권의 성격을 '종속적 권위주의 국가'라고 규정한다면 종속 대상인 국가, 즉 미국과 내적으로 연계된 그리고 그러면서 재정적으로나 신학적으로 또 종교적으로 종속된 일부 그리스도교 교회들만이 예외적인 종교적·정치적 자율성을 향유할 수 있었으며, 이런 자율성이 무소불위의 국가와 공공연하게 대립하면서 민주화운동을 벌여나갈 수 있었던 핵심적인 기반이었음을 강조할 필요가 있다.

정치적 태도 전환이 이루어지는 '시기'

두 번째는 정치적 태도 전환이 이루어지는 '시기'의 문제이다. 개신교와 천주교 모두에서 종교인들이 군사정권에 맞서 민주화운동과 인권운동을 적극적으로 전개하기 시작한 것은 1960년대 후반 이후부터였다. 따라서 우리는 "왜 하필이면 이 시기에 일부 그리스도교 지도자들 사이에 정치적 태도 혹은 행동의 중대한 전환이 발생했는가?"라는 질문에 대답해야 한다.

이와 관련하여 교회의 제도적 이익과 종교 지도자들의 전략적 선택, 종교적 종속성과 세대교체, 저항의 진원지였던 사회선교가 지닌 현장

민감성이라는 특수선교의 특성 같은 측면들에 주목해야 할 것 같다. 보다 구체적으로, 필자는 대립으로의 전환을 촉진하고 종교와 국가의 대립을 조장한 요인들로 다음의 여섯 가지를 우선 검토할 필요가 있다고 생각한다.

먼저, 종교 지도자들이 위협받는 제도적 이익 앞에서 기존 상황을 재해석하는 것이 정치적 태도 전환을 일으킨다. 교회 지도자들은 항상 제도적 이익을 수호하고 교회의 영향력을 확대하려는 방향으로 움직인다. 따라서 교회의 제도적 이익이 침해받거나 제도적 이익을 확대하려는 시도가 실패 혹은 좌절되는 상황에 대해 민감하게 반응할 수밖에 없다. 특히 이런 상황이 국가나 정치엘리트들에 의해 조장되고 있다고 느낄 경우, 교회 지도자들이 이러한 '종교적' 불만을 '정치적' 불만으로 표출할 가능성은 더욱 높아지는 것이다. 그런데 1960년대 말에는 이러한 교회의 제도적 이익이 상당히 침해당할 위협에 처했다고 판단했을 가능성이 높아 보인다.

다음으로, 진보적인 신학적 전환을 촉진 내지 강제한 '종교적 종속성'이 정치적 태도 전환의 요인이 된다. 앞에서 종교적 종속성이 종교적·정치적 자율성의 원천이 된 역설적 현상을 지적한 바 있지만, 사실 한국의 일부 그리스도교 교회들이 국가와의 대결로 나아가게 유도한 가장 중요한 요인 중 하나는 '종교적 종속성'이었다. 종교적 종속성은 대립으로 전환하는 데 필수적으로 요구되는 '신학의 진보적 전환'을 촉진했고, 어떤 면에서는 부분적으로 강제하기도 했다.

세 번째는, 교단 분열로 인한 신학적 동질화 효과와 신학적·정치적 지향의 수렴이 정치적 태도 전환을 일으킬 수 있다. 교단 분열이 낳은 신학적 동질화 효과가 일부 교단에서 진보적 신학의 형성과 수용 그리고 확산에 기여했으며, 1970년대에는 한국 개신교 역사상 처음으로 신학적 지향과 정치적 지향의 수렴 현상이 뚜렷하게 나타났다.

네 번째로, 한국인과 외국인 모두에게서 종교 지도자들의 세대교체가 이루어진 것이 정치적 태도 변화를 촉발시켰다. 외국인 선교사들은 1940~50년대에 종교권력을 한국교회에 넘겨주라는 요구를 받았지만, 식민지 시절 한국에서 선교했던 구세대 인사들은 이를 완강히 거절했다. 그러나 1950년대에 들어서서는 거절하는 노쇠한 선교사들을 본국으로 소환하거나 일본으로 재배치하고 종교권력에 대한 욕심이 별로 없는 전문가형의 젊은 선교사들을 배치하게 되는데, 이것이 정치적 태도 전환의 중요한 요인이 됐다고 볼 수 있다. 한국인의 경우에도 1940~50년대에 제도정치 참여를 열심히 했던 세대가 1960~70년대에는 뒤로 물러나고 (운동정치를 선호하는) 젊은 세대로 대체됐다. 이렇게 성직자 및 평신도 지도력 면에서 세대교체가 진행됐고, 이런 변화는 교회가 사회에 개입하는 방식과 전략에 의미 있는 변화를 불러왔으며 이것이 정치적 태도 전환으로 이어졌다.

정치적 태도 전환을 가져온 다섯 번째 요인은 현장의 요구에 민감하게 반응할 수밖에 없는 사회선교의 특성이다. 사회선교는 대학과 공단, 빈민촌, 농촌 등지에서 이루어지는데, 이런 영역들은 그리스도교 교회에서 저항의 진원지였다는 점이 강조될 필요가 있다. 그리고 이런 영역들에서는 선교 대상인 사람들을 교회로 불러 모으는 것이 아니라 자신들이 직접 현장으로 찾아가야 하고 현장의 신자들이나 대중의 요구에 민감하게 반응할 수밖에 없다. 따라서 보수적인 성직자들이 사회선교에 투신하여 민중의 비참하고 고통스런 현실을 목격하면서 애초 의도와 달리 스스로 의식화되고, 또 좌절도 겪으면서 선교에 관한 신학적 관념 자체가 변화하는 일이 일어날 수 있다. 그런 면에서 이런 선교 영역들의 특성들을 정확히 이해할 필요가 있다는 것이다.

마지막 여섯 번째는 정치적 태도 전환을 불러일으킨 '촉발 사건'이다. 교회는 그 자체로 사회운동 조직이 아니다. 따라서 교회가 상당히 위험 부담이 따르는 정치 행위에 나서기 위해서는 거기에 교리적 정당성을 부여하고 또 그런 행위를 불가피하게 만드는 어떤 계기가 필요하다. 더 정확하게 말하자면 종교 지도자들이 교회의 제도적 이익에 대해 심각한 위협을 느끼고 이들 사이에서 위기의식이 확산되는 계기가 필요한 것이다. 바로 이런 역할을 담당하는 정치적·종교적 사건을 '촉발 사건'이라 부를 수 있을 것이다.

개신교의 경우 1973년에 있었던 남산 부활절 연합예배 사건을 촉발 사건으로 볼 수 있다는 게 필자의 생각이다. 이 사건 이전과 이후가 정말 많이 다른데, 특히 이 사건 이후 NCCK 인권위원회가 만들어진 것이 매우 중요하다고 생각한다. 천주교에서는 1974년에 지학순 주교가 구속된 사건이 대단히 중요한 촉발 사건이었던 것으로 보인다. 당시 지학순 주교를 구출해내기 위한 천주교의 움직임이 구체화된 것이 바로 천주교정의구현사제단이다. 그리고 정의구현사제단이 결성된 직후, 그 이전에 결성되어 있었지만 활동은 제대로 하지 않았던 주교회의 정의평화위원회가 지학순 주교 구속 사건을 계기로 본격적인 활동을 시작한다.

저항적 소수의 주도성

교회와 국가의 관계에서 세 번째 쟁점은 저항적 소수의 주도성 문제이다. 1960년대 후반 이후 한국 개신교 민주화운동의 중심에 위치했던 것은 한국기독교교회협의회(NCCK)라는 교단연합 조직이었다. 하지만 이 조직은 개신교 인구의 상대적 소수만을 포용하고 있었으며, 당시의 NCCK 내에서도 신학적·정치적 진보세력은 소수에 불과했다. 그러나

NCCK 내의 진보적 소수파는 국가와의 대결 국면들에서 'NCCK 전체'를 주도해나가는 듯한 모습을 보여주었으며, 다시 NCCK는 '한국 개신교 전체'를 대표하는 것처럼 비쳐지곤 했다. 따라서 "저항적 소수파의 주도성은 어떻게 가능했는가?" 하는 질문이 제기된다.

갈등과 협력 사이의 두터운 회색지대

마지막 네 번째 쟁점은 국가와의 갈등 그리고 정반대의 협력 사이에 상당히 두터운 회색지대가 있는 게 아니냐는 것이다. 필자 자신을 포함해서 기존 연구들은 군사정권 시기 교회-국가 관계의 '복합성' 혹은 '복잡함'을 대체로 간과하는 약점을 드러냈다. 그러나 군사정권 당시의 교회와 국가의 관계는 알려진 것보다 실제로는 훨씬 복잡하고 다양하며, 비교적 일관되게 '갈등' 혹은 '협력'이라는 태도를 유지한 양극단의 개신교 공간들이 있기는 했지만, 그 사이에 '두 가지 태도가 공존하고 뒤섞이는' 매우 넓은 회색지대가 존재했다.

정리하자면, 이 시기 개신교와 국가 관계의 복합성과 관련하여 필자는 다음의 두 가지 사실이 강조돼야 한다고 본다. 첫째, 1960년대 중반 이래 국가에 대해 비교적 일관된 '저항' 입장과 비교적 일관된 '협력' 입장을 취한 개신교 세력은 상대적으로 소수에 지나지 않았다는 것이다. 둘째, 비교적 일관되게 '갈등' 혹은 '협력'이라는 태도를 유지한 양극단 공간들의 상당 부분마저 때때로 포함하면서 두 가지 상반된 태도가 공존하고 뒤섞임으로써 어떤 태도의 일관성을 발견하기 힘든 매우 넓은 '회색지대'가 존재했다는 것이다.

1972년 9월 말 현재 모두 50개의 개신교 교단이 정부에 제출한 신자 통계 자료(문화공보부, 《한국의 종교》, 1972)를 통해 개신교 신자들의 정치적 스펙트럼을 추론해보자. 만약 NCCK 회원인 6개 교단 중 한국기독교장로회와 대한성공회 신자 전부 그리고 나머지 4개 교단 신자의 절반 정도가 '국가와 일관된 대립'의 입장을 취했다고 가정할 경우, 개신교 신자 중에서 이런 입장을 취한 이들의 비율은 18.8%가 된다. 이와 유사한 방식으로 국제기독교연합회 한국지부(ICCCK, 1960년 창립)와 한국예수교협의회(KCCC, 1965년 창립) 소속 5개 교단 신자 전부, 이단 시비가 있기는 하지만 통일교와 용문산기도원 신자 전부 그리고 대한예수교장로회 합동 교단 신자의 절반 정도가 박정희 시대에 '국가와 일관된 협력'의 입장을 취했다고 가정할 경우, 개신교 신자 중에서 이런 입장을 취한 이들의 비율은 24.0%가 된다. 물론 이 수치들은 다소간 비현실적일 정도로 과장된 가정에 근거한 것이다. 그러나 이 경우에조차 양극단의 정치적 태도를 취한 이들의 비중은 개신교 전체의 절반에도 미치지 못한다.[1]

이런 상황은 국가와의 대립 혹은 협력이라는 어느 한 극단으로 확연히 쏠리지 않는 두터운 개신교 신자 층이 존재하고 있었음을 의미한다. 이 방대한 중도적 신자 층은 '교회의 제도적 이익이라는 관점에서' 유연하고도 선택적으로 행동할 가능성이 높다. 또 이들의 방대한 규모와 존재로 인해, 발생한 쟁점의 성격에 따라서는 양극단에 속한 신자집단마저 일정하게 견인해낼 힘을 발휘할 수도 있었을 것이다.

'교단의 제도적 이익' 개념에 주목하는 입장에 따르면 종교 지도자들은 '교단의 사회적 영향력과 도덕적 영향력의 극대화'를 추구하고, 이것

---

[1] 1970년대 이후 보수 개신교의 비율은 더욱 커졌을 것이다. (1) 기장·성공회 교단 등 진보 성향 교단의 교세가 제자리걸음을 하는 동안 보수 교단들을 더욱 빠르게 성장했다. (2) 거의 전부가 보수 성향인 (초)대형교회들이 1970~80년대에 급증했다. 그에 따라 1990년대 초에 이르면 세계 최대 규모의 개신교 교회 중 절반 가까이가 한국에 존재할 정도가 되었다.

은 '제도적 이익'으로 정의될 수 있다. 종교 지도자들이 교회의 제도적 이익을 우선적으로 고려하고 그러한 관점에서 행동하는 경향을 보이기 때문에 그들은 항상 제도적 이익을 수호하고 교회의 영향력을 극대화하려는 방향으로 움직일 뿐만 아니라 교회의 '제도적 이익이 침해당하거나 제도적 이익을 극대화하려는 시도가 실패 혹은 좌절되는' 상황에 대해 민감하게 반응할 수밖에 없다. 그러나 제도적 이익의 '정의'는 주관적으로 다양할 수 있기 때문에, 때에 따라서는 정부에 대한 저항이 제도적 이익으로 간주될 수도 있고 정치엘리트와의 유착이 제도적 이익으로 간주될 수도 있다. 그러나 이런 논란의 여지가 상대적으로 적은, 따라서 '거의 대부분의' 개신교 교단과 지도자들이 '개신교 전체'의 제도적 이익에 이롭거나 해로운 것으로 '비교적 손쉽게' 합의할 수 있는 영역이나 쟁점들 또한 다수 존재한다. 정치적 태도의 회색지대는 바로 이 영역 혹은 쟁점들을 중심으로 폭넓게 형성된다고 말할 수 있다.

정치적 지향의 분화

1940년대나 1950년대와 마찬가지로 1960년대 중반에 이르기까지도 개신교 교파들이나 지도자들 사이에는 정치적 태도나 지향 면에서 의미 있는 차이가 나타나지 않았다. 대부분의 개신교 교파들과 지도자들이 미군정이나 이승만 정권과 긴밀한 협력 관계를 유지하다가 짧은 시기 동안의 장면 정권에 대해서는 비교적 소원한 관계를 유지했던 것처럼 초기의 박정희 정권에 대한 개신교 교파와 지도자들의 관계 역시 '정치적 태도의 미분화', 다시 말해서 대체로 일관된 협력 관계로 특징지어졌다. 그래서 5·16군사쿠데타와 쿠데타 세력이 추진한 재건국민운동, 박정희 정부가 추진한 한일국교정상화와 베트남 파병 등에 대해 개신교 지도자들은 비교적 '일치된' 찬성 혹은 반대의 입장을 취했다.

이런 정치적 태도의 '미분화'는 1950년대에 걸쳐 진행된 교파에 따른 신학적 지향의 '분화'에도 불구하고 지속됐다는 점에서 주목할 만하다. 이런 신학적 지향의 분화 과정은 개신교 최대 교파인 장로교에서 일어난 세 차례의 교단 분열을 중심으로 진행됐다. 장로교의 잦은 분열은 규모 면에서 개신교의 두 번째 교파인 감리교가 해방 후 단일 교단의 틀을 비교적 잘 유지했던 사실과 대조된다. 감리교도 1950년대 말에 기독교대한감리회(기감)와 예수교대한감리회(예감)로 분열되지만, 예감은 아주 작은 규모고 대부분 기감으로 남았다. 1950년대에 한국 장로교는 세 번의 분열을 통해 네 개의 교단으로 갈라졌으며, 교단 분열을 겪으면서 이 교단들 사이의 신학적 차이가 더욱 선명해졌다. 단순화하자면 장로교는 신학적으로 진보적인 하나의 교단, 즉 한국기독교장로회(기장)와 신학적으로 중도적인 하나의 교단, 즉 대한예수교장로회 통합 측 그리고 신학적으로 보수적인 두 교단, 즉 대한예수교장로회 합동 측과 고신으로 정리된 셈이었다.

1950년대에 몇 차례 대규모 교단 분열을 통해 '신학적 지향의 분화'가 활발하게 진행된 반면, '정치적 지향의 분화' 과정은 이보다 훨씬 느리게 진행됐다. 그럼에도 1960년대의 약 10년 동안 분립된 교단들은 더디게나마 각자의 내부에서 정치적 동질성의 강화 과정을 거쳤다. 예장 합동, 예장 고신, 기장 교단이 두드러진 사례였다. 말하자면 합동 측과 고신은 '보수적 동질화' 과정을, 기장은 '진보적 동질화' 과정을 거쳤다. 예장 통합 측과 기감의 경우, 보수적인 세력들이 별개 교단으로 분리되어 나감으로써 진보파의 입지가 상대적으로 강화되는 결과가 나타났다. 따라서 1960년대에는 교단 '사이'에 '정치적 이질성'이 강화된 반면, 개별 교단 '내부'에서는 '정치적 동질성'이 강화되는 변화가 진행됐다고 말할 수 있다.

1950년대의 '신학적 지향 분화'가 어느 정도 일관된 방식으로 '정치적 지향 분화'와 겹쳐지면서 비교적 뚜렷하게 가시화된 것은 1960년대 후반 이후의 일이었다. 다시 말해 1960년대 중반에 이르기까지 교단 분열의 '신학적' 효과는 현저했던 반면 겉으로 드러나는 그것의 '정치적' 효과는 여전히 모호했던 것이고, 1960년대 후반에 가서야 비로소 '신학적 지향과 정치적 지향의 수렴' 현상이 선명하게 드러났던 것이다.

개신교의 한일협정 반대운동, 정부의 사회단체등록법 개정 시도와 그에 대한 개신교의 반대운동, 제7대 국회의원 총선거의 부정(不正) 시비로 이어지는 1965년부터 1967년까지의 약 2년 동안이 개신교 교파 및 지도자들의 정치적 태도가 비교적 명료하게 분화되는 '과도적 시기' 였다. 1965년 봄부터 본격화된 한일협정 비준반대운동은 보수 교단들도 참여한 '범개신교적' 움직임이었다. 그런데 한일협정 조인 직후 김재준·한경직·강신명·강원용·함석헌 등 개신교 지도자 215명이 발표한 성명서는 "온갖 형태의 독재와 불의·부정·부패에 항거한다"고 선언하고 있다. 이와는 대조적으로 김석찬 목사 등 12명의 마산 지역 교역자, 박치순 목사를 비롯한 10명의 전직 육군·해군·공군 군종감 그리고 김동협 목사를 비롯한 43명의 교직자는 한일협정비준 반대운동을 공개적으로 비난하고 나섰다. 이런 사실들을 통해 볼 때, 한일협정비준 반대운동을 범개신교적으로 일치해서 벌인 것처럼 보이지만 그 안에 이미 정치적 차이가 관찰되고 있는 상황이라는 것을, 다시 말해서 개신교 내에서 진보와 보수가 갈라지고 있었다는 것을 확인할 수 있다.

1967년 6월의 국회의원 총선거를 앞두고 벌어졌던 한국기독학생회 (KSCM)의 '공명선거캠페인'과 여기에 강사로 참여한 장이욱·현영학·강원용·지명관·노창섭·서남동·노정현 등의 개신교 지도사들, 한국기

독교연합회(NCCK, 한국기독교교회협의회의 전신)의 부정선거 비판 성명
그리고 NCCK 차원에서 계획했던 기도회와 시국수습대책위원회 활동
이 NCCK 내부 보수인사들의 반대에 밀려 무산되었던 일,《사상계》를
통한 김재준 목사의 통렬한 부정선거 비판, NCCK 밖의 보수 교단이나
지도자들이 부정선거에 대해 철저히 침묵을 지켰던 일 등도 유사한 정
치적 태도의 분화를 보여주는 증거라고 할 수 있다.

1969년의 3선개헌 문제는 교회 바깥의 사람들에게도 개신교 안에
서 진보와 보수가 선명하게 갈라서고 있음을 생생히 보여준 사건이었
다. 김재준 목사는 '3선개헌반대 범국민투쟁위원회'의 위원장을 맡아
막 태동하기 시작한 '재야세력'의 반독재운동을 이끌었으며, 이 조직에
참여한 정일형·함석헌·김상돈·윤보선·박형규·문옥태·문장식·민승
등 개신교 지도자들이 '기독교염광회'를 따로 결성해 지속적인 민주화
운동을 벌여나갔다. "많은 내부적 논란과 수정 끝에… 지극히 애매한"
논조를 띠게 되기는 했지만, NCCK 역시 3선개헌에 반대하는 성명서를
냈다. 반면에 김윤찬·박형룡·조용기·김준곤·김장환 등 보수 교단 소속
목사 242명은 일부 개신교 지도자들의 반독재운동을 공개적으로 비판
했고, 김윤찬 목사가 대표로 있던 대한기독교연합회(DCC)는 아예 "개헌
문제에 대한 박 대통령의 용단을 환영"하는 성명서를 발표했다. NCCK
바깥의 최대 개신교 교단인 예수교장로회 합동 측도 1969년의 제54회
총회에서 3선개헌을 지지하는 성명서를 채택했다.

이후 유신체제 그리고 이른바 '긴조(긴급조치)시대'의 등장과 전개,
개신교의 산업선교에 대한 용공 시비 등을 거치면서 개신교 내 진보와
보수 양극단 간의 갈등은 더욱 확대 재생산됐다. 특히 유신체제의 등장
을 계기로 개신교 진보세력은 박정희 정권과 격렬하게 충돌하기 시작
했고, 이 과정에서 이들은 한국 사회 전체의 민주화운동을 주도하는 세

력 중 하나로 떠올랐다. 유신체제 출범 직후인 1972년 12월을 기점으로 진보적인 개신교 목회자들과 신자들이 줄줄이 구속되기 시작했고, 박정희 정권에 항의하는 세계교회협의회(WCC)와 회원 교회 대표자들의 한국 방문 역시 이어졌다. 1974년 말에는 한국의 인권운동을 지원하던 미국인 선교사 조지 오글 목사가 본국으로 추방당하기도 했다. 또한 1950년대부터 시작된 개신교의 '산업전도' 활동이 1968년에 '산업선교'로 전환되면서 저항적인 '노동자 인권운동'의 성격을 강하게 띠게 되었고, 1970년대에는 이른바 '민주노조운동'의 산파 역할까지 떠맡게 됐다. 역시 유신 직후부터 개신교의 도시산업선교회에 대한 정부의 탄압이 개시됐고, 1977년부터는 이 조직을 '용공단체'로 몰아가기 시작했다.

개신교 진보세력의 민주화운동이 고조되자, 마치 맞불을 놓듯이 개신교인들의 정치참여를 맹렬하게 비판하는 개신교 집단들도 전면에 등장했다. 이런 집단들은 개신교인들의 과도한 정치참여가 정교분리의 신학 정신에 위배되는 것이고, 이들의 과격한 반정부운동이 대공투쟁에서의 '총화단결' 내지 '국민총화'를 저해함으로써 '민족적·국가적 위기'를 조장하는 행위이며, 나아가 용공적인 WCC의 재정 지원과 '사주'를 받는 만큼 NCCK를 중심으로 활동하는 이들은 이적행위를 일삼는 '용공분자들'이라고 몰아붙였다. 정부만이 아니라 개신교 보수 집단에서도 그랬다는 것이다.

보수적 개신교 지도자들은 유신체제 등장과 베트남의 공산화, 미국 카터 정부의 주한미군 감축 움직임 등 주요 역사적 계기들에 적극적으로 대응하면서, 반공·개발독재 체제를 옹호하는 활동을 펼쳤다. 여기에는 개신교 반공단체들과 보수 교단들, 개인들의 연합조직들, 일부 전도·부흥·선교 단체들, 공산권 선교방송과 북한 선교 단체들, 군목 및 경목(경찰선교 목사) 관련 단체들, 용문산기도원과 통일교 등의 개신교 계통

신종파들이 포함된다. 보수적 개신교 지도자들은 1970년대 후반 정부의 산업선교회에 대한 이데올로기 공세에 적극적으로 편승하기도 했는데, 1975년과 1976년 사이에 국토통일원 장관을 지낸 유상근 장로가 발행인으로 있던 '기독교사조사'와 월간《현대사조》가 그 중심에 있었다. 필자가《저항과 투항》의 다른 부분에서 인용하기도 했지만 현대사조사가 사실은 중앙정보부에서 만든 것이라는 폭로가 있었고, 또 이때 논객으로 활동했던 홍지영이라는 사람도 사실은 중앙정보부 요원이었다는 식의 이야기들이 뒤늦게 나오기도 했다.

저항적 소수의 주도성

앞에서 얘기했듯이, 개신교 전체로 볼 때도 민주화운동을 이끈 진보 세력은 상대적으로 소수에 불과했다. 박정희 시대에 NCCK가 저항의 중심이었다는 사실에 대해서는 누구도 별다른 이의를 제기하지 않는다. 그러나 여기서 강조돼야 할 점은 정치적 태도나 성향 면에서 NCCK를 '동질적인' 집단으로 간주하는 것은 개신교 전체를 정치적으로 동질적인 집단으로 간주하는 것만큼 잘못된 접근이라는 것이다. 이런 맥락에서 군사정권과 맞서면서 민주화운동을 적극적이고도 지속적으로 전개한 개신교 세력은 NCCK 내에서도 소수에 불과했다는 점이 강조돼야 한다.

해방 직후인 1946년 9월 NCCK가 '조선기독교연합회'라는 이름으로 창립됐을 때 이 연합단체에 참여한 교단은 장로교와 감리교, 성결교와 구세군 등 4개 교단이었고, 여기에 국내의 각 선교부와 교회기관들이 가입해 있었다. 1970년부터 NCCK는 교단과 주한 외국 선교부, 교회기관에게 두루 허용되던 회원 자격을 교단만으로 제한하고, 단체의 명칭도 '한국기독교연합회' 대신 '한국기독교교회협의회'로 바꾸었다. 1970년 이후 NCCK는 창립 회원인 대한예수교장로회 통합 측, 기독교대한감리회, 구세군대한본영의 3개 교단에 한국기독교장로회, 대한성공회, 기독교대한복음교회 등이 추가로 가입해 모두 6개 교단으로 구성돼 있었다. 당시 NCCK 회원 6개 교단은 전체 개신교 인구의 3분의 1가량을 포괄하고 있었다. 그러나 6개 회원 교단 가운데 전체 교단 차원에서 지속적이고 적극적으로 민주화운동에 참여했던 것은 한국기독교장로회 정도에 그쳤고, 대한성공회를 그 다음 후보로 생각할 수 있을 정도였을 뿐, 나머지 교단들에는 진보파와 보수파가 두루 섞여 있었다고 평가하는 것이 타당할 것이다.

그런데 우리는 여기서 '진보적 소수파의 주도성' 문제와 마주치게 된다. 가장 중요한 사실은, 앞에서도 지적한 바와 마찬가지로, 1970년대에는 NCCK 내의 저항적 소수파가 'NCCK 전체'를 주도했으며, 더욱이 당시 NCCK는 국제적으로나 국내적으로나 '한국 개신교 전체'를 대표하는 것처럼 비쳐지곤 했다는 점이다. 한국 개신교에 대한 NCCK의 대표성은 그것이 포괄하고 있는 '신자 규모'가 방대해서가 아니라, 이 단체에 쏟아진 사회적 조명(spotlight)에 따른 '높은 가시성' 때문이었다.

국가와의 대결 국면마다 NCCK가 보여준 응집력과 비교할 때 개신교 보수 교단들의 초교파적 단결력은 보잘것없는 수준이었다. 1972년경 개신교 보수 교단들의 연합체인 국제기독교연합회 한국지부(ICCCK)와 한국예수교협의회(KCCC)가 포괄하고 있던 개신교 신자들은 전체 개신교 인구의 5% 정도에 불과했다. 그리고 대한기독교연합회(DCC, 1967년 창립)와 미국복음주의협회(NAE) 계열이라고 이야기되는 기독교한국복음동지회(1953년 창립)는 '교단'이 아닌 '개인'으로 구성된 단체들이었다. 보수 교단들에게 1960~70년대는 연대와 상호이해보다는 '분열'과

'배타성'이 두드러지던, 그래서 걸핏하면 교단이 분열되곤 하던 시대였다. 따라서 이 시기의 보수세력은 수적으로 다수임에도 불구하고 조직적으로는 지리멸렬했다. 5·16군사쿠데타 직후인 1961년 6월 '혁명정부의 국제적 지지를 받기 위한 민간사절'을 자처하며 미국을 방문해 활동했던 한경직과 김활란 그리고 1975~77년에 걸쳐 미국 내의 반한·반유신정권 여론을 무마하기 위해 여러 차례 방미 활동을 펼쳤던 김장환·김인득·김익준·김연준·유상근 등의 사례에서 보듯이, 박정희 정권에 대해 가장 헌신적이었던 개신교 협력자들은 많은 경우 순전히 '개인자격'으로 활동하곤 했다.

1975~76년에 걸쳐 가장 노골적으로 박정희 정권 지지 활동을 벌였던 '대한구국선교단'도 사정은 크게 다르지 않았다. 대한구국선교단은 대통령 부인 육영수가 사망한 이후 사실상의 '퍼스트레이디' 역할을 담당하던 박근혜의 후원을 얻어 최태민 목사가 주도적으로 창립한 단체이다. 단체의 총재는 최태민 목사, 명예총재는 박근혜, 단장은 강신명 목사, 산하 단체인 '구국십자군'의 총사령관은 군종 출신인 박장원 목사가 맡았다. 대한구국선교단이 1975년 6월 '구국십자군' 창군식을 가질 당시 16개 교단에 속한 목사들이 대한구국선교단에 이미 참여하고 있었으며 '대원 20만 명'을 목표로 구국십자군 조직을 확대해나갈 것이라고 공언했지만, 아마도 실제 실적은 목표치의 10분의 1에도 미치지 못했던 것으로 보인다. 최태민 목사 자신의 개신교 교회에 대한 영향력 역시 그다지 크지 않았던 듯하다. 보수 교단들이 1970년대의 NCCK에 비견할 '단단하고 지속적인 연대'를 구축하는 데 성공한 것은 1989년 말 창립된 '한국기독교총연합회'(한기총, CCK)가 처음이었다고 말하는 게 옳을 것이다.

NCCK 내에서 진보적 소수파의 주도성을 가능하게 만든 요인 중 하나로, 외부의 적 앞에서 내적인 분열이 일시적으로 은폐되고 통합이 공고해지는 '갈등의 동학'을 꼽을 수 있을 것이다. 말하자면 1970년대는 국가와의 강도 높은 대립과 충돌이 연이어 터져 나오고 있었기 때문에 NCCK 내의 보수적 목소리가 상대적으로 억압되고 전투의 최전방에 섰던 소수의 진보파들이 대세를 이끌어갔던 상황이었다. 국가와의 갈등 과정 자체가 빚어내는 이런 효과 외에도 필자는 진보적 소수파의 주도성을 뒷받침해준 세 가지 요인을 추가할 수 있다고 생각한다. 첫 번째는 WCC를 비롯한 국제적 연결망 및 지원구조, 두 번째는 기독교회관을 중심으로 한 '개신교 운동권'의 형성 그리고 세 번째는 소규모 교단의 단일한 양성구조에서 비롯된 성직자들의 내적 동질성과 유대감이다. 이제부터 이 요인들에 대해 하나씩 간략히 검토해보자.

국제적 연결망 및 지원구조

NCCK에 대한 국제적 연결망 및 지원구조는 NCCK에 대해 '신학적 입장의 진보적 선회' 쪽으로 구조적 압력을 가했을 뿐만 아니라 진보적 소수파가 신학적·정치적 성향 면에서 온건파 및 보수파가 다수를 이루는 NCCK 내에서도 튼튼하게 뿌리를 내리고 생존을 유지할 수 있게 만들어주었고, 상황에 따라서는 이들이 NCCK 전체를 주도해나갈 수 있는 기반을 제공해주었다. 사실 1950년대 말까지 NCCK는 이승만 독재정권에 대한 열렬한 지지 세력이었으며, 그런 만큼 사회 기득권층의 자리에 서 있었다고 할 수 있다. 1960년대에도 NCCK에 참여한 대다수는 여전히 신학적으로 보수적이었고, 정치적 입장 측면에서도 결코 진보적이었다고 말할 수는 없었다. 그런데 어떻게 1970년대에는 NCCK가 노동자와 농민, 도시빈민 등 사회적 약자들, 다시 말해서 민중신학자들이 말하는 '민중'의 편에 서서 공포의 대상인 군사정권에 용감하게 맞설 수 있었을까? 필자는 이런 태도의 전환에는 한국교회 '내적인' 영향보다 '외부에서' 주어진 영향이 더 컸다고 생각한다.

이와 관련하여 가장 먼저 주목해야 할 대목은 NCCK 재정구조의 강한 대외적 종속성이다. 한국 개신교의 경우 1950~60년대를 거치면서 '인적인 종속', 다시 말해 선교사들의 교단 정치에 대한 직접적인 지배력이나 영향력은 급속히 약화되었던 게 사실이다. 그러나 '재정적 종속' 상태는 민주화운동이 활발하던 1970년대 이후에도 높은 수준에서 유지됐으며, 민주화운동의 중심부였던 NCCK에서는 더욱 그랬다. 나아가 NCCK의 진보적 인사들은 대부분 대학과 공단, 빈민촌, 농촌 등을 대상으로 하는 '특수선교' 혹은 '사회선교' 영역들에서 배출됐으며, 1960년대 이후 충원된 외국인 선교사들은 대부분 이 영역들에 배치됐고, 외부에서 유입되는 선교자금도 이 영역들에 가장 풍부하게 그리고 가장 늦게까지 제공됐다.

NCCK는 1970년에 회원 교단들만의 조직으로 전환하면서 '헌장'과 '세칙'을 개정했는데, 이에 따르면 회원 교단들은 NCCK의 재정에서 외원(外援)에 의해 충당되는 '사업비'와 '인건비'를 제외한 '행정비'만을 부담하도록 돼 있었다. NCCK의 조직 개편으로 인해 1970년부터 회원 교단의 재정분담금이 비례적으로 증액되었음에도 같은 해 4월에 확정된 1970년도 예산 총액 중 회원 교단 분담금이 차지하는 비율은 1% 정도에 불과했다. 말하자면 1년 예산의 1%만을 내부에서 충당하고 있었던 것이다. NCCK는 1978년 초에 처음으로 '자립대책분과위원회'를 설치해 재정자립을 위한 준비에 착수하고, 1979년 4월에는 자립후원회를 구성했으며 기독교연합기관 자립기금협의회 구성 등을 모색하기도 했다. 그러나 여전히 외원으로 전액 충당되던 '사업비'를 제외한 행정비와 인건비 등 '경상비' 전체를 회원 교단들이 부담하게 된 것은 1993년부터였으며, 이해에도 헌장 세칙에 "자립을 위한 특별모금운동을 벌여 매년 기금을 적립하도록 한다"(제31조)고 명시해야 할 정도로 재정자립은 여전히 요원한 과제였다.

NCCK의 '재정적 종속성'이 NCCK라는 우산 아래 한데 모여 있던 보수세력과 진보세력에게 각각 제공했던 의미와 효과는 전혀 상이한 것이었다. 우선 종교적 종속성, 무엇보다 재정적 종속성이 세계 개신교 질서의 중심부에서 일어난 종교적 혁신들, 그중에서도 특히 제3세계의 민주화나 인권, 개발 등을 중시하는 방향으로의 선교정책 변화가 한국 교회에도 관철될 가능성을 높여준다는 점에서 NCCK 내의 '보수적 다수파'에게는 이 효과가 '부정적인' 색채를 띠기 쉽다. 다시 말해서 돈을 받아쓰는 쪽에서는 돈을 주는 쪽이 진보적으로 선회할 때 거기에 따라가는 시늉이라도 하지 않으면 안 되는 처지였기 때문에 NCCK 내에서 다수를 이루던 보수파들은 그것을 못마땅하게 생각하면서도 어쩔 수 없이 따라가야 했기 때문이다. 반면에 NCCK 내 진보세력에게 NCCK의 대외적 종속성은 이데올로기적 자율성과 조직적 자율성, 국내 모금으로는 도저히 기대하기 어려운 풍부한 활동자금, 사회운동을 위한 기술적 노하우와 국제적 네트워크 등 다양한 이점을 제공했다는 점에서 '매우 긍정적인' 효과를 발휘했다.

1960년대에 진행된 WCC와 서구 교회들의 '거대한 신학적 전환'은 전반적으로 보수적인 한국교회의 신학적 풍토 속에서도 NCCK와 회원 교단들을 중심으로 비판적 사회참여를 정당화할 '신학적 진보주의'가 상당한 입지를 확보할 수 있게 도와주었다. 만약 1970년대의 NCCK가 회원 교단의 회비(분담금)만으로 운영되는 구조였다면, 그 내부의 진보적 소수파의 목소리는 일찌감치 억압되고 말았을 것이 거의 분명하다. 실제로 NCCK의 재정자립 노력이 강화되고 가시적 성과를 거둘수록

NCCK 내 진보세력의 입지와 목소리가 위축됐던 역사가 이런 추론의 정당성을 지지해준다.

1993년 무렵부터 NCCK 재정자립도가 크게 높아졌다. 그러나 바로 이때 대한예수교장로회 통합 측이 이른바 '양다리'를 걸치면서 NCCK에 '활동 유보'를 선언하고 활동을 멈춘다. 그리고 후에 NCCK에 복귀하는 조건으로 내건 것이 '회원 교단의 확대'였고, 이에 따라 확대를 하긴 했으나 막상 들어온 것은 순복음교회 계열의 기독교대한하나님의성회였다. 이로 인해 그렇지 않아도 NCCK 내부에서 다수를 차지하고 있던 보수파가 이제는 절대 다수가 돼버린 것이다. 그 결과, NCCK 내에서 진보적인 그룹은 그야말로 인권위원회를 비롯한 몇몇 사회선교 관련 위원회 주변으로 밀려나는 상황이 되고 말았다.

'개신교 운동권'의 형성

이번에는 기독교회관을 중심으로 한 '개신교 운동권'의 형성에 대해 살펴보자. 진보적 소수파가 NCCK 내의 주도권을 쥘 수 있게 만든 또 다른 요인으로 필자는 1970년 서울 종로5가에 기독교회관이 세워진 사실 그리고 이를 기반으로 이른바 '종로5가권'이 형성된 사실을 강조할 필요가 있다고 생각한다. 기독교회관에는 NCCK 본부와 산하 기구들을 비롯해서 일부 회원 교단 본부, 선교회 본부 그리고 상당수의 NCCK 협력 단체들이 입주해 있었다. 개신교 민주화운동에 크게 기여한 한국기독학생총연맹(KSCF)과 한국기독자교수협의회 역시 마찬가지였다. 그리고 NCCK 회원 교단들의 청년단체 연합기구로 1976년에 창립된 한국기독청년협의회(EYC)도 창립 이후 줄곧 기독교회관에 사무실을 두고 있다.

진보적인 개신교 인사들은 기독교회관을 중심으로 손쉽게 인적 연결망을 구축할 수 있었고, 긴밀하고도 강렬한 상호작용을 일상적으로 계속함으로써 공통의 종교문화와 종교이데올로기를 형성하고 유지할 수 있었을 뿐만 아니라, 전문적인 사회운동 테크닉을 익히고 전수할 수 있었으며, 필요할 때마다 긴박한 상황 전개에 능동적으로 공동 대응할 수 있었다. 기독교회관 강당에서 매주 열린 목요기도회 혹은 금요기도회에서는 사회적 약자들의 목소리가 생생하게 울려 퍼지거나 대변됐으며, 이로 인해 기독교회관은 한국인과 국제사회가 항상 주목하면서도 정부가 쉽사리 개입하지 못하는 '정치사회적 성역(聖域)'이 되어갔다. 이런 상황은 '기독교회관 사람들'에게 긴장감과 함께 상당한 자부심을 제공했을 것이며, 이는 다시 독특한 '운동 문화'(movement culture)를 강화하는 순환적 효과를 발휘했을 것이다.

소규모 교단의 단일한 양성구조에서 비롯된
성직자들의 내적 동질성과 유대감

'저항적 소수의 주도성'에는 소규모 교단의 단일한 양성구조에서 비롯된 성직자들의 내적 동질성과 유대감이라는 요인도 작용했다. 성직자 집단의 상대적인 동질성은 체계적이고 집약적이고 표준화된 성직자 양성체계의 산물인 경우가 많은데, 개신교와 천주교는 이런 점에서 한국 종교들 가운데 선진적인 모습을 보여준다. 한국 최대의 종교인 불교의 성직자 양성과정이 보여주는 비체계성과 분산성, 특정 스승에 대한 인적 종속성과 비교할 때 이런 장점은 더욱 두드러진다.

나아가 성직자 양성체계의 분산성 내지 집중성의 정도 면에서 NCCK 회원 교단들 가운데에서도 의미 있는 차이가 나타났다는 점에 주목할 필요가 있다. 다시 말해 NCCK 회원 교단 가운데 가장 규모가 컸던 대한예수교장로회 통합 측과 기독교대한감리회의 경우 전국적으로 분산된 여러 개의 성직자 양성기관을 갖고 있었고, 그것이 파벌을 형성하거나 내부의 갈등을 만들어내는 요인으로 작용하기도 했다. 하지만 한국기독교장로회와 대한성공회를 비롯한 상대적으로 규모가 작은 교단들은 군사정권 시대에는 물론 현재까지도 전국적으로 단일한 성직자 양성체계를 유지하고 있다. 이런 차이는 상대적으로 왜소한 교세에도 한국기독교장로회와 대한성공회가 NCCK 내에서 돋보이는 활동을 전개할 수 있었던 사실 그리고 이 두 교단이 큰 내부 잡음 없이 교단 '전체'가 민주화운동에 참여하는 양상을 보였던 사실을 설명해주는 한 요인이 된다. 신학교 학부과정의 강의실과 기숙사에서부터 시작돼 오랜 기간에 걸쳐 다져진 유기적이고 공고한 인적 유대가 교회의 제도적 이익을 수호하기 위한 성직자 집단의 통일된 행동의 기초가 되었다고 할 수 있는 것이다.

두터운 회색지대: 교회-국가 관계의 복합성

박정희 정권의 종교정책이 보여준 특징은 다섯 가지로 요약될 수 있다. 첫째, 종교 통제가 전반적으로 강화됐다는 점, 둘째, 국가와 민족을 성화하고 국가가 윤리적 교사로 나서서 시민사회를 지도하는 모습, 셋째, 불교·개신교·천주교 등 3대 종교에 대한 특권의 유지 혹은 추가, 넷째, 특히 쿠데타 직후에 나타났던 종교정책의 탈(脫)그리스도교화, 다섯째, 저항적 종교부문에 대한 억압 및 배제, 견제와 고립화가 그것이다.

어떻게 보면 당연한 말이겠지만 개신교의 기본 대응전략은 3대 종교에 대한 특권의 유지 혹은 추가에 대해서는 선교나 교회의 위상 제고를 위한 기회로 최대한 활용하면서, 첫 번째 종교 통제의 강화, 두 번째 국가·민족의 성화와 윤리적 교사로서의 국가 그리고 네 번째 종교정책의 탈(脫)그리스도교화 측면들에 대해서는 집단적이고 조직적으로 저항하거나 그 부정적 충격을 완화하려고 노력하는 쪽이 되기 쉬웠을 것이다. 교회에 대한 국가의 강화된 통제와 개입에 대해서는 말할 것도 없고 '종교정책의 탈그리스도교화'는 많은 개신교 지도자에게는 정권 실세가 불교를 선호하는 것처럼 비쳐졌을 가능성이 높았고, 최대 경쟁자인 종교가 국가의 후원하에 급성장하는 사태를 개신교 지도자들이 인내하기는 힘들었을 것이다. 한편 다섯 번째 저항적 종교부문에 대한 억압 · 견제 측면은 그 자체가 개신교의 내부 분열을 의미할 것이므로 개신교 측의 어떤 일관된 대응전략을 예측하는 것이 불가능하다.

군사정권 시대에는 '개신교의 제도적 이익'에 민감하게 영향을 미칠 다양한 쟁점들이 존재했다. 필자는 이 쟁점들을 단순화하여 제도적 이익의 확장과 제도적 이익의 침해라는 두 범주로 압축해볼 수 있다고 생각한다. 물론 여기서 다룰 쟁점들은 '개신교 전체'의 제도적 이익에 미칠 영향에 대해 '대부분의' 개신교 지도자가 '비교적 손쉽게' 합의할 수 있는 것들로 한정된다. 그러므로 우리는 한편으로 '제도적 이익의 확대'와 관련하여 거의 모든 개신교 교단이 국가와의 협력에 힘을 합쳤던 사안들, 교회와 국가가 '지지와 특혜의 상호교환'으로 특징지어지는 관계를 형성하는 경향이 있었던 쟁점들에 주목해야 할 것이다. 그리고 다른 한편으로는 '제도적 이익의 침해'와 관련하여, 거의 모든 교단이 교회의 이익을 방어하기 위해 국가와의 대립에 힘을 합쳤던 사안들에 주목해야 할 것이다.

[표 1]에서도 금방 알 수 있듯이, 개신교 지도자들의 시각에서 볼 때 교회의 이익을 '침해'하는 것처럼 비치는 사안이 교회의 이익을 '확장'하는 것처럼 비치는 사안에 비해 월등하게 많았다. 물론 개별 사안의 비중을 고려해보면 상황이 상당히 달라질 수도 있을 것이다.

〔표 1〕 1960~1970년대 개신교의 제도적 이익과 대립-협력의 동학

(국가와의 협력을 촉진하는) 제도적 이익의 확장	(국가와의 대결을 촉진할 가능성이 높은) 제도적 이익의 침해
① 국가조찬기도회와 국회조찬기도회의 도입 ② 경목제도 도입 ③ 전군신자화운동, 전경신자화운동, 교도소신자화운동 ④ 향목제도 도입 ⑤ 목회자의 민방위교육 교관 위촉 ⑥ 초대형 대중전도집회 개최 허용 및 지원	① 사회단체등록법의 도입 및 개정 시도, 종교법인법 제정 시도 ② 중등학교 평준화 정책으로 인한 종교교육 제한 ③ 친(親)불교적 국가 운영 혹은 불교에 대한 특혜 제공 ④ 국기에 대한 예절 강화 및 국기에 대한 맹세 도입 ⑤ 충렬사 참배 등 유교식 사당에 대한 방문 및 참배 요구 ⑥ 단군 신전, 단군 동상 건립운동에 대한 지원 ⑦ 교도소 선교·포교의 문호개방 ⑧ 교회와 성직자에 대한 과세 시도 ⑨ 개발제한구역제도 시행으로 인한 불법 기도원, 수양관 문제 ⑩ 무인가 신학교에 대한 정비 ⑪ 일요일의 국가행사로 인한 '주일성수'의 어려움 ⑫ 건축법 개정 및 절대농지보존법 도입으로 인한 상가 임대교회 및 교회 건축의 어려움 ⑬ 국가의례의 탈(脫)그리스도교화 ⑭ 바티칸시국에 대한 대사 파견 ⑮ 통일교의 국내 선교 및 지위 강화를 조장하거나 묵인하는 것 ⑯ 교회당 근처에 오락실, 유흥시설, 극장 등이 들어설 수 있도록 당국이 허가하는 일 ⑰ 소음에 대한 주민 민원 증가에 따른 교회 타종 금지 조치

우선 군사정권 시기에 교회의 제도적 이익을 증진함으로써 교회와 국가 관계를 '협력적인' 것으로 만드는 경향이 있었던 대표적인 쟁점들로는 국가조찬기도회와 국회조찬기도회의 도입, 경목제도 도입, 전군

신자화운동과 그것의 성공에 고무돼 벌어졌던 전경신자화운동과 교도소신자화운동, 향목제도 도입, 목회자의 민방위교육 교관 위촉, 초대형 대중전도집회 개최 허용 및 지원 등을 들 수 있을 것이다. 민방위교육 교관 위촉 문제는 1975년에 민방위대가 조직된 이후 민방위교육이 실시됐을 때 목회자와 평신도들이 함께 앉아 있기가 어색하다는 민원이 제기돼 목회자들을 교관으로 위촉한 것을 말한다. 이 쟁점들은 국가조찬기도회와 국회조찬기도회처럼 교회 지도자와 정치엘리트 간의 정기적인 교류를 강화하거나 국가의 도움을 통해 개신교 측에 새로운 선교의 기회를 제공해주는 측면을 갖고 있다.

여기서 든 사례의 수는 많지 않지만 그 하나하나가 지닌 중요성은 아무리 강조해도 지나침이 없을 정도이다. 국회의원의 상설적 모임으로 아직도 이어지고 있는 국회조찬기도회나 경목제도 같은 몇 가지는 개신교에 지극히 우호적이었던 이승만 정권 시기에 이미 추진됐지만 실현되지 못했던 것들이다. 개신교 예배의 형식으로 대통령과 매년 자리를 함께 하는 '국가조찬기도회'는 1966년에 처음 시작됐는데, 이것은 미국보다 불과 9년 늦은 것인 동시에 아시아에서는 처음 있는 일이었다. 그 한 해 전인 1965년에 시작된 국회조찬기도회도 아시아에서는 처음이었다.

경목제도는 경찰들을 대상으로 선교활동을 하거나 경찰서 유치장에 들어가 있는 사람들을 대상으로 선교활동을 하는 것으로 1969년에 공식적으로 시작됐다. 당시 경목사업이 전국적 규모로 행해지고 있는 나라는 세계에서 한국이 유일했다고 하며 더욱이 선교를 목적으로 경찰서와 유치장에 접근할 수 있는 권한은 상당 기간 동안 개신교를 제외한 어떤 종교에도 허용되지 않았던 특혜적인 제도였다. 1960년대 들어 서울과 지방 경찰서 차원에서 간헐적으로 이어지던 경목 활동은 '특정 종교만을 법으로 제도화할 수는 없다'는 내무부 장관의 반대를 물리치고 1966년 5월에 이르러 '사실상의 인정'을 받았다. 1969년 6월에는 분명한 법적 근거인 '경찰위촉목사 운영규정'을 갖춘 경목제도가 탄생하게 됐다. 그 결과 "세계적으로 우리나라밖에 없는", "경목사업이 완전히 전국화된 규모로 행해지고 있는 나라는 한국뿐"인 제도가 공식적으로 등장한 것이다. 더욱이 이 제도는 처음 시행될 당시 타 교파나 타 종교에는 개방되지 않았기에 종교의 자유나 정교분리 원칙에 어긋난 것일 뿐아니라, 개신교와 국가의 강한 유착을 입증하는 것이기도 했다. 천주교가 경찰 선교에 참여할 수 있었던 것은 1972년 3월부터였고, 불교가 경승제(警僧制)를 운영할 수 있게 된 것은 개신교보다 20년이나 늦은 1986년 12월부터였다.

1970년대 초반에 벌어진 '전군신자화운동'도 당시 개신교 지도자들의 표현에 따른다면 그야말로 "기독교로 국교가 바뀐 고대 로마제국에서나 가능한 일"이었다. 종교적 중립을 지킬 것이라는 군 당국의 몇 차례 언명에도 불구하고, 이 운동은 시종 그리스도교 그중에서도 특히 개신교의 색채를 노골적으로 드러냈고 그 결과 '군의 그리스도교화'가 급속히 진행됐다. 이 운동이 벌어지던 1971~74년 사이의 4년 동안 새로 입교한 군인들의 80% 이상이 개신교를 선택했다. 1971년 9월 최초의 '부대 합동세례식'이 거행된 이후 1971년에서 1974년 사이에 1천 명 이상의 대규모 합동세례식만도 무려 26회나 거행됐다. 1972년 4월 24일 육군 20사단에서는 무려 3,473명의 합동세례식이 열리는 '기독교사상 전무후무한 기록'도 세워졌다. 이렇게 되자 구약 성서의 예언자 이름을 딴 부대들도 나타났다. 예컨대 김용식 장군은 자신이 지휘하는 부대를 '여호수아 부대'로, 박도신 중령은 자기 부대를 '엘리사 부대'로 명명했다. 이 운동은 공식적으로 거의 10년 동안이나 지속됐다.

필자는 '군종제도의 탁월한 선교 효과' 덕분에 개신교 교회가 이승만 정권뿐 아니라 새로 등장한 군사정권과도 전반적으로 친화적인 관계를 맺을 수 있었다고 판단한다. 군종제도가 처음 도입된 것은 이승만 정권 시기인 1951년이었지만, 그것이 개신교에 미친 긍정적 효과가 본격적으로 나타났던 것은 박정희 시대였다. 이미 10여 년 동안 군대가 밑바닥으로부터 그리스도교화되고 있었던 상황에서, 한국전쟁 시기 파워엘리트 그룹 내에서 지위 상승을 경험한 군부엘리트들이 쿠데타를 계기로 파워엘리트 그룹의 최상층을 점령하게 되었을 때, 개신교는 그 수혜자가 되기 쉬운 조건에 놓여 있었던 것이다.

군사쿠데타를 주도했던 만주군 출신 중심의 군부세력 중 불교신자들이 많았다는 의견이 있는 것 같다. 그런데 군내 최고위직까지 진급할 가능성이 매우 높은 4년제 사관학교 엘리트들이 생도 시절부터 아주 높은 수준으로 크리스천화되어 임관을 하게 된다는 점을 강조할 필요가 있다.

한편 교회의 제도적 이익을 침해할 가능성을 내포함으로써 교회와 국가의 관계를 '갈등적인' 것으로 만드는 경향이 있었던 쟁점들은 매우 다양했다. 그 대표적인 사례들을 본다면 사회단체등록법의 도입 및 개정 시도, 중학교와 고등학교 평준화 정책으로 인한 종교교육 통제 문제, 친(親)불교적 국가 운영 혹은 불교에 대한 특혜 제공 등을 들 수 있다.

친불교적 국가 운영이나 불교에 대한 특혜 제공에 대해 천주교는 비교적 강하게 반대하지 않았지만, 개신교는 국가의례의 불교화, 군종제도의 불교 개방, 석가탄신일의 공휴일 제정, 화폐에 불교식 도안을 도입하려는 시도, 사찰에 대한 관람료 부과 혜택 부여, 대대적인 사찰 복원사업 및 관련 보조금 증가 등에 사사건건 강하게 반대했다. 1만원권 지폐를 발행할 때도 최초 디자인에 불교 유물이 들어가 있다고 개신교가 반발해 결국은 종교적 색채가 없는 세종대왕으로 변경되기도 했다.

다음으로 국기에 대한 예절 강화 및 국기에 대한 맹세 도입 그리고 학생들을 대상으로 한 충렬사 등 유교식 사당에 대한 방문 및 참배 요구도 교회와 국가의 관계를 '갈등적'으로 만든 사례들이다. 1960~70년대에는 현충사 복원을 비롯해서 문화재 복원 및 성역화 사업이 대대적으로 벌어졌다. 국난극복사를 내세워 전쟁사 중심으로 국정 교과서도 새로 쓰고, 또 거기에 맞춰 전적지를 성역화하는 경우가 많았는데 그곳에 반드시 사당을 배치하고 유교식으로 예를 차리도록 한 것이 개신교인들에게는 문제가 될 수 있는 것이었다. 단군 신전, 단군 동상 건립운동에 대한 지원 역시 마찬가지였다.

형목(刑牧)제도가 폐지된 것은 사실 장면 정권 때였다. 형목제도가 만들어진 시기는 해방 직후였는데 이때부터 전국 형무소의 교무과장 자리를 모두 현직 목사로 임명했다. 그런데 교무과장이 가석방 결정 권한을 갖다 보니 모든 재소자가 교무과장 눈치를 봐야 했고 따라서 선교 효과가 높아질 수밖에 없었다. 그런 형목제도는 1960년까지 유지되다가 장면 정부가 들어선 뒤 독실한 천주교 신자였던 장면 총리의 눈에 지나치게 개신교에게 특혜적인 제도로 보여 폐지됐다. 그런데 박정희 정부는 개신교·불교·천주교 등 3대 종교가 전부 참여하는 '종파교회제도'로 바꾸고, 교도소 종교 활동을 주관하는 이의 신분도 풀타임이 아닌 파트타임의 자원봉사자로 바꿨다. 이에 따라 불교와 천주교가 처음으로 교도소에 접근할 수 있게 되었다.

또 다른 사례로는 교회와 성직자에 대한 법인세와 소득세, 등록세 등의 과세 시도, 도시계획법 개정에 따른 개발제한구역(그린벨트)제도 시행으로 인한 구역 내 교회 건축 및 증축 문제와 무인가 기도원 철거 문제를 들 수 있다. 예컨대 당시 삼각산 일대에 기도원이 특히 많았는데,

이들 대부분이 그린벨트 안에 무단으로 지어놓은 무인가 시설이었고, 더구나 화재 위험이 높은 천막기도원이 많았기 때문에 자주 갈등이 발생하곤 했다.

무인가 신학교에 대한 정비 사업은 주로 1980년대에 집중적으로 이루어지게 된다. 또 일요일의 국가행사로 인해 이른바 '주일성수'(主日聖守)의 어려움이 가중되면서 불만사항으로 제기되기도 했다. 그 다음에 건축법 개정 및 절대농지보존법 도입으로 교회 건축의 어려움이 커진 것도 교회-국가 갈등을 가져온 요인 중 하나였다. 국가의례의 탈그리스도교화, 특히 현충일 추념식의 변화에 대한 개신교계의 불만도 컸다.

일시적인 갈등으로 그치기는 했지만 바티칸시국에 대사를 파견하는 것에 대해서도 개신교 측에서는 상당히 불만스럽게 생각했다. 바티칸에는 1964년에 공사를 파견하고 1966년에 대사급으로 격상시키게 되는데, 이것을 천주교에 대한 특혜라고 생각한 개신교의 반대가 심했던 것이다.

다음으로 공무원 위탁교육 등 통일교의 국내 선교 및 지위 강화를 조장하거나 묵인했던 것도 강조할 필요가 있다는 게 필자의 생각이다. 박정희 정부가 통일교에서 세운 교육기관에 공무원 반공교육 연수를 모두 맡겼기 때문에 개신교의 분노가 대단히 클 수밖에 없었고, 이것이 박정희 정부에 대한 저항에도 어느 정도 명분을 줬다고 볼 수 있다.

교회당 근처에 오락실이나 유흥시설, 극장 등이 들어설 수 있도록 당국이 허가한 것, 소음에 대한 주민 민원 증가에 따라 교회의 타종(打鐘)은 물론이고 (타종을 대신한) 확성기를 통한 찬송가 방송마저 금지한 조치 같은 것도 교회-국가 갈등을 조장했던 사례로 제시할 수 있을 것이다. 타종과 찬송가 방송 금지는 아파트 등 대규모 공동주택이 빠르게 증가한 주거문화 변화가 낳은, 전혀 예기치 못했던 교회-국가 갈등인 셈이었다. 소음 신고를 빌미로 한 벌금 처벌이 이어지다보니 아파트촌에서는 전통적인 굿도 완전히 자취를 감췄다.

지금까지 살펴보았듯이, (1) 사회단체등록법이나 종교법인법 도입 시도를 통해 교회에 대한 국가 통제를 강화하거나, (2) 교도소 종파교회제도 도입이나 종교인 과세, 국가의례의 탈그리스도교회를 통해 개신교가 기존에 누리던 종교적 특혜를 폐지 혹은 축소하거나, (3) 개신교의 가장 강력한 경쟁세력인 불교에 다양한 혜택을 제공함으로써 개신교의 경쟁력을 감소시키거나, (4) 입시 평준화제도, 개발제한구역제도, 건축법 개정, 무인가 신학교 정비, 절대농지보존법 도입, 일요일 공공행사, 교회 인근에 유흥시설이나 극장 허가, 교회 타종 금지, 바티칸 대사 파견 등과 같은 특정 정부정책이 의도치 않게 개신교에 불리한 효과를 내거나, (5) 국기에 대한 경례 및 맹세, 단군 신전 및 단군 동상 건립 시도, 충렬사·현충사 참배 등 국가주의 강화로 인해 교리와 충돌하는 일들이 신자들에게 강요되거나, (6) 통일교에 의한 공무원 반공교육처럼 국가가 주류 교단에 의해 '이단'으로 간주된 개신교 교파에 대해 협력하는 것 등의 사례들은 대부분의 개신교 지도자에 의해 교회의 제도적 이익을 침해하는 것으로 간주됐다. 따라서 이런 사례들에 대해 개신교 지도자들은 건의, 항의 성명서 발표, 당국자와의 간담회, 항의 시위 등 다양한 형태와 방식으로 국가권력에 저항하곤 했다. 1970년대 당시 개신교 지도자들은 종교교육 문제, 세금 문제, 불교에 대한 특혜 제공, 통일교와 박정희 정부의 협력과 접근 문제를 특별히 '중대한' 이익 침해 행위로 받아들였던 것으로 보인다.

맺음말

필자가 이 글에서 강조했던 점을 두 가지로 요약할 수 있을 것이다. 그 하나는 '저항적 소수의 주도성'이 가능했던 여러 가지 요인이고, 다른 하나는 군사정권 시대의 교회-국가 관계가 보여준 '복합성'이다.

첫 번째와 관련해서 이 글에서는 외부와의 갈등이 일시적으로 내적 통합을 강화하는 갈등의 동학, WCC를 비롯한 국제적 연결망 및 지원구조의 존재, 기독교회관을 중심으로 한 개신교 운동권의 형성, 소규모 교단의 단일한 양성구조에서 비롯된 성직자들의 내적 동질성과 유대감 등을 저항적 소수의 주도성을 가능하게 만들었던 요인들로 제시했다.

또한 군사정권 시기의 교회와 국가 관계는 '다양한' 것이었을 뿐만 아니라 매우 '복합적인' 것이기도 했다. 개신교 보수세력으로 한정하는 경우에도 군사정권과 교회의 관계는 강하고 깊은 상호간의 인정과 이해, 신뢰에 기초하여 '흉금을 터놓고 헌신적으로 협력하는 관계'라기보다는 '불신 속에 경계심을 품고 조심스럽게 협조하는 관계'에 가까웠다고 볼 수 있다.

이것은 개신교의 특권적 지위가 보장됐던 이전의 미군정 및 이승만 정부 시기와는 매우 대조되는 풍경이었다. 이런 맥락에서 필자는 군사정권 시기에는 국가에 대해 갈등과 협력이라는 두 가지 상반된 태도가 공존하고 뒤섞임으로써 어떤 태도의 일관성을 발견하기 힘든 매우 넓은 회색지대가 존재했다는 사실을 여러 차례 강조했다. 제도적 이익의 증진과 침해의 동시적인 교차 속에서 개신교 지도자들의 처신 또한 매우 모순적인 것처럼, 혹은 다분히 기회주의적인 것처럼 비쳐지기 쉬웠을 것이다.

미국은 한국 개신교에게 무엇이었는가

강성호*

* 독립연구자, 《한국기독교 흑역사》와 《저항하는 그리스도인》 저자

광장이 난리다. 박근혜 탄핵을 전후로 태극기와 성조기를 든 기독교인들의 모습을 심심치 않게 볼 수 있다. 크고 작은 태극기와 성조기가 바람에 휘날리며 극우집회를 떠돌아다니고 있다. 노무현 정권이 출범하기 직전인 2003년 1월부터 한국기독교총연합회를 중심으로 한 반북-친미 집회가 열렸으니 이제는 그리 낯선 광경은 아니다. 이제 태극기와 성조기는 한국 기독교의 극우정치를 상징한다고 해도 과언이 아니다.

의문이 든다. 이들은 왜 깃발을 고집하는 걸까. 깃발은 선동성이 아주 강한 도구다. 소리가 공간적 제약을 극복하지 못하는 경향이 있다면, 깃발은 공간적 제약을 가뿐히 넘는다. 거기다 깃발은 군중의 일체감을 끌어내기에 아주 유용하다. 깃발은 특정 색깔과 단순한 상징물만으로도 다수의 마음을 움직이는 데 큰 위력을 발휘하기 때문이다. 극우 기독교가 깃발을 적극적으로 활용하는 이유라 할 수 있다.

거기다 깃발은 정체성을 담아내는 데 효율적이다. 극우 기독교가 태극기와 성조기를 흔드는 건 자신들의 정체성을 나타내기 위함인데, 다른 나라의 국기를 자신의 정체성으로 삼는다는 점에서 특이한 현상이다. 이는 한국 기독교의 특징 중 하나인 '친미주의'에서 비롯된 모습이라고 할 수 있다. 문제는 한국 기독교의 친미주의에 천착한 연구가 별로 없다는 데 있다. 친미주의는 하나의 사상체계라기보다는 감정과 인식의 문제이기 때문이다. 따라서 친미주의의 근원을 살펴본다는 건 매우 어려운 작업이다. 이 점을 유의하면서, 한국 기독교의 친미주의를 이해하는 데 도움이 되는 역사적 맥락을 함께 살펴보도록 하자.

친미주의의 기원을 이룬 양대인 의식

한국 기독교 역사에서 미국은 아주 중요한 나라였다. 미국인 선교사를 통해 기독교가 전파되었고, 이러한 과정에서 서구의 선진 문화와 문물이 적극적으로 도입됐기 때문이다. 예를 들어, 1884년부터 1945년까지 한국에서 활동했던 외국인 선교사들의 숫자는 총 1,529명이었는데, 이 가운데 미국인이 1,059명이었다.[1] 무려 70%에 가까운 비중을 차지한 셈이다. 오늘날 한국 기독교의 주류 교단은 말할 필요도 없고, 해방 이후에 형성된 군소교단들마저 미국 기독교를 그대로 옮겨놓은 듯한 양상을 보이는 이유라 할 수 있다. 그야말로 한국 기독교는 미국인 선교사들이 심어놓은 모판에서 자라났다고 할 수 있다.

그 계기는 내한 선교사들의 내륙 진출이었다. 1890년대 초반이 되면서, 내한 선교사들은 여권과 호조(護照)라고 불리는 여행허가서를 지참한 채 전국을 유랑하며 선교활동을 펼쳐나가기 시작했다. 하지만 외국인이 개항장 밖에서 거주하고 부동산을 매입하는 일은 조약상 불법이었다. 선교사들은 아랑곳하지 않고 조선인을 내세워 부동산을 하나

---

[1] 김승태 · 박혜진 편, 《내한선교사총람》(한국기독교역사연구소, 1994), 4쪽.

둘 사들였다. 지방관의 입장에서 볼 때 선교사들은 골칫거리였다. 개항장이 아닌 곳에서 외국인들이 부동산을 매입하는데, 치외법권을 지닌 이들을 함부로 처벌할 수 없었기 때문이다. 충돌이 일어날 수밖에 없었다. 1894년 5월에 평안도 관찰사가 선교사들의 평양 정착을 도운 조선인들을 잡아들인 사건이 발생한 이유다. 이런 일이 생길 때마다 선교사들은 자국 공사관의 외교적 개입을 요청하여 사건을 무마했다.

거기다 선교사들 중에는 각종 이권에 연루된 이들이 있었다. 무역상인인 월터 타운센드는 미국인 선교사들이 중개상의 역할을 하자 자신의 어머니에게 더 이상 선교 사업에 기부하지 말라는 편지를 쓰기도 했다.[2] 또한, 그는 유진 벨(Eugene Bell) 선교사와 아처 헐버트(Archer B. Hulbert)가 난로 장사에 관심을 보이고 있다는 제보를 공개하기도 했다.[3] 아처 헐버트는 〈독립신문〉의 영문판 편집을 도와주고 있던 사람으로서 정식 선교사는 아니었다. 그러나 유진 벨의 경우 미국 남장로교 소속의 선교사였다. 호남 선교에서 그의 자취는 결코 작지 않다. 한국 기독교의 최고(最古) 출판사인 조선성교서회(대한기독교서회의 전신)는 1906년에 벽지 장사를 하려다 논란을 일으킨 적이 있었다. 실상은 조선성교서회의 관리인이었던 카드월라더 빈튼이 회장이던 벙커 선교사의 허락하에 추진한 사업이었다. 판매 수익의 5%를 서회에 지불한다는 조건으로 허락을 받은 것이다. 그 밖에도 광산회사에 취직한 선교사가 있었으며, 부동산 투기로 막대한 돈을 벌어들인 선교사도 있었다. 1903년에는 평양의 선교사들이 목재를 너무 많이 사들여서 문제가 된 적이 있었다.[4] 이는 미국 선교사들이 자본주의 정신과 가치관에 물든 사회

---

2 류대영, 《초기 미국 선교사 연구》(한국기독교역사연구소, 2001), 219쪽.
3 류대영, 위의 책, 224~225쪽.
4 류대영, 위의 책, 234~241쪽.

속에서 자라고 교육 받은 사람들임을 잘 보여주는 사례라고 할 수 있다.

이처럼 미국인 선교사들은 치외법권이라는 특권을 통해 지방관과의 충돌에서 이기기도 하며, 각종 이권에 개입했다. 물론 이들 중에는 자신들의 특권을 이용해 한국인 신자들을 보호하는 조치를 취하는 경우도 있었다. 중요한 점은 이러한 과정에서 한국인들이 기독교를 외부에서 온 새로운 종류의 힘으로 인식했다는 사실이다. 조선 정부 외에도 다른 힘이 존재한다는 걸 실감했다. 1899년 3월 1일자 〈대한크리스도인회보〉를 보면, 군수로 부임한 어느 양반이 예수교 있는 마을에 갈 수 없으니 다른 데로 옮겨달라는 요청을 했다고 한다. 이는 기독교인들이 관리들의 부정부패에 항거하고 있음을 의미하지만, 다른 한편으로 그들의 배후에 선교사가 있었기 때문에 가능한 일이지 않았을까 싶다. 〈대한크리스도인회보〉의 기사는 한국 기독교 역사의 대표적인 미담 중 하나로 회자되고 있지만, 치외법권적 존재인 선교사의 영향력을 암시한다고 볼 수 있다.

당시 선교사들은 양대인(洋大人)이라는 별칭을 갖고 있었다. 한국인들 가운데 양대인이라 불리는 서양 선교사들에게 의지하여 행패를 부리는 사람들이 하나둘 생기기 시작했다. 이러한 사고방식을 '양대인 의식'이라 하며, 이들의 행패를 '교폐(敎弊) 사건'이라고 한다. 종교가 민간인에게 폐해를 끼쳤다는 의미에서다. 예를 들어, 1897년에는 황해도 평산의 박영의와 최독수가 언더우드 선교사의 이름을 빙자해 지역 주민들의 재산을 강탈하는 일이 벌어졌다. 신화춘이라는 사람도 언더우드 선교사의 이름을 도용해 1백 냥을 강탈하다가 체포됐다. 이러한 사례들은 〈독립신문〉과 〈황성신문〉 등의 신문에서 찾을 수 있다.[5]

---

5 이만열, 《한국 기독교 수용사 연구》(두레시대, 1998), 184~192, 436~455쪽.

여우가 호랑이의 위세를 빌려 호기를 부린다는 옛말이 있다. 친미주의의 기원을 비유하는 데 아주 적당한 표현이다. 즉, 양대인 의식은 친미주의의 기원을 이룬다고 할 수 있다. 그러나 이때의 친미주의는 생존수단에 머문 수준이었다. 한국 기독교 역사에서 친미주의가 하나의 이데올로기로 작동한 건 한국전쟁 이후의 일이었다. 중요한 점은 그 전에 한국 기독교가 미국 기독교의 영향하에 미국 기독교의 특성을 수용하거나 모방해가는 과정을 거쳤다는 사실이다. 이를 한국 기독교의 미국화(Americanization)라고 한다. 한국 기독교의 미국화에는 다양한 측면이 있겠지만, 그중에 하나가 근본주의 신학의 도입이다.

근본주의의 수용

'근본주의'(Fundamentalism)는 미국 기독교의 산물이다. 근본주의는 1910년부터 1915년에 걸쳐서 출판된 《근본들》(*The Fundamentals*)이라는 소책자 시리즈에서 명칭이 유래됐다는 설명이 현재의 정설이다.[6] 근본주의는 '성경의 무오성'을 전투적으로 옹호하는 특징이 있다. 즉, 근본주의는 성경이 역사적 산물로서 시대적 한계를 내포한 텍스트라는 사실을 절대로 인정하지 않는다. 근본주의자들은 성경의 기록을 문자적으로 받아들이는 복음주의자들 가운데 세속화 현상을 전투적으로 반대하는 이들을 가리킨다고 할 수 있다. 그러다보니 성경을 신앙의 지침서일 뿐만 아니라 과학 교과서로 여기는 경향마저 생겨났다. 이는 창조과학이 등장할 수 있는 기반으로 작용했다.

한국 기독교의 미국화와 관련하여 많은 사람들은 근본주의를 꼽는

---

6 류대영, 《미국 종교사》(청년사, 2007), 424쪽.

다. 문제는 근본주의가 한국 기독교에 수용된 시점이다. 대다수는 19세기 후반에 한국에 온 내한 선교사들에 의해 근본주의가 도입됐다고 이야기한다. 한국 기독교의 형성에 미국이 미친 영향이 크다보니 초기 내한 선교사들의 특징을 규정하는 데 관심이 모아진 결과라 할 수 있다. 한국 기독교의 신학적 뿌리가 무엇인지를 밝힘으로써 오늘날 벌어지고 있는 한국 기독교의 위기를 설명하려는 동기에서 비롯된 일이다.

그런데 과연 초기 내한 선교사들을 근본주의자로 볼 수 있는지 의문이 든다. 현재 한국 기독교가 근본주의적 경향을 띠고 있다는 분석에 대해서는 별다른 이의가 없다. 이 근본주의 신학이 한국 기독교의 제반 문제들을 야기하고 있다는 설명에도 동의한다. 하지만 초기 내한 선교사들의 신학노선이 과연 근본주의였는지는 심사숙고할 필요가 있다. 가장 큰 이유는 미국의 근본주의 운동과 시기상 거리가 있기 때문이다. 미국에서 근본주의가 하나의 운동으로 형성된 시기는 1920년대였다. 조선 후기(1880~90년대)와 대한제국 시기(1900년대)에 활동한 초기 미국인 선교사들의 활동 시기와 일치하지 않는다. 오히려 초기 미국인 선교사들의 신학노선은 청교도주의로 요약할 수 있다. 한 예로, 한국 장로교회의 형성에 큰 영향을 미친 매코믹(McCormick) 신학교 출신의 선교사들은 경건주의, 부흥운동, 행동주의 유형의 복음주의를 뿌리내리는 데 기여했다.[7] 또한 초기 내한 선교사들 중에는 고등비평으로 성서를 번역하는 이도 있었다. 바로 존 로스(John Ross, 1842~1915) 선교사였다. 그가 1882년에 요한복음을 번역한 《예수셩교 요안ᄂᆡ복음젼셔》를 보면, 이른바 '간음한 여인 이야기'로 불리는 구절이 삭제되어 있다.[8] 바

---

[7] 이재근, 〈매코믹신학교 출신 선교사와 한국 복음주의 장로교회의 형성, 1888-1939〉, 《한국기독교와 역사》 제35호(2011), 5~46쪽.

[8] 박형신, 〈존 로스 번역본 《예수셩교 요안ᄂᆡ복음젼셔》 초판(1882)의 '간음한 여인 이야기'

로 7장 53절에서 8장 11절까지 이르는 부분이다. 초기 내한 선교사들을 근본주의라는 단일한 정체성으로 평가하기 곤란한 지점이다.

필자는 근본주의가 한국 기독교에 이식되기 시작한 시기는 1920년대 후반 내지 1930년대 초반부터라고 생각한다. 1920년대 후반에 프리스턴 신학교 출신들이 평양신학교를 주도하기 시작한 것은 근본주의 도입의 징후였다. 1925년에 프리스턴 출신인 라부열(Stacy L. Robert, 1881~1946) 선교사가 평양신학교의 제2대 교장으로 취임하면서, 평양 신학교가 전투적인 성격으로 변화됐기 때문이다.

더욱 직접적인 요인은 미국의 근본주의자들을 대표하는 메이첸(J. Gresham Machen, 1881~1937)의 영향을 받은 이들이 1930년대 초반에 이르러서 한국 기독교에 근본주의를 유입시킨 것이다. 메이첸파라고 불리는 이들은 1931~32년에 '조선 복음주의 동지회'라는 모임을 만들어 성경의 무오성을 증거하는 일에 매진했다.[9] 한 예로, 메이첸파의 일원인 함일돈(Floyd E. Hamilton) 선교사는 메이첸의 책을 1927년에 한국어로 번역했다. 무엇보다 이들은 한국 기독교의 보수신학을 상징하는 박형룡 목사를 통해 근본주의를 이식시켰다. 그 결과 1935년에 개최된 장로교회의 제24회 총회는 종교 재판의 성격을 띠게 되었다. 이러한 사례는 미국의 근본주의 신학이 1930년대에 본격적으로 수입되기 시작했음을 보여준다.

더불어 해방 후 내한한 메이첸파 선교사들의 동향도 주목할 필요가 있다. 1946년 9월 부산에서 고려신학교가 개설될 때, 소위 메이첸파 선교사들이 교수진을 이루었다. 이들은 바로 한부선(Bruce F. Hunt), 마두

(요 7:53-8:11) 삭제 문제〉,《한국교회사학회지》제43집(2016).

[9] 박용권,《국가주의에 굴복한 1930년대 조선예수교장로회의 역사》(그리심, 2008), 307쪽.

원(Dwight R. Malsbary), 함일돈(Floyd E. Hamilton), 최의손(William H. Chisholm)이었다. 이들이 해방 후 한국 기독교의 신학교육에 미친 영향은 막대했다. 또한 근본주의 신학을 배경으로 만들어진 국제기독교연합회(The International Council of Christian Churches, 약칭 ICCC)도 1950년대에 적지 않은 영향을 미쳤다. 이러한 점들을 볼 때, 근본주의 신학은 1930년대에 도입되기 시작해 1950년대에 본격적으로 내면화됐다고 할 수 있다.

중요한 점은 근본주의 담론이 한국 기독교 역사를 엄밀하게 살펴보는 데 큰 걸림돌로 작동하고 있다는 사실이다. 초기 내한 선교사들의 신학을 '근본주의'로 규정한 뒤 모든 문제를 근본주의 탓으로 돌리는 환원주의적 관점은 매우 관성적이고 원리적이다. 거칠게 말하자면 게으른 비판이라고 할 수 있다. 현재 진보 기독교를 중심으로 유행되고 있는 근본주의 담론은 역사적 정밀성을 떨어뜨리거나 아예 무관심하게 만드는 역설을 낳는다. 왜냐하면 모든 문제에 대한 설명은 근본주의로 아주 쉽게 끝나버리기 때문이다. 환원주의적 관점은 역사적 사실관계를 꼼꼼히 살펴보지 않게 만든다는 점에서 큰 문제라고 할 수 있다.

친미주의의 대중화

친미주의가 하나의 대중적 현상으로 확산된 계기는 한국전쟁이라고 할 수 있다. 미국화의 바람이 남한 사회 곳곳에 불어 닥친 결과였다. 이는 영어의 범람으로 표현할 수 있는 일상적 언어생활의 변화, 미제(美製)를 선호하는 풍조, 미국식 대중문화의 수입 등으로 나타났다. 이러한 사회현상은 친미주의가 대중에게로 광범위하게 확산되는 결과를 가져왔다. 한국전쟁 이후 다수의 친미주의 기념물이 조성된 것도 한몫을 했다. 미국인 장군을 모델로 한 동상이나 미군 전적지가 곳곳에 건립됐으니 말이다. 어쨌든 한국전쟁을 통해 친미주의의 두 가지 불완전성이 극복될 수 있었다. 즉, 친미주의의 대중화가 급진전되고, 반쪽 친미주의가 온전한 친미주의로 바뀐 것이다.[10]

이는 미군정 시기에 직접 체험하지 못했던 미국의 강력한 힘과 부를 전쟁을 통해 실감했기 때문이다.[11] 한국 기독교는 기독교세계봉사회(Church World Service, 약칭 CWS)를 중심으로 이루어진 예배당 건축, 교회 비품 기증, 고아 후원, 사회사업, 전도 등을 체험했다. 한국전쟁을 전후로 막대한 구호물자가 미국 기독교의 외원 단체를 통해 들어왔다. 한 원로목사의 회고에 따르면, 정부의 보세창고는 대부분 CWS 구호물자로 꽉 찰 정도였다고 한다.[12] 이러한 과정에서 미국인 선교사들은 막대한 구호물자와 선교자금의 관리 및 분배를 통해 자신들의 주도권을 확보해나갔다.[13] 예컨대 한국전쟁 이후 미국인 선교사들은 대한예수교장로회총회에서 요직을 차지하기 시작했다. 1954년에는 선교중앙협의회가 조직되어 대한예수교장로회총회에 직간접적으로 영향을 미쳤다.

1950년대 기독교 신문과 잡지는 미국 담론을 통해 '상상된 미국'을 만들어갔다. 이는 주로 미국에 대한 은인 의식으로 강하게 표출됐다. 1950년대에 형성된 미국에 대한 은인 의식은 크게 세 가지 지층으로 형성됐다.[14] 첫 번째는 한국에 기독교를 전해준 미국인 선교사들에 대한 감사였다. "한국을 위해 평생을 바친 선교사"라든가 "한국의 은인"이

---

10 강인철, 《경합하는 시민종교들》(성균관대출판부, 2019), 66쪽.

11 강인철, 위의 책, 264쪽.

12 김광우, 《나의 목회 반세기》(바울서신사, 1984), 173쪽.

13 윤정란, 《한국전쟁과 기독교》(한울, 2015), 92쪽.

14 김세령, 〈1950년대 기독교 신문·잡지의 미국 담론 연구〉, 《상허학보》 18(2006), 42~47쪽.

라는 식으로 미국인 선교사들의 활동을 높이 평가했다. 문제는 미국인 선교사들을 맹목적으로 추종하는 경향이 짙어지기 시작했다는 점이다. 두 번째는 공산주의에 대항함으로써 자유민주주의를 수호하는 미국에 대한 고마움이었다. 한 예로, 〈기독공보〉는 미국을 한국전쟁에서 대한민국을 공산주의의 침략으로부터 구출해주었을 뿐만 아니라 한국 재건에 큰 도움을 주는 존재로 인식하는 가운데 미 국무장관 덜레스 등을 부각시키는 기사를 게재하기도 했다.[15]

세 번째는 전후 복구를 위한 미국의 지원에 대한 관심이었다. 그 결과 미국 기독교에 대한 은인 의식은 점차 강화됐다. 문제는 미국의 인종 차별에 대한 무감각이었다. 가령, 영락교회의 김응조 장로는 미국 인디언들이 백인이 싫어서 피해 사는 것이며, 그럼에도 너그러운 미국인들이 적극적으로 지원을 하고 있다고 보았다.[16] 아니면 흑인 문제를 민주주의 사회에서 공통으로 발견되는 인간 차별의 문제로 서술했다.[17] 인종 차별 문제는 미국만의 병리적 현상이 아니라는 설명이다. 미국의 긍정적인 면을 극대화하고 부정적인 면을 무화하는 방식으로 미국 중심주의를 받아들인 결과였다.

공포정치의 내면화

한국전쟁으로 분단체제가 고착화되면서 남한 사회는 전쟁 트라우마를 겪었다. 이는 남한 사회의 심성구조에 막대한 영향을 미치기 시작했

---

15 "미국무장관 덜레스 장로 내한 환영", 〈기독공보〉(1956년 3월 19일).

16 김응조, 〈미국 순회기 四〉,《활천》, 307쪽; 김세령, 위의 논문, 47쪽 재인용.

17 이효재, 〈미국에 있어서의 인종 차별 문제〉,《기독교교육연구》(1958. 2.); 김세령, 위의 논문, 47쪽 재인용.

다. 바로 북한의 재침에 대한 불안과 공포였다. 독재권력은 대중의 불안과 공포를 지배수단으로 활용했다. 전략적으로 위기 담론을 펼치며 체제를 견고화하는 방식으로 말이다. 이때 독재정권은 희생양으로 수많은 조작 간첩 사건을 만들어냈다. 공포는 인지된 위협에 대한 공통의 반응을 유발함으로써 단합을 이루는 측면이 있기 때문이다. 독재정권은 '공포'를 정치적 자원으로 삼아 사회를 통제한 셈이다. 이를 통해 남한 사회는 독재정권의 공포정치를 내면화했다. 북한에 대한 불안과 공포는 남한 사회의 상상력을 지배하는 하나의 강력한 힘이 되어버렸다.

독재정권의 공포정치는 한국 기독교의 친미주의를 강화하는 결정적인 요인으로 작용했다. 한마디로 한국 기독교의 친미주의에는 '공포정치'라는 심성구조가 자리 잡게 되었다. 이를 위해 한국 기독교는 파편화되어 있고 불완전한 개인의 기억들을 '순교'라는 서사로 통합시켰다. 순교 담론을 창출하여 끊임없이 박해의 기억을 재생산했다. 한국 기독교는 전쟁의 기억을 아주 강렬하게 공유하는 집단 중 하나가 되었다.

중요한 점은 공포의 심성이 냉전의 논리와 결합하면서 하나의 이데올로기로 작동하기 시작했다는 사실이다. 전쟁 이후 한국 기독교의 친미주의가 반공주의를 촉진하거나 보강하는 역할을 주로 수행했던 이유이기도 하다. 즉, 한국 기독교는 순교 담론을 통해 북한과 공산주의라는 적을 환기시켰고, 미국 담론을 통해 친미주의를 재생산했다. 이 두 가지는 반공주의를 강화했다. 사실상 순교-반공-미국 담론은 유기적으로 이루어진 이데올로기라고 할 수 있다.

한국 기독교의 집단기억에서 미국은 구원자였다. 북한과 공산주의라는 절대적인 악으로부터 말이다. 한국 기독교에게 한미동맹은 미국의 구원을 보장해주는 면죄부였고, 주한미군은 성령의 역사였다. 한국 기독교의 친미주의를 사대주의로 비판할 수는 있지만, 그선에 친미주의 안에 자리 잡은 심성구조에 대한 이해와 접근이 선행돼야 하는 까닭이다. 2015년 3월 5일에 주한 미국대사 피습 사건이 일어난 이후 한국 기독교의 반응이 어땠는지 기억해보자. 마크 리퍼트 주한 미국대사의 쾌유를 기원하며 부채춤 등을 춘 기독교인들이 있었다. 알려지기로는 대한예수교장로회 합동한성총회가 주최한 쾌유 기원 예배였다. 평소에 보수적인 행보를 보인 기독교 단체들마저 표현이 지나치다며 거리를 둘 정도였다. 이들의 부채춤은 하나의 병리적인 현상일 수 있지만, 분단 체제가 주는 불안과 공포가 아주 적나라하게 드러난 사건이기도 하다.

누군가 말했다. 역사는 반복된다고. 한 번은 비극으로, 그 다음은 희극으로 말이다. 이 표현은 칼 마르크스(1818~1883)가 프랑스 제2공화정의 몰락 과정을 지켜보면서 쓴 《루이 보나파르트의 브뤼메르 18일》이라는 책을 통해 알려졌다. 마르크스는 루이 보나파르트가 삼촌인 나폴레옹을 따라 쿠데타로 황제가 된 걸 하나의 코미디에 비유했다. 이 이야기를 하는 이유는 간단하다. 주한 미국대사의 쾌유를 빌며 부채춤을 춘 기독교인들의 모습이 해괴하지만 결코 낯설지 않기 때문이다. 그 야말로 역사가 희극으로 반복된 순간의 모습이었다.

그렇다면 역사의 비극은 무엇인가. 바로 1976년 8·18판문점 사건이다(일각에서는 판문점 도끼 만행 사건이라 부른다). 명칭에서 알 수 있듯이 1976년 8월 18일 판문점에서 아서 조지 보니파스(Arthur George Bonifas) 대위와 마크 토머스 배럿(Mark Thomas Barrett) 중위가 북한군의 도끼로 살해당하는 일이 벌어졌다. 이 사건은 엄청난 파문을 일으켰다. 군사적 긴장관계가 전쟁 발발 직전의 상태로 돌입했을 정도였다. 이에 한국 기독교는 북한을 규탄하는 성명을 발표했다. 대한기독교연합회나 한국기독교반공연합회와 같은 기독교 반공단체들이 "공산주의자들과 싸워 이길 신앙적인 무장을 공고히 하자"고 다짐하며 북한의 만행을 비판했다.

　사건이 발생한 지 4일이 지나자 재향군목회는 북한군에게 숨진 두 명의 미군을 추모하는 예배를 열었다.[18] 통일원 장관인 유상근, 국회의원인 윤인식, 교통부 장관인 최경록, 영락교회의 한경직 목사 등이 참여한 자리였다. 국가기록원에는 이때의 추모예배를 찍은 사진 총 8점이 소장되어 있다. 이 사진들을 보노라면 미군 추모예배의 분위기가 어땠을지 대략 짐작이 간다. 역사가 정말 비극과 희극으로 반복된다는 걸 실감할 수 있다. 1976년 8월에 일어난 미군 추모예배가 2015년 3월 부채춤으로 반복되었기 때문이다. 물론 8·18판문점 사건은 사람이 두 명이나 죽었고, 국가 간 군사 충돌을 야기했다는 점에서 주한 미국대사 피습 사건과 동일하다고 볼 수 없다. 하지만 한국 기독교의 친미주의가 공포정치의 내면화를 통해 작동한다는 사실을 상기하기에는 충분하다.

　이러한 광경은 한국 기독교 역사에서 낯설지 않다. 한국 현대사에서 주한미군 철수에 대한 이야기가 나올 때마다 한국 기독교가 아주 강렬하게 반대의 입장을 내비쳤음을 떠올리자. 1949년에는 한국기독교연합회가 미군 철수 반대를 위한 반공기독교총궐기대회를 열었으며,[19] 1970년에는 한국기독교교회협의회가 주한미군 감축을 절대 반대한다는 입장을 밝혔다.[20] 이때 야당 정치인이자 기독교인이었던 정일형은 주한미군을 "그리스도의 사도"라고 불렀으며, 주한미군의 철수를 "그리스도 정신에 대한 정면도전"이라고 비판했다.[21] 주한미군 철수를 신앙 언어로써 반대한 것이다. 1977년 5월 25일에도 미군 철수를 반대하

---

18 "추모예배 드려", 〈크리스챤신문〉(1976년 8월 28일).
19 유호준, 《에큐메니칼: 한국기독교연합운동》(한국기독교연합회, 1958), 14~15쪽.
20 "주한미군감축 반대키로", 〈크리스챤신문〉(1970년 7월 18일).
21 "국제적 신의를 파괴하는 일", 〈크리스챤신문〉(1970년 7월 18일).

재향군목회 주최로 열린 미군 추모예배. 1976년 8월 22일 해방교회에서 거행됐다. 공포정치를 내면화한 한국 기독교의 친미주의를 잘 보여준다. (출처: 국가기록원)

는 기도회가 열렸는데, 새문안교회의 강신명 목사는 "6·25동란 때 우리를 적극 도와준 미국은 지금 우리의 현실을 이해하고 미군 철수를 재고하라"고 요구했다.

주한미군 철수 논의는 1970년대 한미관계의 중요한 화두 중 하나였다. 특히 미국의 제39대 대통령인 지미 카터가 재임했던 시기(1977~81)에는 주한미군 철수가 아주 뜨거운 감자로 부각됐다. 인권외교를 표방한 지미 카터 행정부가 유신정권과 갈등을 빚자 주한미군 철수를 추진했기 때문이다. 자국 이익을 최우선시하는 냉혹한 국제정치의 현실 속에서 취해진 조치였다. 이는 친미주의가 한국전쟁을 거치면서 대중에게 널리 확산됐지만, 단 한 번도 직접적으로 드러나지 않은 이유라 할 수 있다. 국제정세의 변동에 따라 친미주의는 민족주의와 충돌하기도 했기 때문이다. 북한의 반미주의가 민족주의와 쉽게 결합한 것과 다른 양상이라 할 수 있다.

사실 한국 기독교는 지미 카터가 대통령으로 취임할 때만 해도 그에게 거는 기대가 상당했다. 예를 들어 기독교한국침례회는 1977년 1월

20일에 지미 카터의 취임 축하예배를 거행했다. 다른 나라의 대통령이 선출된 일을 가지고 취임 축하예배를 벌인다는 게 이해가 되지 않는다. 이를 이해하려면, 지미 카터가 미국 최초의 공인된 '거듭난 기독교인' 대통령이었음을 알아둘 필요가 있다.[22] 한국 기독교가 '기독교 국가로서의 미국'을 상상하는 데 아주 적절한 상황이었다. 게다가 지미 카터는 미국 남침례교회 소속 교회의 집사였다.[23] 기독교한국침례회가 지미 카터의 취임을 가장 반긴 이유라 할 수 있다. 1960~80년대 신문을 보면, 한국 기독교는 미국 대통령의 '신앙'에 대해 상당한 관심을 가졌다는 것을 알 수 있다. 예를 들어 1968년 12월 14일자 〈기독신보〉는 리처드 닉슨 대통령의 신앙이 매우 독실했다는 것을 알리는 데 지면을 할애했다.[24] 아니면 미국 조찬기도회에 다녀온 이들의 후기를 통해 미국을 기독교 국가로 상상했다.

한국 기독교는 지미 카터가 공약 중 하나로 주한미군의 철수를 언급한 사실을 의식하긴 했지만, 설마 진짜로 그렇게 하겠냐는 낙관적인 전망을 가졌다.[25] 곧 한국 기독교의 기대는 실망과 분노로 바뀌었다. 미국이 주한미군 철수를 본격적으로 거론하자 한국 기독교는 대대적으로 반대 목소리를 높였다. 1977년 5월 16일 대한예수교장로회 통합 교단은 미군 철수가 한국의 안보에 중대한 영향을 미치는 문제이기 때문에 교단 차원에서 강력하게 의사표현을 하기로 결정했다.[26] 이에 5월 25일 영락교회에서 수요예배 형태로 미군 철수 반대집회를 거행했다.

---

22 배덕만, 《미국 기독교 우파의 정치 운동》(넷북스, 2007), 14쪽.
23 "美 카터 대통령 취임축하예배", 〈기독신보〉(1977년 1월 22일).
24 "백악관의 신앙도", 〈기독신보〉(1968년 12월 14일).
25 "미국 카터 대통령 취임과 새로운 세계의 질서", 〈한국기독공보〉(1977년 1월 29일).
26 "미지상군 철수 반대", 〈한국기독공보〉(1977년 5월 21일).

1977년 1월 20일 서울시민
회관 별관에서 열린 지미 카
터 미국 대통령 취임 축하예
배. 행사 현수막에 지미 카터
'집사'라는 표현이 눈길을 끈
다. (출처: 국가기록원)

　당시 인권운동에 앞장섰던 한국기독교교회협의회도 미군 철수를 맹
렬하게 반대했다. 1977년 5월 22일 새문안교회에서 미군 철수 반대기
도회를 개최한 것이다.[27] 소위 진보와 보수를 가릴 필요 없이 주한미군
의 철수는 공포 자체였다. 하긴 2년 전에는 인도차이나 반도가 공산화
됐으니 쓸데없는 기우라고만 할 순 없다. 이에 통합 교단은 김만제 목사
를 단장으로 하는 철군반대교섭단을 미국으로 파견했다. 6월 중에 열리
는 미국연합장로교회와 남장로교회의 총회를 겨냥하고 교섭단을 구성
한 것이다.[28] 철군반대교섭단은 미국의 교계, 정계, 언론계 인사들을 만
나 로비 활동을 벌였다.
　지미 카터에 대한 실망은 로널드 레이건(Ronald Wilson Reagan, 1911
~2004)에 대한 지지로 대체됐다. 한국 기독교는 수만 명의 미국 기독
교인이 로널드 레이건을 대통령에 당선시키는 데 큰 영향을 미친 사실

---

27 "기독교 교회협 22일 새문안교회서", 〈한국기독공보〉(1977년 5월 21일).
28 "철군반대사절 도미", 〈한국기독공보〉(1977년 6월 18일).

을 주시했다. 당시 한국 기독교 신문은 지미 카터의 종교 담당 보좌관이 "나는 중생한 그리스도임을 자처하는 지미 카터보다는 로널드 레이건을 지지하기로 했다"는 입장을 밝혔다고 보도했다. 또한 로널드 레이건의 신앙에 대해서도 큰 관심을 보였다.[29]

흥미로운 점은 이 시기에 미국 기독교 우파를 상징하는 제리 폴웰(Jerry Falwell, 1933~2007) 목사가 한국을 방문했다는 사실이다. 그는 1970년대 초반까지 목회 활동에 집중하다가 낙태 반대와 성소수자 혐오를 외치며 '도덕적 다수'(Moral Majority)를 조직한 인물이었다. 로널드 레이건의 대통령 당선에 제리 폴웰 목사가 이끄는 '도덕적 다수'가 결정적인 역할을 했다는 것은 잘 알려진 사실이다. 제리 폴웰 목사는 한미수교 100주년 기념행사의 일환으로 열리는 전도대회에 주강사로 참여했다.[30] 1982년 5월 잠실종합체육관에서 열린 행사였다. 한국 기독교는 제리 폴웰이 '도덕적 다수'라는 조직을 만들어 미국 정치계에 영향을 미친 사실을 분명히 인지했다.[31] 좀 더 세밀한 연구가 진행돼야 하겠지만, 한국 기독교는 1980년대 초반부터 미국 기독교 우파의 영향을 받은 듯하다. 그렇게 본다면, 2000년대 초반에 등장한 한국 기독교의 극우정치는 갑작스럽게 등장한 건 아니다.

29 조동진, "미대통령선거와 종교인의 정치활동", 〈한국기독공보〉(1981년 2월 21일).
30 "포웰 목사 전도대회", 〈교회연합신보〉(1982년 5월 16일).
31 "미국의 정신적인 지도자: 제리 포웰 목사", 〈교회연합신보〉(1982년 6월 6일).

교회의 권력세습과 후발대형교회

신귀족주의적 권력의 종교적 장치에 관하여

김진호*

*작가, 제3시대그리스도교연구소 연구기획위원장

들어가며

2017년 11월 중순경 JTBC 뉴스룸의 '인터뷰' 코너에서는 이틀 연속 명성교회 세습 문제를 다뤘다. 게다가 '앵커브리핑'에서도 이 교회의 세습사건을 주제로 올렸다. 언론 신뢰도 1위, 뉴스 시청률 1위인 방송에서, 그것도 사장이자 앵커인 이가 직접 진행하는 코너에서 세 번이나이 문제를 다뤘다는 것은 이례적인 일이었다. 그 덕에 이 문제는 전 국민의 관심거리가 되었고, 이후 대한예수교장로회 통합 교단총회에서이뤄진 이 교회의 세습사건에 대한 논의와 결정 과정 등이 여러 매스미디어를 통해 지속적으로 다뤄졌다.

이 교회의 세습 문제가 그만큼 중요한 사회적 의제였는지 그리고 비중 있게 다루었음에도 센세이셔널한 측면이 지나치게 부각된 것이 아닌지 등, 방송에 대해서는 아쉬움이 남는다. 하지만 요즘 가장 뜬다는교회의 부조리함을 전 사회적 어젠더로 부각시켰다는 점에서는 적잖은의의가 있었다. 실제로 이 문제를 다뤄온 단체들과 활동가들은 큰 힘을 얻었고, 그 사정을 알기는 했어도 방관했던 많은 이가 좀 더 적극적으로 참여하는 계기가 되었다. 또 여러 곳에서 연구자들이 이 문제를 논할 기회의 마당이 생겼다. 고맙게도 나도 그런 기회를 얻은 사람의 하나였다.

내가 생각하기에 이 주제에 관해서 연구자들이 다루어야 할 중요한 논점들은 이렇다. 교회의 혈통적 세습이 작동하는 내적 동인을 묻는 일, 그것을 포함한 교회의 권력 메커니즘을 좀 더 포괄적 차원에서 분석하는 일 그리고 그러한 권력의 장치가 한국 사회와 연관성은 없는지를 읽어내는 일 등이다. 물론 내가 미처 생각하지 못한 다른 논점들도 많을 것이다. 그것들은 다른 연구자들에게 배워야 할 것들이겠다. 이 글은 내가 생각하는 논점들에 대한 간략한 연구 스케치쯤 된다. 글 하나에 그것들을 충실히 논하는 것은 내 능력을 넘어서는 것이기에, 시론적인 토론 자료 하나를 제시하는 것이 이 글의 목표다.

현황

최근 세간을 떠들썩하게 한 명성교회 세습은 교회세습 사건의 유일한 것도, 특별한 것도 아니다. 이미 무수히 많은 교회들, 특히 대형교회들이 수십 년 전부터 그렇게 해왔다. 그런 교회세습의 문제적 전형을 보여준 원형적 사례로는 충현교회의 담임목사 세습이 꼽힌다.[1] 세습이 단행되던 1997년 김창인은 은퇴한 원로목사임에도 전권을 휘둘러 교인총회인 공동의회를 주도하여, 담임목사 선출 방식을 일반적 관행이던 무기명 투표로 하지 않고 찬반기립의 방식으로 진행함으로써 아들

---

[1] 배덕만, 〈교회세습에 대한 역사신학적 고찰〉(심포지엄 '교회세습, 신학으로 조명하다', 2013)(교회세습반대운동연대 문서자료실, http://www.seban.kr/home/index.php?mid=sb_library_document&document_srl=4336&listStyle=viewer&page=2).

의 담임목사 청빙을 단행했다. 김영삼 전 대통령을 비롯해서 막강한 파워엘리트들이 즐비했고 세습 당시 재적 신도수가 3만 5천 명이 넘었으며, 2012년 현재 총자산이 2조 원 정도나 될 것으로 추정되는 초대형교회에서 그 모든 것을 법적으로 총괄하는 담임목사가 된다는 것은 거대한 종교권력의 중심이 된다는 것을 뜻한다.

이후 이 교회에서 벌어진 사태들은 목사의 혈통적 교회세습의 부정적 양상을 보여준다. 무엇보다도 편법 선거로 담임목사가 된 아들과 원로목사임에도 교회 운영에서 손을 떼지 못하는 아버지 간의 반목이 적지 않았던 것으로 보이는 사태들이 잇따랐다. 취임한 지 3년도 되지 않은 2000년 1월에 담임목사에 대한 테러사건이 발발했고, 그 혐의로 장로 9명이 불구속 입건되어 경찰의 수사를 받았다. 아들목사는 아버지와 그를 따르던 장로들이 이 사건에 관련됐다고 단정하면서 원로목사에 대한 교회의 지원을 끊었고 장로 8명과 안수집사 5명을 출교시켰다. 그러나 그것으로 갈등은 봉합되지 않았다. 아들목사는 내부고발자 없이는 좀처럼 드러날 수 없는 교회재정의 횡령, 유용 사건들이 폭로되어 벌금형을 선고받았고, 교회는 정상적으로 운영되지 못했다. 그 결과 교인은 1/3로 줄었다.

물론 목사의 혈통적 세습을 단행한 것에 대하여 그 교회의 교인들이나 외부로부터 긍정적 평가가 더 많은 경우도 없지 않다. 또 정상적 권력 교체가 이루어진 경우라고 해서 교회가 잘 운영되리라는 보장도 없다. 하지만 설사 그렇다고 해도 혈통적 세습은 교회 안팎으로부터 정당성에 대한 부정적 평가를 감수하지 않을 수 없게 한다. 그런데 충현교회가 혈통적 교회세습의 문제점을 선행적으로 보여준 이후에, 마치 기다렸다는 듯 많은 교회에서 혈통적 교회세습이 잇따랐다. 특히 주목할 것은 2000년대부터 많은 중·대형교회[2]에서 혈통적 목사세습이 연이어

단행됐다는 점이다.[3] 물론 혈통적 목사세습은 중·대형교회나 초대형교회[4] 현상만은 아니다. 많은 중·소형교회에서도 특히 2000년대 이후 교회세습이 속출했다.

교회세습반대운동연대(이하 '세반연')에 따르면 2017년 11월 10일 현재 143개 교회가 혈통적 세습을 단행했다.[5] 이는 제보 받은 것을 조사하여 확인한 것에 한정한 숫자인데, 계속 신고를 받고 있어 그 수가 늘어날 가능성이 있다. 실제로 감리교세습반대운동연대(이하 '감세반연') 가 2017년 10월 22일에 발표한 보고서[6]에 따르면 감리교회에서만 세습을 실행에 옮긴 교회가 무려 194개나 된다. 또 이 두 단체의 자료에다

---

[2] '대형교회'로 번역된 메가처치(mega-church)는 통상 일요일 대예배에 참석한 성인 교인수가 2,000명 이상의 교회를 지칭한다. 한데 이 글에서 대형교회라고 하지 않고 중·대형교회라고 표기한 것은 조사기관들의 세습교회 규모에 따른 분류항목에 '1,000~5,000명', '5,000~10,000명', 10,000명 이상' 등으로 된 탓에 딱히 대형교회라고 단정할 수 없는 교회들이 있다는 점을 감안한 것이다.

[3] 2001년 감리교단의 초대형교회인 광림교회가 아들에게 담임목사직을 세습했고, 2008년에는 광림교회 김선도의 동생인 김홍도가 담임하는, 세계 최대 규모의 금란교회가 아들에게 세습했다. 또 그들의 동생인 김국도가 담임하는 임마누엘교회도 2013년에 아들에게 목사직을 세습했다. 그 밖에 강남제일교회(기침·2003), 경향교회(예장고려·2004), 원천교회(예장대신·2004), 분당만나교회(감리교·2004), 경신교회(감리교·2005), 대성교회(예장합동·2006), 동현교회(예장합동·2006),〈국민일보〉(기하성·2006), 종암중앙교회(예장개혁·2007), 인천숭의교회(감리교·2008), 계산중앙교회(감리교·2008), 경서교회(예장합동·2010), 대한교회(예장합동·2011), 부천혜린교회(예장합동·2011), 제일성도교회(예장합동·2012), 광명동산교회(예장합동·2012), 왕성교회(예장합동·2012), 성남성결교회(기성·2012), 시은소교회(예장합동·2014), 인천순복음교회(기하성·2015), 안양새중앙교회(예장대신·2017), 명성교회(예장통합·2017) 등등, 수많은 중·대형교회와 초대형교회들에서 혈통적 목사세습이 일어나고 있다.

[4] '초대형교회'로 번역된 기가처치(giga-church)는 통상 일요일 대예배에 참석한 성인 교인수가 1만 명 이상의 교회를 지칭한다. 하지만 이하에서는 인용 부분을 제외하고는 초대형교회를 따로 분류하지 않고 '대형교회'에 포함해서 언급하겠다.

[5] http://www.seban.kr/home/sb_what_map.

[6] https://newkmc.modoo.at/?link=3tmk3lo8.

독자적으로 신고를 받아 만든 〈뉴스앤조이〉의 세습 지도에는 2018년 1월 3일 현재 350개가 포함되었다.[7]

이렇게 세 기관의 리스트에 차이가 많이 나는 것은 기본적으로 신고를 받아 접수한 것에 의존했기 때문이다. 단, 감리교 단체인 '감세반연'의 경우 '세반연'보다 세습 기준을 좀 더 폭넓게 적용한 것도 오차를 설명하는 데 참조할 만한 이유가 될 수 있다. '세반연'은 "'교회세습'이란 지역교회와 교회 유관기관에서 혈연에 의해 발생하는 대물림을 지칭"한다고 규정하면서, 부자세습과 사위세습 그리고 변칙세습 양태인 교차세습,[8] 지교회세습,[9] 징검다리세습[10] 등을 다루고 있다.[11] 그런데 '감세반연'은 "한 교역자가 담임자의 영향력을 행사하여 혈연 및 이해관계에 있는 또 다른 교역자를 담임자로 세우는 행위"라고 규정하면서, 동서에게, 조카에게, 형제간에 그리고 변칙세습으로 사위 교차세습 형태까지 다루고 있다는 점에서,[12] '세반연' 조사에서 누락된 경우들이 포함되었을 가능성도 있다. 아무튼 그런 교회들은 아직 업데이트되는 중이어서 교회세습 사례는 좀 더 많이 포착될 것이 분명하다.

숫자 통계가 아직 완성도가 낮은 탓에 엄밀한 추정은 불가능하지만, 교단별로는 감리교단 소속교회가 가장 많다는 점은 개연성이 높다. '세

---

7 "'세습 지도' 성복교회·부천성문교회 등 28개 추가", 〈뉴스앤조이〉(2018년 1월 3일) [http://www.newsnjoy.or.kr/news/articleView.html?idxno=214202].

8 2~3명의 목사가 서로서로 교차하여 아들을 담임목사로 청빙하는 것을 말한다. 해서 쌍방 교차세습, 삼각교차세습 등으로 세분되기도 한다.

9 본 교회가 지교회로 세운 교회로 혈통적 세습을 단행하는 것을 말한다.

10 아버지에서 아들을 건너뛰어 손자에게로 가는 세습을 말하거나, 혹은 중간에 명목만 있는 목사를 하나 끼워 넣어 물려주는 것을 말하기도 한다. 혹은 후자를 '쿠션세습'이라고 부르기도 한다.

11 http://www.seban.kr/home/sb_what_sesub.

12 주3)의 자료 참조.

반연'과 '감세반연'의 자료에다 독자적인 정보를 취합한 〈뉴스앤조이〉의 결과에 따르면 전체의 50% 이상이 감리교단에 속한다.[13] 지역별로는 거의 70%에 육박하는 세습교회들이 서울·인천·경기도 등 수도권에 집중되어 있다.[14] 규모별 추정은 좀 더 어렵지만 교인수 100~500명 사이가 43%, 500~1,000명이 26.1%로 제일 많은 것으로 추산되었다.[15] 그러나 이 추정치만으로 100~500명 규모의 교회가 세습을 가장 많이 하고 있다고 단순히 가정하는 것은 문제가 있다. 이 자료가 유의미하려면 무엇보다도 전체 교회 가운데 이 규모의 교회들의 비중이 어느 정도인지를 비교해서 살펴야 한다.

〈뉴스앤조이〉의 조사결과로만 추정해보면 혈통적 세습이 가장 심각한 곳은, 100~500명 규모의 교회가 아니라 대형교회로 보인다. 이 조사에서는 재적인원의 범주를 6개로 나누었는데(① 100명 미만 / ② 100~500명 / ③ 500~1,000명 / ④ 1,000~5,000명 / ⑤ 5,000~10,000명 / ⑥ 10,000명 이상), 이 중 ⑤와 ⑥이 '대형교회'들인 것은 의문의 여지가 없어 보인다. 또 ④에 속하는 교회들 중에도 대형교회들이 일부 포함되었을 것이다.[16] 해서 대형교회 중 혈통적 세습 교회 숫자 추정치를 [⑤+⑥]+[④

---

[13] 주6) 참조. 그러나 두 기관이 엄밀하게 기준에 맞게 통계 낸 것이 아닌데다, 그것을 취합한 〈뉴스앤조이〉의 결과도, 두 기관의 것을 기준상의 차이를 고려하지 않은 채 기계적으로 취합한 것이라는 점에서 한계를 지닌다.

[14] 같은 자료 참조.

[15] 같은 자료 참조.

[16] 한국갤럽이 한국인의 종교 실태에 대한 5차에 걸린 조사결과 보고서인 〈한국인의 종교 1984~2014〉에 따르면 주 1회 이상 일요일 예배 참석률은 2014년의 경우 80%다. 한국기독교목회자협의회의 '한국인 종교·신앙의식 조사'에서는 2017년 일요일 대예배 출석률을 76.7%로 집계했다. 이 조사대로라면 5천 명이 재적인 교회는 대략 3,800~4,000명이 주일 예배에 참석한다. 또 1천 명이 재적인 교회는 대략 770~800명이 주일 예배에 참석한다.

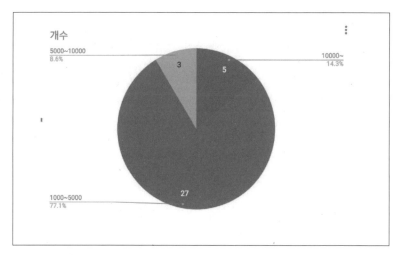

〔표 1〕〈뉴스엔조이〉 분석자료

×1/2]로 계산하면 21곳 혹은 22곳이라고 할 수 있다. 이를 세습교회 전체 숫자인 350으로 나누면, 세습교회 중 6% 정도가 대형교회인 셈이다. 2004년에 추산한 전체 교회 중 대형교회의 비율은 1.7%, 약 880개 정도다.[17] 한데 2004년 전체 교회수는 51,775개소인데, 2011년에는 무려 77,966개소다. 2005년과 2015년 인구주택총조사의 개신교 신자 수가 약 15% 증가한 반면 문화체육관광부의 2004년과 2011년 조사의 개신교 교회수가 무려 50% 이상 증가했다는 것은 전체 교회 대비 대형교회의 비율이 1.7%보다 훨씬 낮아졌다는 것을 뜻한다. 요컨대 혈통적 세습 현상이 대형교회에서 압도적으로 많다고 가정할 수 있다.

이상을 요약하면 다음과 같다. (1) 2000년대 이후 혈통적 교회세습 현상이 만연하기 시작했다. (2) 교회세습이 가장 극심한 곳은 수도권이

---

[17] 김진호, 〈'웰빙 우파'와 대형교회 – 문화적 선진화 현상으로서의 후발대형교회 읽기(소망 교회, 온누리교회, 사랑의교회를 중심으로)〉, 제3시대그리스도교 엮음, 《당신들의 신 국》(돌베개, 2017), 각주2).

다. (3) 대형교회가 중·소형교회보다 세습 현상이 더 심각하다. (4) 교파별로는 감리교단에서 혈통세습 문제가 더 심각하다.

해석

앞서 말했듯이 2000년 어간 이전까지 교회세습은 별로 주목거리가 아니었다. 그런데 1997년 충현교회를 시발점으로 하여 2000년대 이후 특히 여러 대형교회에서 세습이 단행되자 개신교계 안팎에서 이 문제는 핫한 이슈가 되었다. 그런데 왜 2000년대인가? 이것이 첫 번째 논점이다.

우선 혈통적 교회세습을 단행한 교회는 전체 교회 중 0.5% 이하로 추산된다. 문화체육관광부가 밝힌 개신교 교회는 2011년에 77,966개소다. 여기에는 군소교단들을 제외한 118개 교단의 교회만 포함된다. 그러니 실제 교회수는 좀 더 많을 것이다. 또 최근 개신교 교인수는 증감을 반복하고 있지만, 교회수는 모든 통계에서 거의 예외 없이 증가 추세에 있다. 그러므로 2018년 1월 현재 교회수는 2011년 문광부 집계보다 훨씬 클 것이 분명하다. 한편 혈통적 교회세습을 단행한 교회는 현재까지 최대 350개소다. 교회세습을 다루는 세 기관이 계속 신고를 받고 있으니 이 수는 더 늘어날 것으로 보인다. 그러나 명성교회 세습사태 직후 신고 건수가 갑자기 크게 늘은 것[18]을 감안하면 이후에는 증가

---

[18] 명성교회가 2017년 11월 12일 담임목사의 부자세습을 강행하자 JTBC는 11월 14일, 27일, 12월 7일 세 차례에 걸쳐 비판적 보도를 하고 무수한 온·오프라인 언론들이 앞다투어 집중보도한다. 이후 이 문제는 사회적으로 커다란 반향을 불러일으키며 교회세습에 대한 비판적 담론 프레임이 조성됐다. 이에 〈뉴스앤조이〉는 12월 말에 교회세습 제보를 받기 시작했고, 1주일 만에 70여 건의 제보가 들어왔다고 한다. 최승현, "'세습지도' 성복교회·부천성문교회 등 28개 추가", 〈뉴스앤조이〉(2018년 1월 3일) 참조.

폭이 줄어들 것이 예측된다. 그런 점에서 350을 77,966으로 나누어 계산한 0.45% 어간에서 큰 차이는 없을 것 같고, 그것보다 훨씬 높게 잡은 가정치인 0.5%는 아마도 거의 최고 추정치라고 할 수 있을 듯하다.

이것은 교회세습이 결코 개신교에서 일반적 현상이 아님을 뜻한다. 그럼에도 세습을 한 교회들이 존재한다. 도대체 어떤 교회들이 세습을 하는가? 김동호 목사는 "목사가 힘이 센 교회는 목사가 절대군주처럼 교회에 군림하고 하나님을 빙자하여 제 마음대로 교회를 주무르고 있다. 심지어는 그것을 자식에게 세습까지 하고 있다"라고 말했다.[19] 즉 목사가 교회정치의 주도권을 장악한 경우 그가 의도하면 혈통적 세습이 가능하다는 것이다. 그런데 그 비율은 0.5%, 200명 중 1명꼴이 못 된다. 이는 거꾸로 말하면 목사가 교회정치의 헤게모니를 장악하지 못한 경우도 있으며, 세습을 하지 않은 99.5% 이상의 교회 가운데는 세습을 할 수 있을 만큼의 권력을 장악하지 못한 경우가 적지 않음을 시사한다.

김동호는 이 발제글에서 그런 교회를 묘사하기를 '장로가 더 힘센 교회'라고 말한다. 이것은 교회를 교회정치의 차원에서만 보면, 교회가 목사와 장로 사이의 주도권 경쟁의 장이며 그 싸움에 끼어든 다른 주체들은 교회정치에서 별로 고려되고 있지 않다는 것을 시사한다. 하지만 하나 더 이야기하자면, 힘이 한편으로 명확하게 기울어지기보다는 양자가 담합한 경우가 있겠다.

여기서 '목사 대 장로'의 상호견제를 강조하는 교회제도는 장로교 계열[20]의 교회정치제도다. 이것은 '당회'를 둘러싼 주도권 경쟁으로 나타

---

19 2017년 11월 13일 '2017년 미래교회포럼'에서 발제한 글 〈한국 장로제도의 반성과 개혁〉(http://reformedjr.com/board05_04/7039) 참조.

20 2011년 문화체육관광부의 한국종교현황 자료에 따르면 전체 개신교 교파는 232개이고, 이 중 장로교 계열의 교파는 180개다. 한국학중앙연구원의 문화와종교연구소, 〈한국의

나는데, 당회는 담임목사와 장로로 구성되어 있는 장로교 계열 교회의 사실상의 최고 정치기구다. 교회에서 이루어지는 모든 활동의 상징적 중심인 목사와 사실상의 교회의 고용주인 장로가 당회 안에서 헤게모니 경쟁을 벌이고 있는 것이다.

그런데 장로교 목사인 김동호의 장로교식 교회정치에 관한 해석은 한국 개신교 일반의 현상으로 여겨도 큰 무리가 없어 보인다. 무엇보다도 장로교 계열 교회의 교인수가 한국 개신교 교인의 69%나 되기 때문이다.[21] 그뿐 아니라 한국의 다른 교단들도 장로교식 장로제도를 부분적으로 혹은 거의 전면적으로 수용하고 있다. 감독제 교회들인 감리교와 성결교, 회중교회 전통의 교회인 침례교 그리고 카리스마적 리더의 독점적 지배를 강조하는 오순절계열(순복음계열)의 교회도 장로교식 장로제도를 수용하는 등, 많은 교단이 장로제도를 부분적 혹은 전면적으로 채택하고 있다. 이는 거의 모든 교단이 특권적 신자의 영향력을 제도적으로 반영한 결과겠다.

목사의 권력이 더 강한 교회들을 보여주는 두 번째 요소는 담임목사의 교회 재직기간이 매우 긴 경우다. 파송제도를 근간으로 하는 감독제 계열의 교회들이든 청빙제도를 강조하는 장로제 계열의 교회들이든 1970년 어간 이전까지는 그 교회의 재직기간이 그리 길지 않았다. 그러나 1970년 이후에는 20년 이상 한 교회에서 담임목사로 재직하는 이들이 많았다.[22] 이런 교회들은 대개 담임목사의 자원 독점 현상이 두드러

교세 현황(2011)〉(문화체육관광부, 2012), 38~47쪽.

[21] 한국세계선교협의회(KWMA)가 각 2005년도 교단 총회보고서들을 취합하여 정리한 자료에 따르면 한국 개신교 교인 중 장로교 교인수는 전체의 69%, 성결교는 11%, 감리교는 10%, 기독교침례회는 5%, 순복음계열의 교회는 4%, 기타 1%라고 한다(http://missionmagazine.com/main/php/search_view.php?idx=365).

[22] 박종현, 〈한국 오순절 운동의 영성 - 여의도순복음교회의 영성과 성장에 대한 시대사적

졌다. 그것이 가능했던 것은 그들이 교회를 성장시키는 데 성공한 덕이다. 또 거꾸로 목사가 가용자원을 독점하고 그것을 성장에 집중 투여한 결과가 교회 성장으로 나타났다고 할 수도 있다.[23] 그 시대가 자원 독점을 통해 성공을 이룩했던 권위주의 시대였다는 점은 권력의 집중과 성장이 서로 맞물리게 되는 사회적 기반이 되었다.[24] 중요한 것은 이렇게 '장기간 재직-자원의 독점-교회 성장'의 연결고리가 뚜렷한 교회들에서 더 많이 혈통적 세습이 일어났다는 점이다.

여기서 우리는 교회세습의 두 가지 조건에서 '왜 2000년대인가'에 대한 하나의 개연성 있는 답을 얻을 수 있다. 1960~90년 사이의 시간성, 그러니까 '장기간 재직-자원의 독점-교회 성장'의 연쇄가 일종의 시대정신이자 시대의 문법이던 시기에 그 핵심에 있던 담임목사들이 속속 은퇴하게 된 시기가 바로 2000년대 전후, 특히 직후에 집중되었기 때문이다.

이 소절에서 다루는 두 번째 논점은 교회세습이 수도권에 집중된 이유에 관한 것이다. 위에서 한 교회에서 양적 성공을 이룩한 이들이 그 교회의 권력을 장기간 독점할 수 있었다고 했는데, 여기에는 1960~90년, '대성장 시대'에 관한 꼭 필요한 논의가 결여되어 있다. 그것은 '장소성'에 관한 것이다. 우선 1953년 이후 서울은 수용능력을 초과하는 인구의 집중화 현상, 즉 과잉도시화(over-urbanization)가 빠르게 진행되었고 이 현상은 2000년 어간까지 계속됐다.[25] 이에 대한 국가의 대책은 두 번에 걸친 서울의 공간 확장으로 나타났는데(sub-urbanization), 하

회고를 중심으로〉,《한국기독교역사연구소소식》82(2008년 4월), 11~12쪽 참조.
[23] 김진호, 〈'주권신자'의 탄생〉,《대형교회와 웰빙보수주의》(오월의봄, 2020) 참조.
[24] 박종현, 위의 글, 12쪽.
[25] http://study.zum.com/book/12468 참조.

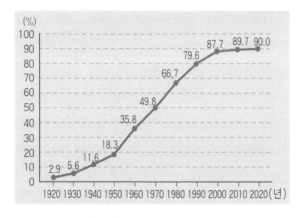

〔표 2〕
1920~2020년 사이
서울의 인구변화

나는 이른바 '영동지역'(영등포 동쪽 지역)의 개발로 서울을 확장하는 것
이었고, 다른 하나는 서울 외곽의 신도시들을 건설함으로써 광역의 수
도권을 만드는 것이었다. '영동지역'은 훗날 강남 3개구 지역과 강동지
역으로 개발됐고, 신도시들 가운데는 강남·강동과 인접한 분당신도시
와 그 인접지역이 특히 빠르게 발전했다.[26]

이 과정은 대부흥기의 교세 확장에 중요한 의미가 있다. 우선 과잉도
시화 상황에서 개신교는 급성장을 이룩한다. 즉 조용기는 '이농민의 대
대적인 신자화'에 성공함으로써 세계 최대의 대형교회가 되었고, 그의
선교방식을 모방한 많은 교회들도 커다란 성장을 이룩했다.[27] 1970년
대~1980년대 중반경에 탄생한 대형교회들은 대개 이러한 이농민의
신자화와 관련이 있다.[28]

---

26 이에 대하여는 한종수·계용준·강희웅,《강남의 탄생 – 대한민국의 심장도시는 어떻게
태어났는가?》(미지북스, 2016), 1·4·7장 참조.

27 이에 대하여는 나의 책《시민 K 교회를 나가다 – 한국개신교의 성공과 실패 그 욕망의
사회학》(현암사, 2012), 제1부 5장 참조.

28 물론 빌리 그레이엄 부흥회를 포함한 아메리카식 부흥회가 이 시기에 또 다른 신자들의
대대적인 증가를 낳았는데, 이것은 많은 중산층 대중과 젊은층을 교회로 불러들이는 데

그런데 서브어버나이제이션(sub-urbanization)은 일부 교회의 또 다른 성공의 사회적 배경이 되었다. 1980년대 중반경부터 대형교회의 대열에 진입한 교회들은 강남·강동·분당 지역에 집중되어 있는데, 그것은 두 번의 걸친 서울의 서브어버나이제이션 과정을 따라 이루어진다. 이 중 1980년대 중반~1990년대 중반경 대형교회의 대열에 들어선 교회들에는 강남권에서 지대의 급속한 상승으로 자산이 크게 확대된 이들이 매우 많았다. 그들은 상대적으로 젊었고 대학 이상의 학력을 지니고 있었으며, 좀 더 좋은 직장에 다니고 있었다. 그리고 그들 중에는 새신자들, 곧 타종교인이었거나 비종교인이었던 이들이 적지 않았다.[29] 한편 1990년대 후반경 이후부터는 강남·강동·분당 지역에서 대형교회들이 속속 탄생했는데, 이때 특기할 것은 새신자의 유입보다는 수평이동 신자들의 유입이 이들 교회들의 양적 팽창의 주요한 요인이었다는 점이다. 그들은 중년층이 더 많았고 학력과 사회적 지위, 자산 능력 등에서 상류층에 있는 이들이 많았다.[30]

이제 위에서 언급한, 교회세습이 수도권에 위치한 교회들에서 훨씬 더 많다는 점에 대해 이야기해보자. 그것은 1960년 이후 규모의 성공을 거둔 교회들이 수도권의 인구 집중화와 밀접히 연관되어 있기 때문이다. 첫 번째 단계에는 '이농자들의 신자화'로, 두 번째 단계에는 '강남권으로 이주한 젊은 중산층의 신자화'로 그리고 세 번째 단계에는 강남·강동·분당 지역의 '수평이동 신자들을 정착시킴'으로 대형교회들이 탄생했다. 그렇게 성공한 교회의 목사들이 2000년대 즈음 속속 은퇴할

기여했다. 《시민 K 교회를 나가다》, 제1부 6장 참조.

29 이광순·이향순, 〈도시의 발달과 도시 선교〉, 《선교와 신학》 10(2002. 12); 장형철, 〈도시발전과 초대형 교회건축 – 서울을 중심으로〉, 《종교와 문학》 26(2014) 참조.

30 이에 대하여는 나의 책 《대형교회와 웰빙보수주의》(오월의봄, 2020)를 참조.

1970~1980년대 중반	1980년대 중반~1990년대 중반	1990년대 중반 이후
이농민의 신자화	강남으로 이주한 젊은 엘리트	강남·강동·분당으로 이주한 중년 엘리트
새신자		수평이동 신자
선발대형교회 유형		후발대형교회 유형

〔표 3〕 대형교회의 시대별 분류

시기가 되었을 때, 그중 일부 교회들은 혈통적 세습을 단행한 것이다.

셋째 논점은 대형교회가 중·소형교회보다 더 많이 혈통적 교회세습을 하고 있다는 것이다. 홍영기는 한국의 초대형교회 13개의 담임목사들의 리더십을 연구했는데,[31] '카리스마 리더십'과 초대형교회로의 양적 성장이 깊은 관계가 있다는 것을 분석했다. 그의 '카리스마 리더십'은 베버의 용어를 빌려온 것인데, 그것에 관한 종교적·영적 설명들을 제외하고 사회학적 속성만으로 재설명하면 교회의 가용자원을 독점한 존재다. 그런 존재가 성장을 위해 자원을 효율적으로 사용한 결과 초대형교회로의 성장이 가능했다는 주장이다. 그리고 앞에서 언급한 것처럼 박종현은 홍영기의 분석을 수용하면서 대형교회로 성장한 교회들의 1970년 이전과 이후의 담임목사들의 재임기간을 분석한 결과, 흥미롭게도 1970년대 이후 담임목사들의 '임기의 장기화 현상'이 뚜렷이 확인되었음을 보여준다.[32] 그는 임기에 대해 하나 더 중요한 지적을 하고 있는데, '원로목사' 제도의 발명이다. 한국의 대형교회에서 원로목사 제도

---

[31] 홍영기, 《한국의 초대형교회와 카리스마리더십》(교회성장연구소, 2001) 참조.
[32] 주18) 참조.

는 명예직이 아니라 실권자가 지배력을 연장하는 장치로 작동됐다는 것이다.[33] 이때 혈통적 교회세습은 원로목사로서 교회권력을 유지하는 가장 유용한 수단이라고 할 수 있다. 그런 점에서 대형교회는 목사의 혈통적 세습과 더 친화적이라고 할 수 있다.

마지막 논점, 감리교회가 더 많이 교회세습을 한다는 점에 대해 이야기해보자. 김동호의 '목사가 힘이 더 센 교회'라는 말과 홍영기의 '카리스마 리더십'에 관한 분석 그리고 박종현의 '임기의 장기화', 이러한 요소가 가장 적합한 교회는 말할 것도 없이 오순절계열의 교회들이다. 그러나 오순절계열의 교회들은 여의도순복음교회가 20여 개의 지교회를, 은혜와진리의교회가 40여 개를, 인천순복음교회가 4개를 갖고 있는 등 권력집중화가 너무 심해서 세습할 만한 교회의 숫자가 별로 없다.[34]

오순절계열의 교단 다음으로, 담임목사에게 강력한 권력을 부여하고 있는 제도를 갖고 있는 교파는 감리교단이다. 앞서 말했듯이 '감독제 교회'의 대표격인 감리교단은 목사파송 시스템과 교회운영 시스템에서 개별교회의 자율권을 제도적으로 제한하고, 구역회→지방회→연회로 이어지는 피라미드형 교회 간 네트워크를 통한 통제력을 제도화함으로써 평신도 엘리트의 개입을 최소화하고 감독을 중심으로 하는 교회정치제도를 발전시켰다. 하여 교회정치의 핵은 개별교회의 당회가 아니라 연회(감독)와 지방회(감리사)라고 할 수 있다. 물론 실제로는 한국의 감리교회들에도 장로가 존재하며, 그들은 목사파송이나 교회운영에 사실상 깊이 개입한다. 하여 감리교회들은 제도상으로는 파송제도에 따

---

33 홍영기, 같은 글, 13쪽.

34 실제로 조용기는 〈국민일보〉를 아들에게 세습했고, 인천순복음교회의 최성규는 아들에게 세습했다. 그리고 은혜와진리의교회의 조용묵은 나이가 70대 중반으로 은퇴 시기가 지났음에도 아직 담임목사로 재직하고 있다.

르지만 실제 운영은 청빙제도와 결합된 채 목사가 교회로 파송된다. 하지만 그럼에도 최종 결정권이 목사들의 제도에 있다는 것은 일단 분쟁이 일어나면 목사에게 훨씬 유리한 제도임을 뜻한다.

한데 감리교단의 대형교회들은 구역회→지방회→연회로 이어지는 교회정치에 별로 개의치 않는다. 그것은 이들 교회 간 수직적 네트워크가 강한 만큼 개별교회가 내는 교부금이 더 많이 필요한데, 그 비용을 조달할 능력이 더욱 많은 '힘센 목사'에 대한 의존도가 높을 수밖에 없기 때문이다. 특히 대형교회의 비중은 훨씬 더 중요하다. 요컨대 대형교회는 교회 내적으로는 목사의 주도권이 더 잘 작동할 수 있고, 외적으로는 교회정치의 통제력에서 훨씬 자유롭다. 해서 감리교단의 교회들에서 혈통적 세습이 더 많을 가능성이 높은 것이다.

대안 개념

개신교 외부의 시민단체들이나 매스미디어들은 흔히 혈통적 교회세습이 한국 개신교의 가장 심각한 문제점처럼 여기는 경향이 있다. 하지만 앞에서 보았듯이 이 현상은 전체 교회 가운데 0.5%에도 미치지 못할 만큼 예외적 현상이다. 게다가 앞으로 그런 교회들은 점점 줄어들 것이 예상된다. 박종현이 분석했듯이[35] 한 교회에서 장기간 재임한 목사들이 한꺼번에 은퇴한 시기가 2000년 어간에서 그 얼마 후까지였다. 말했듯이 그들은 교회의 가용자원을 독점했고 자원을 효율적으로 활용함으로써 양적 성공을 이룩한 이들이다. 그런데 그들은 은퇴하고 있고, 그 후임자들은 선임자보다 학력도 높고 다양한 스펙을 갖추었지만 대개 카

---

35 주28) 참조.

리스마 리더십을 갖고 있지는 못하다. 게다가 양적 성장이라는 성과를 이룩할 가능성은 현저히 줄었다. 또한 교인들의 학력은 점점 상승했고, 사회적 지위도 매우 높은 이들이 많다. 과거 목사가 지역 유지였던 시대와는 달리 지금은 그리 존경받는 위상을 갖고 있지도 못하다. 그러므로 '목사가 더 힘센 교회'의 비율은 점점 줄어들 것으로 보인다. 그렇다면 혈통적 세습을 원한다 하더라도 그것에 성공할 이들은 더욱 줄어들 것이다.

대형교회의 경우도 마찬가지다. 위의 [표 3]에서 정리한 것처럼, 앞에서 시공간적 변화에 따라 다르게 특성화된 대형교회의 세 범주를 언급했는데, 이 중 세 번째 범주는 수평이동한 떠돌이 신자들이 대거 정착함으로써 대형교회에 진입한 교회들을 가리킨다.[36] 이때 수평이동 신자는 중년층이 더 많고 교회에서 주요직분을 경험했던 신자들이 많다. 또 학력이나 사회적 신분, 자산 능력도 비교적 높은 층이 많다.[37] 요컨대 이들은 주권의식이 더욱 강한 신자들이다. 그들은 교회를 찾아 떠돌아다니면서 여러 목사의 설교와 교회 프로그램들도 비교 검토하고 교회신학적 서적들도 많이 탐독하며 교회 밖의 고급 강좌들을 수강했던 이들이 많다. 그들은 일종의 소비자의 자의식으로 교회를 선택한다.

그러므로 이런 자존성 강한 떠돌이 신자들을 유치하고 정착하게 하

---

[36] 한국 개신교에서 수평이동 신자들의 비율은 대략 45~75% 정도가 된다. 낮은 수치는 한국목회자협의회의 2012년 조사인데, 45.2%라는 결과를 내놓았다. 반면 높은 수치는 교회성장연구소의 2003년 조사인데, 76.5%라는 충격적인 결과치를 발표했다. 한국목회자협의회, 《한국기독교 분석 리포트》(도서출판 URD, 2013), 72쪽; 교회성장연구소, 《한국교회 교인들이 말하는 교회 선택의 조건》(교회성장연구소, 2004), 35쪽. 한편 최현종의 조사에 따르면 대형교회의 수평이동 신자의 정착율이 다른 규모의 교회들에 비해 가장 높았다. 최현종, 〈한국개신교의 새신자 구성과 수평이동에 관한 연구〉, 《한국기독교신학논총》 91/1(2014. 1), 222쪽.

[37] 최현종의 논문 223~224쪽 참조.

는 데 성공한 교회들은 그들의 기호에 맞추는 선교전략상의 성공의 소산이라고 할 수 있다. 그렇다면 그런 교회들의 담임목사의 리더십은 어떠할까? 소비자 같은 자의식을 지닌 신자들의 기호가 다양한 만큼 목사의 리더십 유형도 단순하지 않게 되었다. 하지만 분명한 것은 과거처럼 카리스마적 리더십은 이제 시대착오적임이 분명하다는 점이다. 게다가 이들 떠돌이 신자들은 자수성가형 성장지상주의와는 달리 문화적인 고품격을 추구하는 귀족형의 소비자적 주체로서 교회를 선택, 소비하고자 한다. 나는 이러한 문화적인 귀족적 종교성을 '웰빙신앙'이라고 부르고자 한다.[38] 주지할 것은 이런 신앙은 자산, 신분, 학력 등에서 안정계층에 훨씬 친화적이라는 점이다.

요컨대 혈통적 교회세습에 대한 시민사회의 우려와 비판은, 내가 보기에는, 그 센세이셔널한 현상에 집착하다 숲의 문제를 읽지 못한 채썩은 나무만을 찍어내려고 하는 관중규표(管中窺豹)의 오류가 될 수 있다. 그 대나무구멍(管)의 바깥에는 99.5%가 넘는 교회들에서 담임목사가 혈통적 세습이 아닌 방식으로 임용되고 있다. 그런데 그 방식은 정당한가? 그것은 부당하지 않고 부조리하지 않은가? 그것은 사회적 특권화를 조장하고 공공성을 훼손할 우려가 없는가? 여기서 내가 주목하는 것은, 혈통적 교회세습이 아니더라도 권력세습이 횡행하고 있지 않은가 하는 문제 제기인 것이다.

정치학자인 새뮤얼 헌팅턴(Samuel Huntington)이 최소한 세 번의 정권교체가 있어야 민주주의의 공고화(democratic consolidation)가 일어난다고 말한 것처럼,[39] 교회도 기존의 권력을 전도시키는 담임목사 임

---

[38] 나의 글 〈'웰빙우파'와 대형교회 - 문화적 선진화 현상으로서 후발대형교회 읽기〉 참조.
[39] 새뮤얼 헌팅턴, 《제3의 물결 - 20세기 후반의 민주화》(인간사랑, 2011), 369쪽.

용이 적어도 세 번 이상 일어나야 권력세습을 지양하는, 사회적 공공성의 장소로서의 교회가 될 수 있는 것은 아닐까. 여기서 나는 '권력세습'이라는 용어를 처음 사용하고 있다. '세반연'에 따르면 "지역교회와 교회 유관기관에서 혈연에 의해 발생하는 대물림"을 '교회세습'이라고 표기했다. 그런 점에서 교회세습은 '혈통적 세습'에 방점이 찍힌 개념이다. 그런데 나는 '권력의 대물림'에 방점이 찍힌 용어로 '권력세습'이라고 표기한 것이다.

민중신학자 안병무는 〈창세기〉의 선악을 알게 하는 나무의 열매를 먹은 아담과 이브의 죄의 문제를 '공적인 것의 사유화'로 봄으로써 '공'(公)의 문제를 '권력의 반독점'이라는 의미로 해석한 바 있다.[40] 즉 권력의 대물림을 해체하려는 신앙적 기조를 안병무는 '공'이라고 주장하는 것이다. 그렇다면 교회는 공의 장소인가 권력의 장소인가? 혈통적 세습을 단행한 교회든 그렇지 않은 99.5%의 교회든 간에 교회가 '사적인 것을 공적인 것으로 바꾸려는 운동'에 참여하고 있는가, 아니면 공적인 것을 사적인 것으로 바꾸고 사적인 것을 전유하는 자들의 대열에 끼어드는 것을 강조하는 신앙운동 참여하고 있는가?

공의 사유화 운동의 장(field), 그런 권위주의적 소통의 공간이 오늘의 교회라면, 성서에 등장하는 유다국의 개혁군주 요시야 왕의 핵심 슬로건인 '산당을 폐하라'는 말은 바로 오늘의 교회를 향한 비판신학적 어젠더이기도 하다.[41]

그런데 여기서 우리는 1995년 이후의 대형교회들에 주목하고자 한다. 왜냐하면 앞에서 말한 것처럼, 수평이동을 거듭하던 비평적 신자들

---

40 안병무, 〈하늘도 땅도 공이다〉, 《신학사상》 53(1986 여름) 참조.
41 나의 책 《산당을 폐하라 – 극우적 대중정치의 장소들에 대한 정치비평적 성서 읽기》(동연, 2016), 머리글 참조.

과 그들을 유치·정착시키려는 교회가 함께 만들어낸 새로운 신앙 유형
인 '웰빙신앙'은, 권위주의 시대 특유의 카리스마적 리더가 아닌, 탈권
위주의적 리더를 선호함에 따라 혈통적 세습이 점점 더 가능하지 않는
교회 유형을 소환해냈기 때문이다. 나는 그것을 '후발대형교회'라는 이
념형적 용어로 규정한 바 있다.[42] 즉 후발대형교회에서는 혈통적 교회
세습을 불온시하는 프레임이 통용되는 소통의 장이다. 대신 대형교회
유형 가운데 특권적 신자들의 이해가 더 적극적으로 반영된 교회 양식
이 바로 후발대형교회라는 것이다. 한데 이 유형의 교회들에선 공을 사
유화하려는 권력의 작용은 없는가, 바로 이 점이 나의 관심거리다.

안타깝게도 후발대형교회에서도 목사 임용에 관한 정보는 신자대중
에게 거의 소개되지 않았고 목사 임용 과정에도 참여할 통로가 매우 형
식적이다. 반면 특권적 엘리트 신자는 공식적이든 비공식적이든, 교회
의 인사에 관한 것이든 운영에 관한 것이든 충분한 정보를 전유(appro-
priation)하고 있고 그 과정을 주도하고 있다. 이렇게 특권적 엘리트 신
자와 신자대중 간의 정보의 비대칭성과 참여의 비대칭성은, 그들의 사
회적 역할에서도 대체로 비슷하게 나타난다. 즉 대형교회의 특권적 엘
리트 신자들은 사회에서도 특권적 시민의 위치를 점하는 경우가 대부
분이다. 교회에서처럼 사회에서도 정보와 참여에서 특권적 지위와 역
할을 점유하고 있는 것이다. 거기에는 자신들의 웰빙적 취향과 행위에
대한 우월감이 특권의 정당화 기재로 작용할 수 있다. 그것은 웰빙적 취
향이 특권적 지위의 결과일 수 있다는 사실이 은폐되어 있다.

그러므로 나는 이 글에서 '교회세습'이 아닌 '권력세습'의 관점에서
교회와 권력에 관하여 논할 필요가 있다는 점을 문제 제기하고자 했다.

---

[42] 주34)에 인용된 글 참조.

그런데 권력세습이 일으키는 사회적 파급력은 행사되는 권력의 크기와 비례한다. 물론 일상의 권력, 미시적 권력, 내면의 권력도 주목할 필요가 있지만, 권력세습의 관점에서 중요한 것은 그것이 미치는 사회적 파급력의 문제와 더욱 긴밀히 얽혀 있다는 것이다. 그 점에서 사회의 특권적 엘리트이자 교회의 특권적 엘리트가 즐비한 대형교회는 이 논의의 가장 중요한 현장이다. 특히 목사의 카리스마적 리더십보다는 '탈권위적 권위'의 리더십으로 특성화될 수 있는 후발대형교회는 특권적 목사만이 아니라 특권적 신자를 이야기하는 데 더 적합하다. 이러한 분석틀 위에서 시민의 직접적 참여 공간을 찾아내고자 하는 직접민주주의적 상상력과 대응하는 신자대중의 직접적 참여의 공간을 만들기 위한 노력은 권력세습에 대한 비판적 논의의 출발점이 될 수 있다. 성서 해석을 논하고 교회 제도를 논하며, 신자의 사회적 역할을 논하는 탈권위적 공론장을 형성하고자 하는 운동이 필요하다는 것이다.

극우 개신교의
역사적 진화와 논리

김현준*

* 사회학 연구자, 서교인문사회연구실 연구원

극우 개신교 또는 애국 기독교의 탄생

막스 베버는 프로테스탄티즘 윤리를 자본주의 정신을 출현시킨 합리주의 세계관의 '선작물'(Vorfrucht)에 비유한 바 있다. 선작물은 뒤이어 심을 작물을 위해 땅을 비옥하게 만드는 기능을 한다. 이와 비슷하게 오늘날 보수 개신교의 정치적·문화적 세계관은 혐오, 차별, 배제의 정치질서인 극우주의와 우익 내셔널리즘의 '선작물' 역할을 하고 있다. 보수우익 개신교는 정치시장 또는 이데올로기 언어시장에서 극우주의라는 혐오상품을 주조해내는 주요 공급자가 되었다.

---

* 이 글은 필자의 글들을 재인용하고 편집했음을 밝힙니다. 〈개신교 우익청년대중운동의 형성: 우익 정치에서 개신교의 효용과 문화구조〉,《문화과학》91호(2017); "神國, 극우 개신교의 정치적 상상력: 청년선교단체 E의 '정치의 종교화'를 통한 '종교의 정치화' 전략", 〈종교와 극우의 결합은 어떻게 한국사회의 변혁을 가로막고 있나?〉, 맑스코뮤날레 종교세션 자료집(2017); 〈극우 개신교의 국가주의적 상상력〉,《가톨릭평론》10호(2017); "극우-보수 개신교의 역사적 진화와 그 의미"(www.en-movement.net, 한겨레 기고문의 무편집 원문, 2018).

근래에 들어 이른바 '극우 개신교' 또는 '애국 기독교'라고 불리는 보수우익 개신교 세력 결집의 직접적인 계기는 2007년 차별금지법의 입법시도였다. 이후 극우 개신교는 성소수자인권운동 및 퀴어축제의 현장들 속에서 지속적으로 그 세력을 실체화하고 대중의 이목을 끄는 데 성공했다. 2016년 박근혜 탄핵정국 역시 이 세력을 다시 한 번 결집시키는 역할을 했다. 극우 개신교 세력을 구성하는 여러 조직체는 내부 결집을 도모하고 내부의 위기를 외부의 적에게 전가하기 위해서 경쟁적으로 성소수자 혐오와 차별을 동력으로 삼았다. 결국 17대 국회에서 처음 발의한 차별금지법은 19대를 거쳐 2020년 현재까지도 제정되지 못하고 있다. 또한 각 지방자치단체의 인권조례와 학생인권조례 역시 이들의 조직적인 방해를 통해 폐기되는 사례들이 발생하고 있다.

저널리즘 용어로서 "애국 기독교"는 2000년대부터 보수우파 언론에서 호명되다가,[1] 2016년 박근혜 탄핵정국부터 이른바 '광화문 촛불항쟁' 국면에서 "촛불 기독교"와 대조되는 기독교 내의 대중적 애국 세력을 지칭하는 용어로 정착된 것으로 보인다.[2] 특히 보수언론들은 "애국 기독교"를 종북좌파에 맞서 싸우고 대한민국의 정체성을 지키는 대리자로 승인하고, 종북좌파 대 애국 기독교 프레임을 유포했다. 가령 조갑제는 "총선 大選은 남북한 대리전인데, 악마의 대리인인 從北과 대한민국 및 하나님의 대리인인 기독교 세력 간의 대결이기도 하다"고 주장했다.[3]

보수우익 개신교의 정치운동사를 단순화해보자면, 1970~80년대 '국가조찬기도회 정치'를 시작으로, 1990년대 한기총의 '정교야합'과

---

[1] 〈조갑제닷컴〉(2003년 1월 11일).

[2] 〈뉴스앤조이〉(2016년 11월 21일).

[3] 〈라이트뉴스〉(2012년 3월 1일).

'광장정치'가 득세했고, 2000년대에는 기독교 뉴라이트라는 '전문적 사회운동조직'이 나타났으며, 2007년 전후 혐오와 차별 기반의 운동세력들의 탄생으로까지 이어졌다. 한편 기독당은 1990년대부터 현재(2020)에 이르기까지 끊임없이 국회 입성을 시도하고 있다. 이 과정에서 혐오와 차별에 기반한 극우주의 담론은 상대적으로 더욱 치밀해졌고, 개교회와 하위 집단 내의 극우 이데올로기는 강화됐으며, 보수정치권에 극우주의와 차별논리까지 제공하기에 이르렀다.

　종교적 정치운동이 진화를 거듭하면서 더욱 극단적이고 대중적이며 미시적인 전략을 펼치는 운동세력이 탄생했는데, 이러한 세력을 대표하는 조직체 중 하나가 바로 '에스더기도운동본부'이다. 반인권 혐오선동세력으로서 극우 개신교 또는 애국 개신교의 중심에 에스더기도운동본부를 위시한 보수우익 네트워크 단체들이 있다. 이 단체는 차별금지법 반대운동을 주도하는 '동성애동성혼반대국민연합'(동반연) 등 수많은 하부단위 조직과 네트워크 조직체를 양산하며 '에스더기도운동'이라는 극우 운동체를 만들어냈다. 소위 '애국 기독교' 세력에 중장년층 이상이나 노인세대만 있는 것은 아니다. 최근에는 개신교청년대학생 조직 '트루스포럼'의 활동도 주목할 만하다. 에스더기도운동본부의 출현 이후로 '트루스포럼' 등의 청년 극우단체들도 '애국 기독교'를 내세웠고 이들이 합류하면서 극우 담론은 더욱 세련된 형태를 갖추게 되었다. '트루스포럼'은 박근혜 탄핵반대 기도회에서 출발했다. 극우 또는 애국 개신교인들에게 박근혜 탄핵은 예수님처럼 사탄의 대중 선동의 결과로 빚어진 억울한 사건으로 표상된다. 이들은 박근혜를 예수와 동일시하고, 탄핵에 종교적 의미, 즉 예수의 죽음과 부활 서사를 부여했다.

　에스더기도운동본부는 2007년 창립되자마자 그해 차별금지법 반대운동을 주도했다.[4] 특별히 에스더기도운동은 단순히 협의체가 아니라,

비교적 일관된 주장을 바탕으로 각종 대형집회와 강연을 주최하는 대중동원력을 지닌 조직이라는 점에서 주목할 만하다. 에스더기도운동의 이용희 대표[5] 인터뷰를 보면 단체의 지향점을 알 수 있다.

"북한을 향한 하나님 아버지의 마음을 한국교회와 한인 디아스포라에게 전하면서 북한과 이슬람권 이스라엘을 위한 중보기도 선교사들을 훈련하여 파송하는 사역을 하고 있습니다. 에스더기도운동은 '거룩한 나라, 북한구원 통일한국, 선교한국'을 위해 기도하는 초교파 기도운동입니다. 민족의 위기 앞에서 개인과 국가의 죄악을 회개하며 금식기도하고, 갈수록 만연해가는 음란, 낙태, 동성애를 막아서며 거룩한 대한민국을 이루기 위해 기도하는 거룩운동입니다. '북한구원 통일한국'을 위해 전국 교회와 해외 교포교회가 연합하여 기도하는 북한구원기도운동을 전개하고 있습니다. 그리고 북한구원을 위한 기도제목 배포와 함께 이 시대에 필요한 하나님의 말씀을 전하는 문서 · 출판 사역을 담당하고 있습니다. 또한 21세기 선교의 최전방인 인터넷 영역을 하나님의 진리와 말씀과 사랑으로 제자삼아 인터넷 세상이 하나님의 사랑과 복음을 증거하는 통로가 되도록 인터넷 선교를 하고 있습니다."[6]

---

4 반동성애, 차별금지법 반대 네트워크를 총망라한 참여단체 목록(306개)은 동성애와 동성결혼합법화 저지를 위한 연석회의에서 발표한 성명서를 보라(바성연 홈페이지 참조).

5 가천대 교수, 바른교육교수연합 대표, 북한24기도의집 대표, 〈월간 JESUS ARMY〉 발행인, 국제교류협력기구 이사장.

6 본래 북한 인권과 통일을 위한 기도운동으로 출발한 에스더기도운동(대표 이용희)은 바른성문화를위한국민연합(대표 길원평 교수), 건강한사회를위한국민연대, 한국교회동성애대책협의회(대표회장 소강석 목사), 탈동성애인권기독교협의회, 탈동성애인권포럼 홀리라이프(이요나 목사), 선민네트워크, 거룩한대한민국네트워크(대표 이호 목사), 세이지코리아(대표 김미영), 윌버포스아카데미(대표 이태희 변호사), 한국순교자의소리(대표 에릭 폴릭, 폴리 현숙 목사), 반동성애기독시민연대(대표 주요셉 목사), ANI선교회(대

이들의 문제의식과 활동은 좀 더 국가적 차원에 배태되어 있다. 에스더기도운동은 대선이나 총선 때마다 몇 천 명 단위의 대규모 특별구국금식기도회를 개최해왔다.

근자(2017년경)에 에스더기도운동은 광화문에서 대한민국기독청년총연합 이름으로 "다시 독립정신"이라는 캠페인을 내세우며 "북진 해방", "선제 타격", "북한 출애굽", "북한동포 해방", "부흥은 단 하루면 된다" 등을 주장하는 집회/시위를 벌이고 있다. 이 캠페인을 주도하는 박성업 씨[7]는 "미디어 전략", "한국 기독교 내에 침투해 있는 간첩세력의 실체" 등의 동영상과 강연 그리고 '왕국의 역습'이라는 SNS 방송활동을 통해 소위 "종북 좌파 그리스도인"들에 대한 비난에 주력하고 있으며, 캠페인을 함께하는 데이비드 차(David Cha) 대표는 하나님나라군대선교회(KAM)를 통해 킹덤아미스쿨, 통일한국스쿨을 진행해왔다.

최근에는 이들 오프라인 동원단체들과 연동된 것으로 보이는 소위 일반 '넷 우익'에 비견될 만한 '개신교 넷 우익' 계정들도 많아졌다. '왕국

표 이예경), 예수재단(대표 임요한 목사), 기독자유당(전광훈 목사), 한국기독교공공정책협의회(총재 김삼환 목사, 대표회장 소강석 목사), 한기총, 한교연, 한장총, 미래목회포럼, 한국교회언론회 등과 함께 사회적 보수주의 이념을 재생산, 유통하는 네트워크의 중심 조직 가운데 하나라고 할 수 있다. 이용희, 《선교타임즈》(2015년 8월호). 이용희 페이스북 https://www.facebook.com/blessingkorea 참조.

7 박성업은 영화 〈회복〉의 조감독으로도 활동했고, 레이디 가가 공연 반대운동을 하기도 했던 인물로, 2014년 명예훼손으로 벌금형을 선고받은 바 있지만 2017년 현재까지도 동일한 주장을 강연과 동영상, 블로그 등을 통해 반복하고 있다. 2015년에는 이희호 여사가 탑승할 비행기를 폭파하겠다는 협박으로 항공보안법 위반과 위계에 의한 공무집행 방해 혐의로 구속 기소되어 징역 1년, 집행유예 2년 등을 선고받은 바 있다(〈뉴스앤조이〉, 2016년 4월 5일). 자유경제원의 초청 강연 동영상과 유튜브 동영상을 보라.
https://www.youtube.com/watch?v=jRFmatPSxKE,
https://www.youtube.com/watch?v=Z0VCV9tn69A,
블로그 http://blog.naver.com/up0124/220950869745,
기사 http://www.bluetoday.net/news/articleView.html?idxno=15073.

의 역습', 'RED PILL 레드필', '에덴 크리에이터즈' 등의 SNS 페이지들은 대한민국기독청년총연합의 박성업 씨, 에스더기도운동 이용희 대표의 정치적 주장들이나 우파의 정치적 어젠더 그리고 문화전쟁 프레임[8]을 상호 참조하고 인용·공유하면서 기독대중에게 노출빈도를 높여가고 있다(한때 '기독일베'라고 평가받던 '갓톡'의 최근 활동은 저조한 편이다). 심지어 종교와는 관련 없어 보이는 일반 우파 계정들조차 극우 개신교의 콘텐츠를 공유하기도 한다. 예컨대 대북 강경정책이나 차별금지법, 동성애에 대한 거짓 정보는 이들 사이에 상호 참조를 통해 확대 재생산되는 것으로 보인다. 이러한 보수 개신교 SNS 계정들은 2017년 제19대 대선기간 동안 반동성애정책(차별금지법 반대)과 안보 정책 등을 근거로 홍준표 대통령 후보(자유한국당)를 지지하는 글을 올리면서 반대진영에 대한 '가짜 뉴스'도 유포한 바 있다.

이들은 인터넷의 중요성을 이미 잘 알고서 전략적으로 활용하고 있었다. 밝은인터넷세상만들기운동본부(공동대표 안희환·이용희), 한국인터넷선교네트워크(안희환 목사, 교회언론회 대변인 이억주 교수 등)는 인터넷의 반기독교적 주장과 대형교회 관련 비판을 감시하고 차단·신고하는 활동을 하는 조직이다. 이용희 대표는 "반국가적 일을 꾀하는" "동성애" "지지"자들의 "선전전"에 대응해야 한다고 믿는다. 이용희 대표는 이렇게 주장했다. "김일성 주체사상과 주사파라고 하죠. 반국가적인 일을 꾀하는 사람들이 이상하게 동성애를 많이 지지하더라고요. 그 사람들은 선전전에 능한 겁니다. 인터넷, SNS… 성경적 가치를 존중하는 사

---

8 미국 개신교 우파와 관계된 문화전쟁론에 대해서는 필자의 글 〈복음주의지성은 근본주의의 인큐베이터인가?: 보수 개신교 지식 담론의 생산과 문화구조〉, 《당신들의 신국: 한국사회 보수주의와 그리스도교》(돌베개, 2017); 〈개신교 우익청년대중운동의 형성: 우익정치에서 개신교의 효용과 문화구조〉, 《문화과학》 91호(2017)를 참조하라.

람들은 이런 것에 아주 약한 겁니다. … 스마트폰 인터넷 시대라고 할 수 있는데 이거에서 지면 지는 겁니다."[9] "미국 오바마 정부가 북한의 인터넷을 봉쇄했을 때 기독교에 대한 안티 글들이 95% 이상 줄었던 것을 보면 인터넷 세상을 지키는 사람들이 꼭 필요합니다. 갈수록 사회와 교회를 지키기 어려운 시대를 살아가고 있습니다."[10]

2017년에는 에스더기도운동, 지저스 아미 컨퍼런스의 주강사로 '인터넷 선교' 등을 강의하던 김성욱 대표(리버티헤럴드)가 국가정보원의 민간 비선조직 '알파팀'의 리더라는 사실이 밝혀졌고 또 그가 대표로 있는 극우 기독교 청년단체 한국자유연합 설립에 국정원이 적극 개입하고 지원한 정황이 포착되기도 했다. 국정원으로부터 여론조작 지침을 받은 김성욱은 팀원들에게 다음 아고라 등 여러 게시판에 정권을 옹호하는 글과 비판하는 세력을 공격하는 글을 게재하는 활동을 지시했고, 알파팀에 참여한 민간 청년들은 활동의 대가로 게시물 하나에 25,000원~50,000원 정도의 '원고료'를 받았다고 한다. 원고료를 지급받은 알파팀 멤버들은 온라인에서 정부를 옹호하는 게시물을 작성하는 한편 '용산참사' 항의 집회 등 이명박 정권 초기 국정운영에 큰 부담을 준 집회 등에 참여해 동영상을 채증하는 데도 동원됐다는 것이다.[11]

이렇게 최근의 극우 개신교 세력은 국가와 민주주의의 정상화를 위해 적극적인 역할을 하는 정당한 세력이라는 생각을 스스로 만들어내고 공유할 뿐만 아니라, 그러한 국가주의적 신앙을 유포하는 수단으로

---

9 한겨레21 특별취재팀, "세월호 찍고 동성애로…'애국 기독교' 오지랖은 왜 넓은가", 《한겨레21》(2014년 11월 26일). http://www.hani.co.kr/arti/society/rights/666210.html#csidxc46feecd34780dfb069b059dff49889.

10 《선교타임즈》(2015년 8월호).

11 《한겨레21》(2017년 5월 1일); 〈허핑턴포스트〉(2017년 4월 17일).

242 | 한국 현대사와 개신교

대중적 프로파간다나 퍼포먼스를 활용하는 데 더욱 능숙하다.

극우 개신교의 중심
— 이승만과 기독교 입국론(극우 개신교의 정치종교론적 기원과 근거)

극우 개신교의 정치적 퍼포먼스들은 부정선거로 말미암아 좌절된 이승만의 '기독교 국가 건설'의 꿈을 회복하고 '개신교 독주체제'를 복원하려는 의도를 보여준다. 교세가 위축되고 남한 사회가 좌경화되고 있다는 위기의식은 혐오와 차별 확산의 동력으로 작용하고 있다. 여기에서 성소수자는 단순히 신학교리상으로만 배척되는 것이 아니라, "좌파 포스트모더니즘"에 물든 "종북게이"로서 기독교적 통일국가 건설과 북한 해방을 훼방하는 존재로 인식되며, 국가적·사회적·종교적 위기를 심화하는 원인 제공자로 간주된다.

이러한 극우 개신교 담론의 중심에는 '독실한 크리스천'으로 표상되는 이승만과 그의 '기독교 입국론'이 있다. 이승만은 오늘날 보수우익 정치세력 전체를 결속시킬 수 있는 중심인물이다. 특히 2007년경 이후로 에스더기도운동, 트루스포럼 등의 '극우'세력들은 이승만을 기독교-보수주의 국가의 비조(鼻祖)로서 재발견하는 데 힘쓰고 있다. 극우 개신교인들은 이승만을 대한민국의 기독교적 정체성의 설계자, 설립자로 추앙한다. 이에 따르면 이승만은 기독교를 이념으로 하는 국가 건설, 이른바 '기독교 입국론'을 내세웠는데, 그가 설계한 기독교적 대한민국은 자유민주주의, 반공주의, 북진통일을 정치이념으로 삼는다. 이에 따라 이들은 한국이 미국처럼 애초에 기독교 국가로 세워졌다고 확신하며, 한민족은 이스라엘-유태인과 마찬가지로 하나님의 선택을 받은 '선민'이라고 믿는다. '애국 기독교' 집회에 이스라엘과 미국의 국기가 등장하는 것은 이러한 맥락에서 이해할 수 있다. 이들에게 기독교(개신교)는 대한민국 건국 정신과 동일시된다. 사실상 종교와 정치를 구별하지 않는 것이다. 보수우익 개신교인들은 기도로 시작됐다는 제헌국회와 이승만 정권기의 향수를 여전히 간직하고 있다. 이승만의 국가 비전을 이어받고, 그가 꿈꾸었던 나라를 오늘날에도 적극적으로 실현하고자 한다.

최근 활발히 활동하고 있는 개신교 청년대학생 우익운동그룹 '트루스포럼'은 보수주의 정치사상과 개신교 세계관의 일치를 가장 분명하게 주장하는 집단 중 하나이다. '트루스포럼'의 김은구 대표는 '제헌국회 70주년 기념연설'에서 법치주의를 하나님의 법(말씀)에 의한 통치라고 주장한다. "자유민주주의의 근간이 되는 법치주의", "법에 의한 지배"의 "본래적 의미"가 "왕이건 누구건 지위고하를 막론하고 인간으로서 창조주이신 하나님께서 정하신 법에 따라야 한다는 것"이다. 민주주의의 궁극적 지배권은 개신교의 신에게 있다는 주장이다. 김은구에 따르면,

"여러분 저는 대한민국의 건국과 함께 이 땅에 선포된 자유민주공화국의 가치가 그리고 그 근간이 되는 법치주의의 가치가 북한 땅에도 실현되기를 바랍니다. 하나님의 통치, 하나님의 법치가 대한민국에 북한에 그리고 미국과 중국에, 또 이스라엘에, 온 세상 가운데 온전히 드러나기를 원합니다. 이것은 어떤 제도적인 통일을 말하는 것이 아닙니다. 인간의 제도는 그것이 아무리 훌륭하더라도, 인간의 죄악으로 타락하기 마련입니다. 하지만 하나님의 법이라는 영적 차원의 가치는 영원히 변하지 않습니다. 그것이 이 땅 가운데 보다 바르게 실현되기를 바라는 것입니다. 그리고 바로 이 하나님의 법, 하나님의 말씀이 모든 개인과 모든 나라의 판단 기준이 되어야 할 것입니다"(김은구, 2018년 5월 7일).

에스더기도운동이나 트루스포럼 등의 극우 개신교 단체들은 이승만과 기독교 입국론을 재발견하고 재강조함으로써 일반 신자대중의 정치적 무관심을 신앙적 관심으로 견인한다. 다시 말해 이들은 세속정치를 종교적으로 의미 있는 실천으로 만든다. 그리고 이들에게 정치란 종교적 신앙을 추구하는 궁극적 수단이 된다. 보수우익 개신교 세력은 세속국가의 원칙을 무시하고 국가와의 관계에서 개신교가 우위에 서는 것을 정치운동의 목표로 삼는다.

반공주의의 균열과 문화전쟁 전략의 진화

개신교 보수주의는 기본적으로 반공주의와 근본주의 신앙을 그 핵심으로 하는데, 최근의 극우주의는 반공주의에 동성애 혐오·여성 혐오(반여성주의)·이슬람/이주민 혐오(인종주의)를 추가하며, 혐오와 차별을 조장하고 있다. 특기할 만한 것은 이들이 자신들의 혐오 선동을 세속정치의 장에서 정당화하기 위해 공공성이나 의과학 담론으로 포장하기에 이르렀다는 점이다. 최근의 개신교발 허위 정보들은 대개 성소수자 및 이주민(이슬람) 혐오 선동을 주제로 하면서도 공공성을 주장하는 학문적 형식을 띠고 있다. 이들은 정책에 대한 (왜곡된) 해석들과 우파 담론들을 각종 미디어와 학술회의 등을 통해 체계적으로 생산·공급하고 있다.

극우 개신교 세력은 반공주의와 일상의 차별주의를 결합시키고 있다. 이들은 오늘날 공산주의에 대한 공포보다는 특정 섹슈얼리티나 성소수자에 대한 공포와 차별이 더 일상화되어 있는 현실, 따라서 전자보다는 후자가 차별주의 여론을 훨씬 쉽게 확보할 수 있는 현실을 이용한다. 예컨대 '종북게이'나 '좌파 포스트모더니즘'과 같은 낙인은 낡은 반공주의 프레임에 성소수자 및 여성(주의) 혐오를 결합시킴으로써 반공국가의 위기를 사적 일상(연애, 결혼, 가족, 건강)의 위기로 재현하고자 하는 의도에서 사용된다. '종북과 동성애는 한패'라든가, '가족을 지키는 것이 신앙을 지키고 나라를 지키는 것'이라는 주장이 그것이다. 또 종북 좌파가 일상에 침투해 있으며, 공산주의가 페미니즘 운동에 침투해 있다고 주장한다. '페미니즘은 네오-맑시즘을 짜깁기한 변종 나치즘'이며, '공산주의자들의 기만적 적화 혁명전략'이라는 것이다. 이에 따라 성소수자 인권운동, 미투운동, 동성결혼 합법화운동 등을 성 해체를 통해 공산주의 성혁명을 완수하려는 좌파들의 음모로 이해한다. 다시 말해 다수 국민들—'성다수자'—의 인권과 일상이 공산주의자들의 '성정치 혁명전략'(페미니즘과 퀴어 이론)에 의해 붕괴될 위험에 처해 있다는 것이다.

한편으로 '종북게이', '동성애 독재'와 같은 표현들은 반공국가의 지배이데올로기 또는 헤게모니가 이제는 더 이상 어느 한쪽—종북좌파에 대한 증오—만으로 유지될 수 없다는 현실적 위기상을 시사하는 것이기도 하다. 다시 말해, 정치적 반공주의와 일상의 차별주의를 결합하려는 이들의 시도는 이제 더 이상 반공주의만으로는 대중정치(또는 시민종교)의 정당성과 국가권력을 획득할 수 없다는 현실, 즉 반공주의 및 헤게모닉 남성성 중심의 내셔널리즘의 통치체제가 균열되어 있다는 현실을 되돌리려는 전략적 행위인 것이다.

극우 개신교 조직체들은 정치적 공론장에 혐오와 차별에 기반한 극우주의의 논리와 본보기의 제공자다. 이들의 극우주의는 차별과 배제를 통해 정체성을 확보하려는 내셔널리즘에 자양분을 주면서 공모한다. 이들은 유튜브, SNS와 같은 미디어를 통해 허위정보를 유포하고 왜곡된 프레임을 제공함으로써 우익 정치와 여론에 영향력을 미치고 있다. 그뿐만 아니라 이들의 공개적인 혐오 선동 퍼포먼스는 일상의 혐오와 차별이 '하나의 민주적 의견의 영역'으로 용인될 수 있다는 신호를 대중과 공론장에 지속적으로 보내는 것이다. 혐오 표현을 하나의 '정당한' 정치적 자유의 표현(표현의 자유)으로 주장할 뿐만 아니라, 그것을 적극적으로 공연함으로써 혐오 표현을 주저하는 '샤이'(shy) 보수 개신교인과 일반(비종교인) 대중은 이들로부터 왜곡된 자유주의와 인권의식을 학습하고 적극적인 실천(극우행동주의)의 동기를 얻게 된다. 이렇게 극우세력의 혐오 언행의 전시는 공론장에서의 반인권적 언행도 하나의 정치적 권리(표현의 자유)로 정당하다는 메시지를 대중에게 전달하게 되는 것이다. 이에 따라 정치권 역시 반인권적 정책을 하나의 정책적 선택지로 고려하게 된다. 결과적으로 정치권은 이러한 극우주의적 입장을 대의제하에서 제도화하고, 그럼으로써 극우보수 개신교인의 결집을 더욱 부채질하게 된다.

기독교 입국의 비전과 수단 — 극우주의와 내셔널리즘

2017년경 에스더기도운동본부를 중심으로 극우 개신교인들은 '다시 독립정신'이라는 캠페인을 내걸고 크고 작은 기도회 집회를 벌였다. 이들이 여기에서 주장한 내용은 '북진 해방', '선제 타격', '북한 출애굽', '북한동포 해방', '부흥은 단 하루면 된다' 등이었다. 이들의 주장은 전쟁까지도 불사하는 열정으로 가득 차 있다. '북진통일전쟁'은 피할 수 없다. 왜냐하면 신의 약속이기 때문이다. 이것은 이승만이 한민족을 대표로 신과 맺은 약속(언약)이다. 북한 정권과 주체사상에 대한 열정적 증오 감정과 신의 약속에 대한 믿음은 전쟁을 필연적 과정으로 보게 한다. 전쟁이 아닌 평화를 택하는 것은 신의 약속과 신앙에 대한 타협일 뿐이다. 이들이 전쟁과 폭력을 긍정하는 까닭은 그것이 신의 정의를 이루는 수단으로 보기 때문이다.

　이러한 맥락에서 이들은 링컨과 윌버포스를 '북한노예해방전쟁'을 정당화는 영웅적 사례로 소환하고 있다. 이들은 '누가 이 시대의 링컨이 될 것이냐'고 묻고, '비겁한 평화가 아니라, 링컨과 윌버포스와 같이 이 민족의 사명을 감당할 수 있는 하나님의 용사가 나오기를 기도'하며, 전쟁과 순교를 독려한다. 이들은 자신들의 활동을 북한의 '노예해방' 운동이라고 정의하고 있다. '70년 미룬 노예해방, 예수 피로 직통해방', "노예 상태 북한 동포 출애굽전쟁 결단하자!', '살고자 하면 죽고 죽고자 하면 산다. 피해감수 십자가 지자!', '비겁한 평화는 거절한다! 북한 해방 선제 타격 용단하라!'고 주장한다. 이들에 따르면 '북진통일'은 '하나님과 대한민국이 맺은 자유언약'이며, 이 약속은 그 기원이 이승만에게 있고 박근혜를 통해 이루며 황교안을 통해 계승될 것이었다. 이승만 이래 처음으로 박근혜가 북한을 향해 선전포고와 같은 '자유선언'을 선포(2016년 10월 1일)했으나 박근혜는 바로 이 선언 때문에 탄핵됐다. 대한민국이 잊고 있었던, 이승만과 하나님의 약속 그리고 북진통일의 사명을 상기시킨 이 선언은 북한과 마귀들에게는 '두렵고 떨리는' 전쟁선포로 들렸다. 때문에 마귀는 모든 세력을 동원해 박근혜를 탄핵할 수밖에 없었다는 것이다. 그리고 또한 황교안 당시 국무총리의 3·1절 메시지 역시 바로 이 약속을 지키겠다는 '자유선언'이다. 이들은 헌법 제4조에서 말하는 통일은 평화보다 자유를 전하는 것이 우선순위이고 되도록 이면 평화적이길 바라지만 만약 평화적으로가 안 된다면 무력을 써서라도 자유를 전하는 것이 본질이라고 주장한다. 이들은 기존의 입장을 비겁한 평화라고 비판하며, 선제타격을 통해 하루만에라도 북한 해방이 가능하다고 주장한다는 점에서 '타협의 정치'를 거부하는 '즉각주의자'(immediatist)들이자 '극단주의자'들이다. 이들의 언어에는 '사생결단', '순교'의 각오가 매우 빈번하게 등장한다. "에스더와 같은 '죽으면 죽으리라'는 각오로 죄와 세상과 마귀를 이기는 기도운동이 필요합니다." 전쟁은 해방과 자유, 평화를 이루기 위한 하나님의 수단이다. "내가 세상에 화평을 주러 온 줄로 생각하지 말라. 화평이 아니요 검을 주러 왔노라." "전쟁은 여호와께 달려 있습니다. 하지만 그 전쟁이 우리에게 재앙이 될지 부흥의 계기가 될지는 우리에게 달렸습니다." 이렇게 이들은 비타협적 진리와 타협적 사랑과 평화를 대비시킨다.

이렇듯 극우 개신교가 갖는 종교적이면서도 정치적인 상상력은 힘의 논리를 앞세운 국제정치와 현실 정치체제 내의 정권 획득에 정향되어 있다. 에스더기도운동은 '정의로운 기독국가 건설'을 목표로 만들어졌으며, '국가를 제자 삼는' 운동임을 밝히고 있다. 이 주장은 기독교인에게는 전혀 낯설지 않은 성서의 명령에 근거한다. 이들에 따르면, "너희는 가서 모든 민족(all nations)을 제자로 삼아 아버지와 아들과 성령의 이름으로 세례를 베풀고 […] 성경이 말하는 모든 민족은 곧 모든 나라(all nations)를 뜻한다. 주님은 제자들에게 개인을 넘어서서 나라를 제자 삼으라고 명하셨다. 나라를 제자 삼는 것은 무엇을 뜻하는가? 나라의 정치, 경제, 문화, 교육, 사회, 예술 등 모든 분야를 성경적 가치의 토대 위에 세워나간다는 것을 뜻한다."

극우 개신교의 '자유'와 '해방'의 가치는 신정국가적 상상 내에 머무른다. 서사적인 차원을 보자면, 극우 개신교는 '자유와 해방(약속)-죄로 인한 위기-자유와 해방(회개)'이라는 플롯을 따른다. 이에 따르면 세계사, 특히 이스라엘의 역사와 그것의 동일한 재현인 대한민국의 역사는 인간의 행위(범죄 또는 회개)와 신의 의지(해방 또는 심판) 사이의 인과관계가 있는 사건의 연속이다. 그리고 이 정치종교적 서사구조가 내셔널리즘의 맥락에서 반공주의 서사와 결합한다. '하나님의 언약-이스라엘의 우상숭배-하나님의 심판 위기-회개와 기도'라는 성서의 구원 서사는 '하나님과 남한(이승만)의 북한 해방의 약속-약속 위반(남북한의 우상숭배의 죄, 분단)-심판의 위기(대한민국의 멸망, 핵전쟁)-기도(에스더기도운동)와 회개(차별금지법 반대, 북진통일전쟁)'라는 정치운동의 서사가 된다.

이런 점에서 극우 개신교인들은 단지 종교적으로 타락한 권력욕을 가지고 정치와 종교의 야합을 추구하는 '정치꾼'들이 아니라, 정치적인 것과 종교적인 것을 극우보수주의 이데올로기 속에서 통합하고, 종교의 정치화뿐만 아니라, 정치의 종교화를 추구하는 사람들이다. 결국 극우 개신교의 종교적/정치적 상상력은 국가체제 환원론이라고 할 수 있다. 이들은 다른 신앙전통이든 자신들의 개신교 신앙이든, 북한이든 남한이든, 모두 배타적인 정치체제의 관점에서 인식하고 평가한다. 아마도 이들에게 천국(하나님의 나라)조차 '국가'라는 점은 변하지 않는 '상상'일 것이다.

이렇게 극우 개신교인에게 내셔널리즘이라는 포함과 배제의 정치적 비전은 기독교적 가치와 너무나 밀접하게 연계되어 있다. 극우주의는 개인의 윤리나 성적 정체성 등을 공동체의 규범에 종속시키면서 사회적 동일성에 대한 환상과 신념을 주조한다. 이러한 성향은 반-이민자 정책, 반-다문화주의, 제노포비아와 같은 배타주의와 이어지기 쉽다. 이러한 배타주의는 소수자의 인권을 동일성으로 표상되는 '진정한' 공동체(국가)의 이익과 적대적인 것으로 인식하기에 나타나는 현상인 것이다.

극우주의의 핵심에는 동일성의 신화와 이 신화를 위협하는 존재에 대한 배제와 폭력이 있다. 혐오는 내셔널리즘적 맥락에서 타자를 배제하는 감정이고, 이주민이나 비시민에 대한 구체적인 혐오의 정치는 내셔널리즘을 확장/이용하는 보수주의 정권의 전략이다. 그러므로 혐오는 개인이 체험할 수 있는 극우의 집단적 감정이자 동시에 정치적 (의식적, 무의식적) 배제의 전략이다. 혐오는 '진정한' 공동체(국가)의 이익과 정체성에 대한 열광주의적 추구의 산물이고, 극우주의는 그러한 혐오 감정을 현실화하는 정치적 행동양식/방식이다. 인권운동가 명숙은 '극우'를 '내셔널리즘'의 바탕 위에서 나타나는 '혐오의 정치'로 규정한다. 여기에서 필자가 주목하는 극우주의의 성향 중 하나는 이들이 "'진정한' 공동체의 이익"에 관심을 갖는다는 것이다. 극우주의는 가치 다원적 사회의 가치갈등이 극대화되는 와중에 종교 근본주의로도 나타날 수 있는데, 그 이유는 세속적 극우주의와 종교적 극우주의의 이해관계가 맞아떨어질 수 있기 때문이다.

가령 인종주의는 극우주의의 대표적인 현상이다. 동성애 혐오도 인종 혐오와 동일한 심리적 기제로 간주할 수 있다. 특히 개신교는 자신의 정체성을 민족적·인종적으로 인식하기 쉽다는 점에서 비시민, 타인종으로 간주되는 비기독교도나 성소수자에 대한 상징적 배제, 즉 혐오의 정치가 작동하기 쉽다. "혐오란 냉전 시대의 반공주의가 선보였던 것과 같은 강력하고 절대적인 적대가 제거된 시대에 어떤 집단적 정체성을 견고하게 유지하기 위해서 등장하게 되는 타자화인 셈이다. 즉, 성적 소수자성이란 그 자체로 이성애 남성 한민족이라는 낡은 그리고 환상에 불과한 정체성에 균열을 내겠다고 위협하기 때문에 그리고 그런 성소수자의 시민권을 의제로 내건 운동들은 그에 적극적으로 균열을 내기 때문에, 혐오 대상이 된다."[12]

---

12 손희정, "성적 수치심과 혐오의 프로파간다: 증오로 성장한 개신교 우파", 〈슬로우뉴스〉

이렇듯 우파의 세계관 내에서 내셔널리즘-민족주의-소수자 혐오-반공주의는 쉽게 결합한다. 동성애 혐오는 보수정치세력 입장에서는 반공주의 국가이데올로기를 통한 보수정권 유지(또는 재창출)와 시민사회 헤게모니 강화를 위한, 개신교 입장에서는 영향력 확장을 위한 전략적 도구로 이용되고 있다. 특히 성소수자 혐오는 그 자체로 의미화되기보다는 '비정상=맑스주의=공산주의=주체사상=종북=질병=사회적 비용'으로 계열화되는 동시에 '정상=건강=출산=국가경쟁력=애국'과는 반대되는 것으로 의미화되면서 공공성을 극우주의로 재구성하고자 한다. 이른바 "종북게이"와 같은 혐오 발언이나 반퀴어문화축제에서 이들이 사용하는 자극적 표현들은 소위 '국민 정서'에 호소해서 혐오 감정을 대중적으로 부추기는 것이다.

맺음말

동성애 혐오는 개신교 교리의 영역을 넘어 보수우익 정당의 프로파간다에도 이용되고 있다. 특히 자유한국당 국회의원들은 국회에서 개신교 동반연(동성애동성혼반대국민연합) 등과 함께 공개포럼을 열거나 공개적으로 반동성애 발언을 하는 등 더욱 적극적인 행보를 보이고 있다. 성소수자 혐오는 반공주의 국가이데올로기를 통한 보수정권 유지(또는 재창출)와 시민사회 헤게모니를 강화하기 위한, 개신교 입장에서는 영향력 확장을 위한 전략적 도구로 이용되고 있는 것이다. 강인철은 박노자와의 대담에서 "한국 개신교는 시민사회의 대로와 골목마다 단단한 진지를 구축해놓고 퇴행적 가치를 생산하고 전파하는, 그럼으로써 보

(2015년 7월 1일), http://slownews.kr/39113.

수 기득권구조의 영속화에 기여하는 강고한 보수 풀뿌리조직으로서 계속 역할을 하게"[13] 될지 모른다는 우려를 표한 바 있다. 김진호도 보수 개신교가 "대중적 극우정치의 장소"[14]를 제공한다고 주장한 바 있다. 엄한진은 2003년 '친미반북집회'를 분석하면서 이미 극우 일반의 특징으로서 희생양 만들기, 이론의 빈곤, 군국주의, 미디어의 중요성을 확인한 바 있다. 그러면서 당시 "한국의 급진적인 우파는 소수집단의 배척을 체계적으로 주장한다든지 비중 있는 대안 정치세력으로 존재하고 있지는 않"고, 개신교 보수의 정치화에서 "종교적 파시즘"을 말하기는 어려운 "초보적 단계"라고 평했다.[15] 십여 년이 흐른 뒤, 안타깝게도 그의 예측은 빗나가지 않았고, 혐오와 차별을 동력으로 정치세력을 동원해내는 극우세력은 현실화됐다. 소수자에 대한 차별과 혐오를 통해 종교적 논리와 정치적 논리를 접합시키는 극우 개신교의 고유한 세계관은 이 현실을 더욱더 폭력적인 것으로 만들어낸 것이다.

그동안 보수우익 개신교는 정치시장의 유권자, 수요자로만 간주되어왔다. 하지만 이제 극우-보수 개신교는 극우 의제와 가치관, 더 나아가 구체적 실천전략의 공급자로서 위상을 갖게 되었다. 특별히 극우-보수 개신교는 극우정치에 포퓰리즘적 토대와 계기를 제공한다. 이들은 세를 과시하는 기존의 '광장 정치' 전략뿐만 아니라, 체계적인 정치/신앙교육과 온라인/미디어 전략도 함께 사용한다. 이러한 전략들을 통해 이들은 보수정치(이데올로기) 장에서 혐오를 '팔릴 만한 상품'으로 공

---

13 강인철·박노자, 〈한국의 '보수세력'을 진단한다 (1): 한국 종교의 보수성을 어떻게 볼까 – 개신교를 중심으로〉, 《창작과 비평》 44호(2016), 418쪽.

14 김진호, 〈한국사회와 개신교 극우주의 1: 서론〉(2016년 5월 16일), http://minjungtheology.tistory.com/625.

15 엄한진, 〈우경화와 종교의 정치화: 2003년 '친미반북집회'를 중심으로〉, 《경제와 사회》 62호(2004), 80~117쪽.

급함으로써 급격한 사회변동과 불안, 이데올로기적 공백을 겪고 있는 사람들의 수요를 창출하고 극우이데올로기 시장을 확장하는 역할을 하고 있다. 기존의 낡은 반공주의와 그에 대한 위기의식을 대체하거나 보충해서 새로운 담론, 이데올로기, 서사, 정서를 대중들에게 일상적으로 공급하고 혐오와 차별을 조장함으로써 극우정치 의제를 부각시키고 있는 것이다. 이들이 '다수자 인권'이라는 오도된 표현을 사용하는 이유는 국민 대중에게 상대적 박탈감이나 소외감을 유발하기 위해서이다. 그리고 그러한 감정을 통한 차별주의 여론을 동원하기 위해서인 것이다. 이렇게 극우 개신교 세력은 오늘날 한국 사회에서 저마다 고통스러운 현실을 감내하며 인정투쟁의 현실 속에서 살아가는 사람들에게 현실적 고통의 (전도된) 이유를 설명하고 원인 제공자를 제시함으로써 혐오와 차별의 정당성을 제공하고 있다. 현실의 고통과 소수자들의 희생을 자양분 삼아 한국 사회의 극우화를 추동하고 있는 것이다. 결국 이들이 주장하는 '종교의 자유'란 '혐오하고 차별할 자유', '종교폭력의 자유'일 뿐이다.

닫는 글

한국 개신교의 역사를 어떻게 볼 것인가

이만열 | 숙명여자대학교 명예교수

들어가며

종교나 사상이 한 사회와 접촉하면, 그 사회에 수용되어 매몰되거나 그 사회를 역동적으로 변화시키는 개혁적 성격을 갖는다. 하지만 그것이 그 사회의 이념을 지배하는 위치에 이르게 되면 지배층에 봉사하는 기득권 세력이 되고 타락과 부패의 길을 걷게 된다.

4세기 한국에 불교가 들어왔을 때, 당시 수용된 불교는 나름대로 우주적이며 통일적인 세계관을 갖고 있어 부족사회를 통일하여 고대 통일국가 형성의 이념적 기반을 제공했다. 하지만 초기의 교종(敎宗) 불교는 통일신라의 지배적인 종교로 지배계층을 위한 이념이 되면서 기득권층인 귀족세력을 위한 종교가 되었다. 그 후 통일신라 후기에 선종(禪宗) 불교가 수용되어 지방 호족세력의 이념적 기반이 되었다. 고려를 건국한 왕건(王建)은 지방 호족과 연결되어 있는 선종세력을 포섭함으로 후삼국을 통일할 수 있었다. 선종을 이념적 기반으로 하여 건국된 고려는 그 뒤 선교(禪敎) 통합을 이루어 통일국가를 이루었으나 고려 후기에는 부패의 길을 걸었다. 고려 말기 불교의 부패로 새로운 이념을 필요로 할 때 성리학(性理學)이 수용되어 조선을 건국한 사대부(士大夫)들의 이념적 기반이 되었다. 그 뒤 조선의 사상적 동향에 대해서는 건너뛰겠다.

이 강의의 주제인 한국의 개신교는 조선 후기 천주교(天主敎)보다 약 100여 년 후에 수용되기 시작했다. 한국의 개신교 수용은 스코틀랜드 선교사 존 로스(John Ross, 羅約翰)가 1882년부터 만주에서 동역자 존 매킨타이어(John Macintyre, 馬勤泰)와 함께 성경을 한국어로 번역할 때 시작됐다. 최근 연구에 따르면, 1879년 만주에서 한국인 네 명이 세례를 받게 되었다. 1882년 3월에는 신약 성경 누가복음이, 5월에는 요한복음이 번역 출판됐으며 그 출판된 성경이 압록강 이북에 있는 한국인들에게 전해져서 많은 한국인이 개종했다. 올해는 한국인 개신교 수세자(受洗者)가 나온 지 141년, 성경의 일부가 번역 출판된 지 138년이 되는 해다.

이 강의의 목적은 한국 개신교의 역사를 민족사에 끼친 긍정적인 측면을 운동 중심으로 언급하려는 데에 있다. 개신교가 한국에 수용되어, 한말에는 반봉건·사회개혁 운동을, 일제강점기에는 항일독립운동을 그리고 1960년대부터 1980년대까지에는 인권·민주화운동과 통일운동을 어떻게 전개했는지 그 내용을 간간간단하게 살펴보려고 한다.

한말: 반봉건적 성격과 항일운동

한말 개신교 수용은 성경의 번역과 그 학습으로 시작됐다. 19세기 후반 만주 지역에 선교사로 왔던 로스가 성경을 한글로 번역했고, 한국으로 들어왔던 선교사들도 성경을 번역하여 1900년부터 출판 보급했다. 초기 성경을 번역, 학습하는 과정에서 한글 표기법과 문법을 정리하게 되었고, 한글을 인민의 문자로 정착시키는 데 큰 도움을 주었다. 성경의 번역과 학습을 통해 한글이 대중화되고 체계화되었다. 대표적인 한글학자인 주시경도 남대문 근처 상동교회 교인이었다.

성경의 번역과 학습은 인민을 개화하고 의식을 변화시켰다. 유일신관을 가진 기독교는 다신적인 성격을 가진 한국 사회에 들어왔을 때 큰 변화를 일으켰다. 하나님의 형상에 따라 창조되었다는 인간관은 혈통과 신분, 지역과 직업, 남여의 차별을 일상화하고 있던 한국 사회에 큰 변화를 일으켰다. 당시 봉건적 인간관은 혈통과 신분에 의해 인간의 사회성을 규정해버렸지만, 기독교는 인간이 '하나님 앞에서 형제요 자매'라는 평등한 인간관을 제시, 전통적인 인간관에 큰 충격을 주었다.

백정 박성춘(朴成春)은, 뒷날 파고다공원 근처에 자리 잡고 있던 승동교회의 장로가 된 분이지만, 1898년 10월 28일 독립협회 주최로 모인 만민공동회에서 자신은 대한의 가장 천하고 무지몰각한 백정이지만 충군애국의 뜻은 대강 알고 있다고 하면서 일장 연설을 했다고 〈독립신문〉에 게재되기도 했다. 박성춘의 아들 박서양(봉출)은 세브란스의 제1회 졸업생으로 최초의 양의사가 되었으며 뒷날 간도 연길로 옮겨가 그곳에서 병원을 개설하고 독립운동에 나섰던 독립유공자이기도 하다. 아울러 기독교는 노동관 등에서도 변화를 일으켰다.

한말 기독교의 민족운동 가능성은 종군기자 매켄지(F. A. McKenzie)가 쓴 *Korea's Fight for Freedom*(1920)에 잘 나와 있다. 매켄지는 런던 〈데일리메일〉지의 기자로 1904년에 러일전쟁 전과 후 두 차례 한국을 방문했으며, 《한국의 멸망》(*The Fall of Korea*)과 《한국독립운동》(*Korea's Fight for Freedom*) 등을 저술했다. 그는 《한국독립운동》에서 기독교인의 독립운동을 두고, "선교사들은 세계에서 가장 다이내믹하고 선동적인 책인 성경을 보급하고 또 가르쳤다. 성경에 젖어든 어느 민족이 학정에 접하게 될 때에는 그 민족이 멸절되든가 아니면 학정이 그치든가 하는 두 가지 중의 하나가 일어나게 된다"라고 기술한 적이 있다.

한말 부패에 대한 기독교인의 항거

한말 부패상은 매우 심각했다. 1899년 8월 16일자 〈독립신문〉은 당시 부패상에 대해 "혁파하라신 잡세를 여전히 무는 것은 관장들의 탐학(貪虐)하는 까닭이요, 돈 많은 부자들을 무단히 불효부제(不孝不悌)한다고 잡아가두는 것은 그 부자가 다른 죄가 있는 것이 아니라 돈모은 것이 죄가 됨이요 한 동리 사람은 아무가 불효부제인줄 모르되 먼 데 있는 관찰사와 군수들이 먼저 아는 것은 그 관원들이 다른 탁이(卓異)한 문견이 있어서 그런 것이 아니라 주사야탁(晝思夜度)이 다만 돈 먹을 생각뿐인고로 동녹슨 밝은 눈이 먼 데 있는 돈구멍을 능히 밝게 봄이라"라고 비아냥댔다.

정직과 근면, 공평과 정의를 강조받은 초기 기독교인들은 한말 관리들의 부패와 부정에 대해서 항거했다. 이는 반봉건적 행동이다. 1901~1902년 한반도에 흉년이 심했는데도 당시 황해도 관찰사 윤덕영이 부패를 멈추지 않자 황해도에 있는 야소교(예수교)인들이 들고 일어나 관찰사에 항거하고 중앙에 호소했다. 비슷한 사실이 1899년 3월 1일자 〈대한크리스도인회보〉에 실려 있다.

"이번에 새로 난 북도 군수 중에 어떤 유세력한 양반 한 분이 말하되 예수교 있는 고을에 갈 수 없으니, 영남 고을로 옮겨 달란다니 어찌하여 예수교 있는 고을에 갈 수 없나뇨. 우리 교는 하나님을 공경하고 사람을 사랑하는 도라, 교를 참 믿는 사람은 어찌 추호나 그른 일을 행하며 관장의 영을 거역하리요. 그러나 관장이 만약 무단히 백성의 재물을 뺏을 지경이면 그것은 용이히 빼앗기지 아닐 터이니 그 양반의 갈 수 없다는 말이 이 까닭인 듯."

관리들의 부정부패와 탐학(貪虐)에 항거하는 개신교인들의 모습을 잘 보여주는 자료다. 관리들은 당시 기독교가 폭넓게 전파되지 않은 영남으로 옮기면 그들의 부정부패가 저항을 받지 않을 것이라고 판단한 듯하다. 북도에 임명을 받은 군수들이 기독교인들의 항거를 피하기 위해 영남으로 부임지를 옮겨달라고 요청했던 것은 한말 개신교인들의 반봉건 의식과 그 운동을 엿보게 하는 것이다.

충군애국적 운동

한말에는 개신교인들의 충군애국적 운동도 있었다. 그들은 일요일(주일)에 국기를 게양하고 애국가를 제창하며, 1896년부터는 국왕탄신일에 경축 시민대회도 개최했다. 그 무렵 개신교인들은 독립협회에 주도적으로 참가했는데, 그 지도부에 윤치호와 서재필이, 중간지도층에는 이상재·안창호·남궁억·주시경(당시 이름 주상호)·이승만·이원긍·박승봉·신흥우가 있었다. 이 중에 주시경은 독립신문 한글판을 맡았고, 남궁억은 독립신문 영문판에 관여하기도 했다. 독립협회는 서울 외에 여러 지회를 두었는데, 서울·제물포·황해도(소래)·평양 등의 지회에서는 개신교인들의 활동이 두드러졌다. 한편, 개신교가 한말 의병운동에는 소극적이었지만, 구연영·구정서 부자와 우동선이 의병운동 지도자로 참여했다.

한말 항일의식의 태동(1905~1910년)

1905년부터 1910년까지 개신교의 항일의식이 본격화된다. 1905년 을사늑약으로 외교권이 박탈되고, 1907년 정미7조약으로 행정권이 빼앗기고 고종(高宗)이 황제에서 물러나며 대한제국 군대가 해산당했다. 1909년 기유각서에 의해 사법권이 일제에 넘어가고, 1910년 5월에는 경찰권이, 8월에는 통치권 자체가 일제에 넘어갔다. 이런 시대적 상황에서 개신교인들은 애국 항일운동을 펼친다.

첫째, 종교의식적 측면에서 구국기도회를 많이 열었다. 서울 남대문 근처의 상동교회에서는 을사늑약 뒤에 1주일간 수천 명이 모여 눈물바다를 이루었다. 평양에서도 나라를 위한 기도회가 열렸다. 이 무렵부터 새벽기도회가 본격화되었다는 것도 우연이 아니다.

둘째, 시장세 반대투쟁을 비롯한 경제적 항일운동을 펼쳤다. 당시 지방에 따라서는 시장 사람들이 돈을 모아 그 지역에 학교를 세우고 유지했다. 이를 알게 된 일제 통감부는 지역 학교들에 대한 시장 상인들의 경제적 지원을 막기 위해 상인들에게 시장세를 부과, 학교 지원을 방해했다. 이에 서북지방에서는 개신교인들이 선도하여 시장세 반대투쟁에 나섰고, 함경도 지역에서는 조세저항운동으로 확대되기도 했다. 함경도 지역교회의 설교자들이 설교를 통해 아예 세금납부 거부를 선동하는 일종의 조세저항운동에 나섰다는 자료들도 보인다.

셋째, 정치적인 측면에서도 항일운동이 보인다. 기독청년회 계통에서 한국을 일본에 합병할 것을 주장하는 일진회 등의 주장에 반대하고 나섰다.

마지막으로 가장 눈여겨 보이는 것이 행동적인 항일운동이다. 기독청년들은 을사늑약 폐기운동을 하고 나섰다. 기독청년들이 종로에서 항일시위를 전개하여 일제 헌병대와 충돌, 헌병대에 잡혀가는 사례가 벌어졌다. 덕수궁 대한문 앞에서는 황제에게 을사늑약 폐기를 탄원하는 상소운동을 벌였다. 이 상소운동은 감리교 계통의 청년회 엡윗회(의법회, 懿法會)가 주동했는데, 엡윗회는 남대문 근처의 상동교회에서 먼저 조직된 후 지역에서도 조직됐다. 지역에서는 연합회를 만들어 서로 교류했다. 당시 평안도 진남포 연합회 지도자가 김구(金九)였다. 김구는 젊은 시절 동학(東學), 성리학(性理學), 불승(佛僧)을 거쳐 1904년경 황해도에서 기독교에 입문했다. 1905년 을사늑약 때는 평안도 진남포에서 엡윗회 연합회 총무로 있었는데, 을사늑약 폐기운동이 일어나자 서울에 올라와 상동교회에 머무르며 덕수궁 대한문 앞의 을사늑약 폐기 탄원운동을 지원했다. 당시 상소문은 이준(李儁)이 쓴 것으로 알려져 있다. 그는 종로5가의 연동교회 교인이었고 상동교회에도 출입했다.

정교(鄭喬)가 쓴 《대한계년사》에 따르면 을사늑약 폐기운동과 고종의 강제퇴위 등의 과정에서 기독교인 홍태순이 대한문 앞에서 자결했다는 기록이 나온다. 또 이 무렵에 개신교인이자 교육자인 정재홍(鄭在洪)은 통감 이토 히로부미(伊藤博文) 포살을 시도했지만 미수에 그치자 자결했다. 당시 〈대한매일신보〉에는 정재홍에 관한 기사가 많이 등장한다.

한말 매국원흉 처단에 앞장 선 사람 중에도 개신교인들이 있었다. 일본이 임명한 한국 외(교)부의 고문 미국인 스티븐스(須知分)를 미국 샌프란시스코에서 포살한 장인환(張仁煥)도 개신교인이고, 가톨릭 신자 안중근(安重根)과 같이 이토 히로부미를 제거하는 데 동참한 우연준(禹連俊 또는 禹德淳)도 개신교인이다. 그리고 명동성당에서 친일 총리대신 이완용(李完用)을 제거하려다 미수에 그친 이재명(李在明)도 개신교인이다.

하지만 당시 한국교회의 큰 흐름은 1903년 원산부흥운동, 1907년

평양대부흥운동, 1909년의 '백만명구령운동'이었다. 당시 부흥운동에서는 죄를 토설하는 간증들이 많았다. 이때 아주 심각한 죄를 고백하는 간증도 있었다. 도둑질한 이야기들, 간음한 고백, 심지어는 살인한 것까지 있었다. 선교사들의 표현에 따르면, 간증 때에 토해내는 죄악은 지옥을 방불케 하는 것이었다고 한다. 부흥운동에서 나타난 개신교의 큰 흐름은 당시 젊은 개신교인들이 작열시킨 행동적인 항일운동과는 거리가 멀었다.

일제강점하 그리스도인의 민족운동

일제강점하 그리스도인의 민족운동은 무장독립운동, 의열투쟁, 외교운동, 실력양성운동, 절제운동 등이 있다. 하지만 1919년 3·1운동 이후 한국 기독교에 가장 큰 영향을 미친 것은 내세주의 신앙과 신유(神癒)의 은사다. 최봉석(崔鳳錫) 목사는 '예수 천당'을 외치면서 전도, 100여 개의 교회와 학교를 세웠다. 그 때문에 그는 권능(權能)이 있다는 의미의 '최권능' 목사라고 불렸고, 선교사들도 '권능=kwollung, Power'로 이해했다. 또 신유(神癒)의 은사, 치유의 은사가 큰 영향을 미쳤다. 김익두 목사가 대표적이다. 하지만 1920년대에 들어 개신교인들의 독립운동은 다양한 방면에서 전개됐다. 한편 1930년대에 들어 일제의 침략전쟁이 확대됨에 따라 총독부는 황국신민화운동과 신사참배를 강요했다. 한국 개신교인들이 일제 태양신(太陽神)과의 대결에 나서면서 수많은 순교자가 배출됐다.

삼일운동과 기독교

잘 아는 바와 같이, 3·1운동의 민족대표 33명 중 16명이 개신교인이다. 독립만세운동이 전국적으로 확대됐을 때 기독교인의 참여도는 쉽사리 파악되지 않는다. 그러나 당시 경찰들이 만세운동 과정에서 잡아들인 사람들을 조사한 통계가 있다. 그들은 아마도 적극적인 운동자들이었을 것이다. 4월에서 5월, 만세운동이 가장 치열하게 전개됐을 때에 잡혀 들어온 사람의 22%가 개신교인이었고, 3월에서 12월까지 잡혀 들어온 사람의 17%가 개신교인이었다. 당시의 개신교(감리교·장로교) 세례교인 수가 21만 명 정도였는데, 이는 당시 인구 1,600만 명의 1.5% 내외에 해당한다. 1.5% 정도의 기독교인으로 적극 참여하여 잡혀 들어간 이들이 17%~22%였다면 기독교인의 3·1운동 참여도는 그 비중이 매우 높았음을 알 수 있다. 때문에 기독교계의 피해가 가장 컸다. 경기도 화성의 제암리 교회는 29명의 인명과 함께 불태워졌다.

대한민국 임시정부, 무장·의열 투쟁, 미주 동포의 독립운동 지원

1919년 세워진 대한민국 임시정부에도 개신교인이 많이 참여했다. 국내에서 3·1운동을 준비하다가 밀명을 받아 상해로 망명한 현순 목사는 임정 준비작업을 했다. 4월 10일 상해 프랑스 조계지에서 회집된 29명의 임시의정원 의원 중에는 기독교인이 많았다. 이승만이 임시정부 초대 대통령이었고, 초대 의정원 의장은 이동녕(李東寧)이었는데, 이동녕은 상동파로 전덕기 목사와 가까웠다. 통합임시정부를 구성하는 데에 진력한 안창호(安昌浩)와 임정 주석에 오른 김구도 개신교인이었다. 특별히 이동녕을 이어 곧 임시의정원 의장이 된 손정도(孫貞道) 목사를 주목할 필요가 있다. 그는 초기 임시의정원 의장이었으나 1926년 길림으로 이주해 목회와 독립운동, 호조사 운동을 펼쳤다. 그의 자녀로 국방부 장관을 역임한 손원일 제독과 손원태, 손인실이 있다. 손정도 목사는 김일성의 회고록 《세기와 더불어》에도 등장하는데, 손 목사는 김일성이 1929년 길림 감옥에 들어갔을 때 그를 석방시키기 위해 매우 노력했다. 그 때문인지 김일성은 회고록에 손정도 목사를 언급했을 뿐 아니라 그의 기념사업을 하라는 유훈도 남겼다. 그런 이유로 2001년 이후 남북한 학자들이 평양에서 두 차례나 손정도 목사 기념학술대회를 열기도 했다.

무장 의열투쟁에도 개신교인들이 참여했다. 청산리 전투에 참여한 부대 중 하나가 개신교인들로 조직된 대한신민단이다. 대한신민단이 잘 싸워주었기 때문에 청산리 전투에서 대승을 거뒀다는 연구도 있다. 의열단의 김상옥 의사가 동대문감리교회 출신이고, 강우규 의사도 개신교인이며, 만주에서 의병활동을 한 편강렬 의사도 개신교인이다.

미주 동포들의 독립운동 지원에도 개신교가 적극적으로 참여해서 안창호에게 독립운동 자금을 대거 지원하기도 했다.

'문화통치'와 민족말살정책하의 그리스도인의 민족운동

1920년대부터 1930년대까지 '문화통치'와 '민족말살정책' 아래에서 한국 개신교인들의 신앙은 크게 두 갈래로 나뉜다. 초월(신비)주의적 타계지향 신앙은 부흥운동으로, 계몽주의적 사회참여 신앙은 사회운동을 통한 민족운동으로 각각 다른 길을 걸었다는 지적도 있다. 한편 개신교인의 민족운동은 1920년대 사회주의 사상의 수용으로 영향을 받게 됐다. 당시 사회주의자들의 개신교 비판에 대해 개신교는 그 대응으로 각 교단 총회 차원에서 사회부, 농촌부를 만들어 활동했다. 농촌부에서는 농촌교회 및 농촌 지도에도 관여했고, 사회부에서는 고아원, 양로원 사업 등 사회사업을 시행했다.

'한국교회 사회신경'이 제정된 것은 사회주의계의 기독교 비판에 대응하는 성격도 있었다. 당시 감리회와 장로회는 연합공의회라는 것을 두었는데, 1932년 '조선예수교연합공의회'가 12개조의 사회신경을 채택했다. 12개조의 사회신경에는 "일체의 유물교육, 유물사상, 계급적 투쟁, 혁명수단에 의한 사회개조와 반동적 탄압에 반대한다"고 반사회주의를 분명히 하면서도 남녀동등, 여성교육, 노동시간, 노동조합, 최저임금법, 누진세 등 사회문제에 대해 나름대로 견해를 밝히면서 사회주의의 공격에 대응하는 성격도 갖고 있었다. 이 신조는 일본 교회의 사회신경을 모방한 것이지만 한국 개신교의 사회사상의 일단을 이해하는 데 도움이 된다.

개신교의 농촌운동은 1920년대부터 꾸준히 진행됐다. 1920년부터 YMCA는 한국 농촌 조사를 시행했고, YWCA는 1926년에 농촌사업을 시작했다. 협성신학교 출신의 최용신은 1931년 경기도 샘골(泉谷)에 파송되어 농촌활동을 하다가 1935년 1월에 병사했는데, 뒷날 심훈은 그를 주인공으로 하여 소설 《상록수》를 집필했다.

신사참배 거부투쟁의 민족운동적 성격: 일제의 천황제 전면 거부

1930년대 말부터 1940년대에 들어서면서 한국 개신교는 신사참배 거부투쟁을 전개하게 된다. 신사참배 거부투쟁 자체가 민족운동을 목적으로 한 것은 아니라 하더라도, 민족운동적 성격을 띠고 있었다고 해석할 수는 있다. 신사참배는 일제의 황국신민화정책의 일환으로 강요된, 일종의 민족말살정책이다. 황국신민화정책의 요지는 조선 민족을 일본의 신민(臣民)으로 만들겠다는 것으로 그 정책을 구체화하는 과정에서 조선의 말과 글, 역사를 없애고, 창씨개명을 통해서 조선의 성(姓)과 족보까지 훼손했다. 언어와 문자, 역사를 없애버리고 혈통까지 무시하도록 한 것은 조선 민족 자체를 말살하려는 정책이었다. 신사참배는 황국신민화정책의 일환으로 일본의 국조신과 여러 신을 모셔놓은 대소의 신사에 참배하라는 것으로 조선 민족의 조상 숭배 전통을 부정하며 민족적·씨족적 자긍심을 완전히 훼손하는 조치였다. 조상에 대한 제사까지 거부해온 한국 개신교인에게는 신사참배가 십계명의 제 1, 2계명을 범하는 것으로 신앙상 용납할 수 없었다. 개신교인들은 신사참배가 민족말살정책의 일환이라는 것을 인지했지만, 그것을 전면에 내세워 신사참배를 거부한 것으로는 보이지 않는다. 다시 말하면, 일제의 신사참배 강요에 반대한 가장 강력한 저항세력은 개신교인이었지만, 그들은 신사참배를 거부하면서 민족말살정책의 일환이기 때문에 반대한다는 논리를 내세우지 않았다. 그들은 신사참배가 제 1, 2계명을 범하는 것이기 때문에 반대했다. 중요한 것은, 신사참배가 황국신민화정책의 가장 강력한 수단이며 민족말살정책의 수단이라는 점이다. 따라서 신사참배 거부투쟁은 황국신민화정책 및 민족말살정책에 반대한다는 점에서 민족운동적 성격을 지녔다고 해석할 수 있다. 신사참배를 반대하다가 옥중에서 돌아간 주기철 목사나, 6년간 수감생활을 한 손양원 목사에게 정부가 독립유공자로 표창한 것도 그들의 민족운동적 성격을 인정했기 때문이다.

1920년대 이후 1940년대까지 한국교회에 흐르는 신앙의 한 축은 내세주의 신앙이다. 앞서 언급한 바가 있지만, 최봉석(최권능) 목사가 이를 대표하고 있었는데, '예수 천당'으로 대표되었던 당시의 내세주의 신앙은 신학적으로 분석하는 데에 한계가 있다. 그러나 기독교의 '섭리적 역사관'의 관점에서는 유의미한 해석이 가능하다. '섭리적 역사관'은 어떤 사건을 역사적 맥락 위에서 해석하려는 것으로, 하나님께서는 어떤 사건을 다음 사건과의 연관하에서 미리 준비하신다는 의미도 있다. 3·1운동에 참여했던 개신교인들의 한 축은 독립운동에 더 적극적으로 참여했는가 하면, 다른 한 축은 '예수 천당'과 같은 일종의 내세주의 신앙으로 빠졌다. 여기서 '예수 천당' 신앙은 그 다음 역사행로에서 어떤 섭리 같은 것을 찾아볼 수 있는가.

1920년대 한국교회는 새로운 부흥운동을 일으켰고 그와 함께 '예수 천당'의 내세주의 신앙으로 부흥 성장했다. 이때 '예수 천당'을 강조하는 기독교회의 내세주의는 당시 새로 유입된 사회주의자들로부터도 비판과 조롱을 받았다. 앞에서 언급했듯이, '한국교회 사회신경(사회신조)'이 나타난 것은 이 무렵이었다. 한국교회는 1930년대에 들어서서 일제의 혹독한 황국신민화정책과 신사참배 강요에 직면하게 되었다. 한국교회에 대한 일제의 혹독한 핍박이 가중되고 있을 때, '예수 천당'의 내세신앙은 어떻게 섭리사적으로 역할을 했을까. 신사참배에 반대하는 신앙인들은 이 땅에서 핍박받고 고난당하는 것이야말로 하나님께서 예비한 하늘나라에 대한 소망을 더 깊게 만들어주는 것이었다. 하늘나라에 대한 확실한 소망이 신사참배 반대투쟁을 더 강력하게 추진할 수 있게 했다는 뜻이다. 하늘나라에 대한 훈련과 확신이 개신교인들로 하여금 끝까지 신사참배를 거부하고 신앙을 지키는 기반이 되었다는 뜻이다. 신사참배 거부로 주기철 목사가 목회하던 평양 산정현교회를 비롯한 200여 개의 교회가 문을 닫아야 했다. 여기서 1920년대 교회 부흥에서 '예수 천당'의 내세지향적 신앙이 강조되었다 하더라도 1930년대 신사참배 거부를 준비토록 한 섭리적인 측면이 있음을 간과해서는 안 된다. '예수 천당'을 강조했던 최봉석 목사도 신사참배를 반대하다가 투옥되고 순교의 길을 걸었다.

내세주의에 기반한 개신교의 신앙은 사회주의자들에게 거센 비판을 받았다. 사회주의 청년회를 중심으로 박헌영, 배성룡, 한건위 등 사회주의자들이 주로 기독교를 비판했다. 박헌영과 한위건은 3·1운동 때 학생으로 활동을 했고, 배성룡은 언론인이었다. 1920~30년대에는 반기독교 운동뿐만 아니라 민족적 차별을 가하는 선교사들에 대한 반선교사 운동도 일어났다. 이에 반기독교 운동, 반선교사 운동에 대한 반성으로 자유교회 운동, 자치교회 운동이 기독교 내에서 일어난다. 미국에서 들어온 기독교를 '천박한 기독교'라 표현하고 그 대안으로 '조선적 기독교'를 내세웠는데, 김교신 선생의 무교회 그룹이 대표적이다. 김교신의 조선적 기독교 수립 운동의 세력은 그 숫자는 얼마 안 됐지만 민족주의적 성격이 매우 강했다. 김교신의 '성서조선' 그룹에는 함석헌 등도 같이 활동하고 있었다.

해방 분단과 한국 개신교

해방 직후 한국 개신교의 민족사적 과제로 몇 가지를 지적할 수 있다. 첫째, 일제 잔재 청산인데, 교회사적으로는 신사참배 회개운동이라고 할 것이다. 이때 교회가 제대로 신사참배를 회개하는 등 일제 잔재를 청산하는 데에 적극적이었다면 그 힘을 가지고 해방 후 사회에 대해서도 친일청산이라는 예언자적인 소리를 제대로 발할 수 있었을 것이다. 둘째, 분단 극복의 과제이다. 하지만 기독교는 사회보다 더 극우적 입장에 서서 분단을 이념적으로 고착화시켰다. 마지막으로 민주주의 사회 건설의 과제이다. 한국 기독교는 다른 어떤 집단보다 민주주의적 훈련을 받았지만, 이승만을 대통령으로 세워야 한다는 명분을 내세워 부정선거에 가담함으로써 민주주의 사회 건설에서도 비난받게 되었다. 해방 후 한국 기독교가 저지른 뼈아픈 과오들이었다.

개신교회의 일제 잔재 청산 실패: 한국 사회 전체의 일제 잔재 청산 실패

일제 신사참배에 적극적으로 참여한 개신교 친일인사로 정인과·김길창·전필순·양주삼·정춘수 등이 있고, 그 밖에 대부분의 교회 지도자들은 신사참배에 굴복했다. 한편 신사참배를 거부한, 뒷날 소수의 출옥 성도들로 알려진 이들은 치안유지법이나 불경죄로 체포, 투옥되고 희생됐는데, 주기철·최봉석·이기선·한상동·주남선·손양원·손명복·이인재·최덕지·조수옥 등이 대표적이다. 해방 후 개신교에서 신사참배에 대한 최소한의 회개 요구가 일어났으나 기성 지도자들의 반대로 회개운동은 좌절되었고, 이로 인해 교단이 분열됐다. 이러한 회개운동의 실패는 해방 후 교회 재건의 실패를 의미했고, 교회가 한국 사회 일제 잔재 청산운동에서의 예언자적 사명을 포기하는 결과를 초래했다. 한국 사회의 친일파 및 일제 잔재 청산운동의 실패는 오늘날에까지 그 영향을 미치고 있다.

정교유착: 미군정하에서 이승만 정권

정교유착은 미군정에서부터 이승만 정권에까지 이어졌다. 정교유착은 통역정치를 통한 개신교인의 공직 진출, 선교사 정치, 연희전문 정부, 적산가옥의 불하 등에서 나타났다. 통역정치는 영어를 제대로 할 줄 아는 사람이 기독교인 가운데 많아서, 선교사 정치는 선교사나 선교사 후예들이 미군정의 요직에 앉아 기독교인들에게 편의를 제공하는 경우가 있었다. 연희전문 정부라는 말은 연희전문 선교사와 연희전문 졸업생들이 군정 요직에 앉은 자가 많아서 나온 말이다. 그래서인지 당시 적산가옥을 교회가 많이 불하받았는데, 영락교회와 경동교회, 동자동의 성남교회 그리고 당시 조선신학교도 적산가옥을 불하받은 것이었다. 이렇게 일본 천리교 계통 사찰을 불하받아 교회로 개조한 것만 90개가 넘었다.

당시 이승만·김구·김규식을 3영수, 3거두라고 했고, 이 3영수와 한경직·김재준 등이 기독교적 국가재건론을 본격화했다. 이승만·김구·김규식은 모두 개신교인이었는데, 그중에 김규식은 언더우드의 양아들로 새문안교회의 장로였으며, 이승만이나 김구와는 달리 중도좌파 계통의 독립운동을 이끌었던 분이다. 해방 직후의 한경직·김재준 목사 등의 글을 보면 기독교 국가재건론를 내세우고 있다. 이들은 "새 나라의 정신적 기초는 반드시 기독교여야 한다"라고 주장했다. 당시 개신교인 인구가 전체 인구의 5%에 못 미쳤다. 하지만 초대 국회의원 208명 중 44명이 개신교인으로 21%를 차지했고, 제1공화국의 19개 부처 장차관 242명 중 38%가 기독교인이었으며, 제2공화국 장면정부에서는 장차관의 33%가 기독교인이었을 정도로 고위직의 개신교 비율은 월등히 높았다.

분단 극복과 민주주의의 기초 건설 실패

개신교가 처음 수용될 때 황해도 이북 지역의 자립적 중산층이 입교했고, 일제강점기에 이들은 지주로, 자본가로 등장했다. 해방 후 북한에 공산정권이 들어서 지주와 자본가를 축출함으로 개신교인 중에 피해자가 많았다. 이들이 월남한 후 남한에서 반공활동을 통해 반공의식을 심화하고, 서북청년단 등 반공활동을 통해 분단을 강화했다. 이승만 집권 시기 국가보안법 제정과 몇 차례의 개헌을 통해 민주주의가 유린되었다. 또한 이승만을 대통령에 앉히기 위해 기독교 단체들은 부정선거에 조직적으로 참여하면서 개신교는 민주주의 실패의 책임도 떠안게 되었다.

해방 후 개신교회의 성장과 신학의 변화(1960~1980년)

개신교회의 성장

1960년대부터 1980년대까지 한국 개신교는 유례없는 양적 성장을 이룩했다. 1993년 한국종교사회연구소 통계에 따르면 1950년에 3,114개의 교회가 1960년에는 5,011개로, 1970년에는 12,866개로, 1980년에는 21,243개로, 1990년에는 35,819개로 증가했다. 10년 단위의 증가율로 보면 1960년과 1970년 사이에 157%, 1970년과 1980년 사이에 65%, 1980년과 1990년 사이에 69%가 증가했다. 1960년에서 1990년까지 30년간 교회수가 7배 이상 증가한 것이다.

개신교회의 이러한 성장 배경에는 군사독재와 자유의 억압, 경제성장 제일주의와 극심한 빈부차, 산업화와 도시화로 인한 개인 정체성의 혼란이 있었다. 성장의 중요 원인으로는 산업화와 도시화로 인한 개인 정체성의 혼란 속에서 정체성 확립을 위해 종교로 귀의하는 현상이 일어났고, 경제적 불안 해소를 위해 기복신앙을 강조하는 교회의 메시지에 귀를 기울였던 것도 한 요인으로 지적할 수 있다.

교회 성장의 현상

이때 교회 성장의 가장 큰 동력은 범교단적인 노력에서 발견할 수 있다. 1960년대부터 본격적인 초교파 운동과 교세확장 운동이 시작됐고, 군 전도와 부흥전도집회에 심혈을 기울였다. 대표적인 대규모 부흥전도집회가 1950년대 빌리 그레이엄(Billy Graham)의 전도집회, 1974년 CCC의 엑스플로74, 1977년 32개 교단 600여 강사가 동원된 '77민족 복음화성회', 1980년 '80 세계복음화대회'이다. '80 세계복음화대회'에는 1,700만 명이 모였고, 70만 명의 결신자를 얻었으며, 10만 명의 선교사 지원자가 나왔다.

이런 대형부흥집회를 통해 군부독재정권과의 밀월관계에 의한 정치
사회적 불만의 해소가 이뤄졌다. 당시 군사정권은 민주화운동과 인권
운동을 하는 기독교인들을 탄압했고 이를 외국에서 기독교 박해라고
비판했는데, 군사정권은 여의도에서 며칠 동안 진행되는 대형부흥집회
에 교통편의를 제공하며 이를 외국의 기독교 박해 비판에 대한 위장으
로 활용했다.

이러한 대규모 부흥전도집회는 기복신앙과 함께 부흥운동으로 이어
졌다. 부흥운동은 신도들의 영적 욕구를 충족시켜주면서도 물질적·육
체적 축복을 신앙과 연결하는 통로 역할을 했다. 이때 기복신앙은 교회
성장과 함께 강조됐고 기도원도 대거 증가했는데, 기도원에서 사람을
고치다 죽었다는 신문 기사가 이때 자주 등장하는 등 탈선적인 현상도
보였다.

교회 성장의 결과 첫째, 개교회주의가 성장했다. 군사독재와 산업화
의 과정에서 교회 성장이 이뤄졌으나, 전통적인 공교회적 윤리가 붕괴
되는 한편 교회의 인적·물적 자원이 개별교회의 유지와 확장에 집중되
었다. 둘째, 대형교회가 탄생했다. 시장경제적 종교시장 속에서 성공한
대형교회들이 속속 탄생했다. 통합 측의 영락, 광성, 소망교회, 합동 측
의 충현, 중랑교회, 감리교단의 금란, 광림교회, 오순절파의 여의도순
복음교회가 대표적이다. 대형교회는 교역자의 카리스마, 사람들의 종
교적·현실적 필요에 부응하는 대중적인 설교, 효율적인 교회 조직 및
행정 그리고 다양한 교육 프로그램을 수반하면서 더욱 확대됐다. 군사
정권하에서 경제적인 측면에서 재벌이 만들어졌듯이, 종교적인 측면에
서는 대형교회가 탄생했다.

새로운 신학의 모색

해방 이전 한국 신학은 근본주의 신앙에서 벗어나지 못했다고 지적받는다. 근본주의(Fundamentalism)라는 용어는 1910년부터 1915년까지 미국에서 출간된 〈The Fundamentals〉라는 12권짜리 시리즈물과 관련이 있다. 이 시리즈물에는 성경무오설, 예수의 동정녀 탄생, 예수의 육체적 부활, 재림 등이 강조되어 있다. 그 후에 이런 주장을 두고 근본주의라고 부르게 되었다.

해방 후 한국의 신학은 근본주의 신학이 주류를 이룬 가운데, 한국적 신학으로 토착화 신학이 등장했다. 토착화 신학은 기독교의 복음을 토양이 다른 이 땅에 제대로 뿌리내리게 하려는 노력의 일환으로 생성된 것이며, 감리교 계통의 윤성범·유동식·변선환 등이 유교·샤머니즘·불교와 기독교 복음의 접목 가능성을 연구하는 데서 본격화되었다.

민중신학은 1970년대 군사정권하에서 발전했다. 유신체제하에서 정치적 억압과 급속한 산업화 정책이 있었고, 민중의 생존권과 인권이 위협을 받았다. 민중의 현실에 눈뜬 신학자들이 민중과 연대하고 투쟁을 전개하는 과정에서 자신들의 경험을 신학적으로 승화한 것이 민중신학이다. 안병무·서남동·현영학·김용복·서광선 등이 대표적인 민중신학자들다.

안병무는 마가복음의 '오클로스'(ὄχλος; 무리 혹은 민중) 개념을 재조명해서 민중을 예수 사건의 중심부에 놓았다. 예수와 열두 제자의 주변부에 존재하면서 서구신학자들로부터 전혀 주목받지 못했던 오클로스를 예수 사건 이해의 중심에 둔 것이다. 민중신학에서는 민중이 예수 사건의 조연이 아니라 주역이다. 안병무의 이런 신학적 주장은 세계 신학계의 주목을 받았다. 처음에 민중신학은 People's Theology로 번역되었다가 세계대회를 통해 Minjung Theology로 번역될 정도로 세계

신학계에 충격을 주면서 자리매김했다. 민중신학의 발전과 함께 남미로부터 해방신학, 서구로부터는 여성신학도 수용, 도입되었다.

보수신학계에서도 새로운 신학을 수용하는 변화가 일어났다. 1940년대 미국의 보수교회는 현대 사회의 변화에 적응하려고 노력했다. 이노력은 신학적 전통주의를 유지하면서도 주류 교회와 대화하고 주류 사회와 소통하려는 신복음주의(Neo-evangelicalism)로 나타났다. 이운동은 근본주의의 폐쇄성과 분리주의를 극복하고, 지성적으로 기독교전통주의를 변호하며 사회에 관심을 가지는 것으로 표현되었다.

유럽에서는 네덜란드를 중심으로 신칼빈주의(Neo-Calvinism)가 등장했다. 보수신학계는 20세기 초 네덜란드의 신학자이며 정치가인 아브라함 카이퍼(Abraham Kuyper)와 허먼 바빙크(Herman Bavinck)가기초한 신칼빈주의에 매료됐다. 카이퍼는 전 우주에 하나님의 주재권이 미치는 하나님 나라가 있고, 죽어서 가는 저 천당만 아니라 이 세상도 하나님의 나라라는 것을 강조했다. 바빙크는 일반은총론을 강조했다. 기독교의 특수한 구원을 받는 것을 특별은총이라 한다면, 일반은총론은 보편적 은혜로서, 문화예술·과학기술·정치경제 등 모든 인간의생활에서 하나님께서 보편적으로 주시는 은총을 말한다. 이전에는 이원론적 입장에서 인간 생활을 세속적이라며 관심을 갖지 않으려고 했는데, 일반은총론이 소개되면서 인간의 일반적인 영역의 삶도 하나님의 은총 영역에 속한 것이므로 그 분야들도 연구 발전시켜야 한다고 인식되어 보수교회를 각성시키는 계기가 되었다.

1973년 미국의 로날드 사이더(Ronald J. Sider), 존 요더(John H. Yoder)등이 시카고에서 사회 참여의 당위성을 역설한 시카고 선언(Chicago Declaration)을 발표하고 복음주의사회참여동맹(Evangelicals for Social Action)을 발족시켰다. 1974년에는 스위스 로잔에서 제1차 세계복음주의대회가 열리고, 로잔언약(Lausanne Covenant)이 발표됐다. 로잔언약은 복음전파와 사회참여를 모두 그리스도인의 의무로 규정했다. 이는 전통적인 신학과 가치관을 유지하면서도 변화하는 세계의 요구에 부응하려는 노력이었다. 한국에서는 서울대학을 중심으로 1986년 10월에 창간된〈대학기독신문〉과 1991년 창간된《복음과 상황》이 신복음주의를 소개했고, 이는 보수신학계에 큰 영향을 끼쳤다. 1990년대를 전후하여 복음주의 진영의 젊은이들은 기독교 사회운동에 깊은 관심을 가지고 사회참여에 나서게 되었다.

인권·민주화운동과 통일운동(1960~1980년)

인권운동 및 민주화운동

1960년 '4·19혁명'이 일어나자 이승만 정권을 지지해왔던 기독교계는 자성의 목소리를 내기 시작했다. 하지만 5·16군사쿠데타가 일어나자 교회는 지지를 표명한다. 한국기독교연합회는 5·16군사쿠데타를 '군사혁명'이라 불렀고, 한경직과 김활란 등은 쿠데타 직후 '혁명정부'의 국제적 지지를 얻어내기 위해 미국을 방문했다.

그러나 1965년 6월 한일협정이 조인되자 교회는 '굴욕적인' 한일국교정상화를 반대하기 시작했다. 새문안교회 강신명 목사, 경동교회 강원룡·김재준 목사, 영락교회 한경직 목사 등 215명이 1965년 7월 영락교회에서 구국기도회를 열고 성명서를 발표했다. 이를 계기로 전국에서 교파를 초월한 구국기도회가 열렸고 굴욕적인 한일협정 비준에 반대를 했다. 하지만 한경직 목사는 박정희에게 불려 청와대에 다녀온 이후 한일협정 비준 반대에 일절 관여하지 않게 되었고, 기독교계의 반대운동은 동력을 잃게 되었다.

1969년 삼선개헌이 일어나자 교회는 김재준 목사를 중심으로 삼선
개헌반대범국민투쟁위원회를 조직하고 삼선개헌 반대운동에 앞장섰
다. 한국기독교교회협의회도 1969년 9월 발표한 성명을 통해 삼선개
헌 반대 입장을 밝혔다. 하지만 김윤찬·김준곤·김장환 등이 주도하는
보수교회는 정부를 지지했고, 이로써 교회는 보수와 진보로 양분되기
시작했다. *

1970년대에는 유신체제에 반대하는 그리스도인의 민주화 투쟁이
일어났다. 1972년 10월 유신이 선포됐고, 교회는 1973년 4월 남산 부
활절 예배 사건을 일으켰다. 남산 야외음악당에서 열린 부활절 예배에
서 유신체제를 반대하는 전단지가 배포됐고, 6월 말 박형규 목사와 권
호경 전도사(당시), 한국기독학생총연맹 회원, 빈민선교 활동가들이 국
가내란 예비음모 혐의로 구속됐다. 이를 계기로 기도회와 가두시위가
등장했고, 서울대 학생 250명의 4·19기념탑 앞 시위로 이어졌다.

한국기독교교회협의회는 인권위원회를 두고 1973년 11월에는 인
권선언을 채택하고 유신정권의 인권 탄압에 저항하고 사회정의의 실현
에 나설 것을 촉구했다. 이즈음에 와서 기독교계의 인권·민주화운동이
비기독교인의 민주화운동과 제휴하게 되었으며, 그 후 개헌청원 100만
인 서명운동으로 유신체제에 대한 저항을 확산시켰다. 당시 기독교 인
권·민주화운동은 양적으로 규모는 크지 않았으나 한국 사회의 인권·
민주화운동의 선도적 역할을 담당하면서 유신정권에 저항하고 있었다.

개헌청원 100만인 서명운동에 당황한 정부는 1974년 1월 대통령
긴급조치 제1호와 제2호를 선포했다. 긴급조치 중에는 헌법을 고치자
는 주장만 해도 재판 없이 감옥에 집어넣도록 하는 조치도 있었다. 하지
만 한국기독교교회협의회는 시국기도회를 갖고 긴급조치 철회와 유신
체제 폐지 등을 요구했다. 이후 1974년 4월 전국민주청년학생총연맹

(민청학련) 사건이 일어났다. 민청학련은 전국에서 동시다발적으로 '민중·민족·민주선언' 등을 발표하고 연합 시위를 벌인다는 계획을 세웠는데 이것이 사전에 당국에 탐지됐다. 3월 말부터 학생운동 지도부에 대한 검거가 시작되어 253명이 군법회의에 송치됐고, 이들 중에는 사형 등 중형을 언도받은 경우도 있었다.

민청학련 사건 이후 1974년 7월 한국기독교회관에서 목요기도회가 시작되면서 기독교계 인권운동이 본격화됐다. 목요기도회는 긴급조치 위반 혐의로 기소된 자들을 위한 기도회에서 비롯됐다. 정부의 탄압 속에서도 목요기도회는 상당 기간 동안 지속되어 한국 사회 인권·민주화운동의 지주 역할을 감당했다. 이어서 기독교계 각 교단 총회도 시국선언문을 잇따라 발표했다. 1974년 9월 한국기독교장로회는 제59회 총회에서 시국선언문이 발표했고, 이어서 대한예수교장로회 통합 측도 제59회 총회, 기독교대한감리회는 제12회 총회에서 시국선언문을 발표했다. 그리고 1974년 11월, 한국교회 진보적 신학자 66명이 '한국 그리스도인의 신학적 성명'을 발표하여 한국교회의 인권·민주화운동을 신학적으로 정리하고 뒷받침했다. 이 성명은 기존에 발표된 교회의 시국선언들이 가난한 자, 갇힌 자를 해방하는 선교활동의 일부로서 신앙양심의 절규이며, 나라의 장래를 염려하는 충심이라고 지적하는 등, 종래 이뤄졌던 교회의 시국선언문을 신학적으로 뒷받침했다.

1976년 3월 1일 천주교와 개신교 지도자들이 명동성당에서 열린 3·1절 기념미사에서 민주구국선언을 발표하여 긴급조치 철폐, 유신헌법 철폐, 박정희 정권 퇴진 등을 요구했다. 정부는 이 사건을 정부전복 선동사건으로 규정하고, 천주교의 함세웅·문정현·김승훈 신부와 개신교의 함석헌·문익환·안병무·이우정 및 주동자 20여 명을 긴급조치 제9호 위반 혐의로 입건했다. 이 사건의 주동자에는 천주교와 개신교의 저명인사 및 김대중·윤보선·정일형 등 국제적으로 잘 알려진 정치인이 포함되어 있어 국내외적으로 큰 반향을 일으켰다.

세계기독교교회협의회(WCC)는 한국(교회)의 인권·민주화운동을 지원했는데, 특히 그 회원교회인 독일과 미국, 일본 교회가 각별히 관심을 가지고 지원에 적극적이었다. 1975년 4월 한국기독교교회협의회(NCCK) 총무 김관석과 조승혁·박형규 등이 업무상 배임 혐의로 구속되자 WCC는 1975년 11월 제네바에서 긴급히 모임을 소집하여 한국교회의 인권운동 및 민주화운동을 지원하는 방안을 논의했다. 이것은 한국의 인권·민주화운동이 WCC와 제휴하여 세계 교회로 확산되는 과정으로, 정부로서는 굉장한 부담을 갖지 않을 수가 없었다. 그 후 미국과 독일 등의 기독교 단체 대표들과 김재준·이승만·김인식·오재식 등 재외한인 기독교인들이 참석하여 한국민주화기독자동지회를 결성했다. 이 기구는 1980년대까지 한국의 인권·민주화운동과 통일운동의 강력한 지원자 역할을 했다.

한편, 1970년대에 이르러 한국교회 보수진영에서는 정교유착이 심화됐다. 따라서 한국 개신교의 보수와 진보의 갈등과 분리가 고착화되어갔다. 1970년대 NCCK를 중심으로 한 진보진영은 독재정권에 저항했지만, 대부분의 보수교회들은 로마서 13장을 근거로 세상 권세에 대한 복종을 주장, 박정희 정권과 유착했다. 국제기독교협의회(ICCC) 노선을 추종해온 교단과 '한국예수교협의회'는 조찬기도회를 통해 독재정권을 지지했다. 1968년에 시작한 대통령 조찬기도회는 수백 명의 교역자와 기독교 정치인이 참석해서 유신정권을 공개적으로 지지한 모임이었다. 이는 1976년부터 국가조찬기도회로 개칭되고 연례화됐다. 교회와 정치권력의 합작품인 조찬기도회는 불의한 정치권력을 정당화해주는 정치적 도구로 사용됐다. 대표적인 예로, 1973년 5월 대통령 조찬기도회에서 CCC의 김준곤은 "10월 유신"을 "정신혁명의 성격도 포함하고 있는" 운동으로 규정하며 하나님의 축복으로 그것이 성공하기를 기원했다. 조찬기도회는 1979년 유신정권이 끝날 때까지 계속됐다.

1979년 10월 박정희가 피살되자 전두환의 신군부가 등장했고, 이를 저지하려는 민주화 세력과의 충돌이 1980년 5월 '광주민주항쟁'으로 발전했다. 진보적 기독교인들은 신군부에 맞서 인권·민주화 투쟁에 앞장섰다. 광주항쟁의 진실을 알리기 위해 기독교청년협의회 회원 김의기가 서울 연지동 기독교회관에서 투신했고, 신촌 네거리에서는 기독인 노동자 김종태가 분신했다. 민주화운동을 하던 감리교 목사 임기윤은 '김대중 내란음모 사건'과 관련, 계엄합동수사단에 연행되어 의문의 죽음을 당했다.

1980년대에 이르러 기독교 인권민주화운동은 더 확대·심화되어 사회운동의 영역을 넓혀갔다. NCCK 인권위원회, 한국기독청년협의회, 한국기독학생총연맹, 도시산업선교회와 그 외에 전국교역자정의평화실천협의회, 기독교농민회, 기독노동자연맹, 기독여민회 등의 부문별 단체들이 속속 결성되어 기독교 사회운동의 외연을 넓혀갔고, 1980년대 중반에는 이 단체들이 평화통일운동, 민주시민운동, 교육운동, 학생운동, 청년운동, 노동운동, 농민운동, 여성운동 등 다양한 기독교 사회운동을 주도해나갔다. 그리고 민중신학과 산업선교에 뿌리를 둔 민중교회가 1984년경 등장했다. 1989년 한국민중교회운동연합에 소속된 민중교회는 90개에 이르렀다. 전국교역자정의평화실천협의회는 1984년 7월 소수의 진보적 교역자들이 발의해 "교회와 사회현상의 아픔을 분석, 진단, 처방"하려는 취지에서 태동됐고, 그 후 NCCK와 함께 기독교 민주화운동과 통일운동을 이끌어나갔다.

1980년대에도 교회 지도자들의 조찬기도회는 계속됐고, 이를 통해 박정희 정권에 이어 전두환 정권도 지지했다. 1980년 8월 6일, 정권을 찬탈한 전두환 국보위 상임위원장을 축복하기 위해 열린 '나라를 위한 조찬기도회'는 한국 기독교사에 남는 가장 수치스런 행사였다. 한경직·조향록·김지길·정진경 등 통합, 기장, 감리교, 성결교 등 각 교단 총회장급 지도자 23명은 광주 시민을 학살하고 쿠데타에 성공한 전두환을 하나님의 이름으로 축복했는데, 그 광경은 텔레비전으로 생중계됐고 필요할 때마다 되풀이하여 방영되었다. 조찬기도회 직후 전두환은 통일주체국민회의의 '체육관 선거'로 제11대 대통령에 선출됐다.

통일운동

1960년대 초반까지 한국 기독교계 지도자들의 전반적인 입장은 공산주의와 대결하자는 것이었다. 군사독재를 겪으면서 기독교인은 공산주의와 대결하는 것 못지않게 군부의 우익독재에 저항하는 것이 중요하다고 인식하게 되었다. 이런 상황에서 기독교계가 인권·민주화운동을 심화·확대한다는 것은 군사정권이 안보 일변도의 논리를 내세우는 것과 양립할 수 없었다. 군사정권은 안보를 위해서는 인권·민주화운동이 제재를 받아야 한다고 주장했는데, 이때 군사정권의 안보는 정권 안보를 의미하고 있었던 만큼 이들의 정권 안보를 위해서는 인권·민주화운동이 희생돼야 한다는 논리였던 셈이다. 군사정권이 내세운 안보는 분단구조에 기반한 안보였다. 여기서 안보 문제를 해결하기 위해서는 '분단을 해소해야 한다'는 깨달음이 한국 기독교 지도자들에 의해 각성되기 시작했다. '분단 해소'는 곧 민족통일을 의미했다.

1980년대에 들어서 한국 사회의 인권·민주화운동이 통일운동으로 연결되게 된 것은 군사정권이 내세우는 안보 문제가 통일을 통해서 해소될 수 있었기 때문이다. 따라서 통일의 문제는 군사정권이 내세우는 안보 문제를 해소할 수 있을 뿐 아니라 안보를 빙자하여 압제를 가하는 인권·민주화운동의 문제에도 숨통을 틔울 수 있게 되는 것이다. 기독교계의 인권·민주화운동이 1980년대의 통일운동으로 발전하게 되는 이유가 여기에 있다. 여기서 유의해야 할 것은 종래 통일 논의는 집권자들의 전유물처럼 되어 있었는데, 이를 민간 차원의 통일 논의로 끌어내린 것이 바로 기독교계였다는 점이다. 1974년 초 기독청년협의회 회원 3천여 명이 '통일을 기원하는 예배'를 드리고 가두데모를 시작했고 그 뒤에도 통일 문제를 지속적으로 제기했다. 그러나 기독교계의 통일운동이 본격화된 것은 1980년대에 이르러서다.

기독교의 통일운동은 남북 기독교 인사의 만남으로 전개됐다. 1979년 김성락 숭실대 총장의 김일성 면담, 그 후 1981년 11월 해외 기독자들과 조국통일해외기독자회, 북한의 조평통 및 조그련 대표들은 오스트리아 빈에서 통일대화를 시작해서 프랑크푸르트까지 11차에 걸쳐 대화를 나눴다. 한편 한국 기독교회가 통일 문제에 관심을 갖도록 자극한 모임들이 있었다. 1981년 6월 8일~10일 서울 아카데미 하우스에서 "분단국에서의 그리스도 고백"이란 주제와 '죄책고백과 새로운 책임'이란 부제를 달고 '제4차 한·독교회협의회'가 개최됐다. 이 협의회의 권고에 따라 1982년 2월 26일 한국기독교교회협의회는 산하에 '통일문제연구원 운영위원회'를 특별위원회로 설치하기로 결의하고 이해 9월 16일 운영위원회를 조직하게 되었다. 1984년에는 '제3차 한·북미교회협의회'가 열려 미국이 한국을 분단시킨 나라라는 것과, 그렇기 때문에 미국 교회는 한국교회와 함께 한반도의 통일을 위해 공동으로 책임져야 한다는 요지의 결의문을 남겼다. 이 같은 통일대화에 자극을 받아 한국민주화기독자동지회는 남북통일 문제를 제기하라고 세계교회협의회에 제안했고, 이 제의로 1984년 10월 일본 도잔소(東山莊)에서 세계

교회협의회(WCC) 국제문제위원회 주최의 도잔소협의회가 개최됐고, 남한 교회와 조그런 대표들을 초청, "평화통일은 남한 교회만의 일방적 선교과제가 아니고 남북한 교회 쌍방의 공동과제라는 점" 그리고 "한반도의 평화·통일이 단순히 남북한만이 아닌 세계 교회의 공동 책임이라는 점" 등을 천명하는 '도잔소보고서'를 발표했다. 비록 조그런 대표들은 참석하지 못했지만 도잔소회의는 '한반도의 통일은 남북한 기독교회의 책임이다'라고 선언하여 남북 한국 기독교인 통일운동의 근거를 마련해주었다.

NCCK는 1985년 2월 제34차 총회에서 〈한국교회평화통일선언〉을 채택하고 "평화의 염원은 약한 자, 가난한 자, 눌린 자, 곧 민중이 가장 깊이 탄식하고 갈망하는 민중의 현실"이라 주장했다. 교회 내 통일인식도 확산되었는데, 1980년 3월 기독교장로회는 통일이 교회의 선교적 과제임을 천명했고, 장로교(통합)도 1986년 제37차 총회에서 〈대한예수교장로회 신앙고백서〉를 선포, "화해의 대업을 성취하신 예수 그리스도를 본받아" 민족을 화해시키고 이 땅에 평화를 정착시키는 사명을 감당해야 한다고 고백했다. 이 고백서가 민족통일 문제를 언급한 최초의 것이다.

1985년 2월 '한국교회평화통일선언'을 채택한 NCCK는 1988년 2월 29일 〈민족의 통일과 평화에 대한 한국기독교회 선언〉을 발표했다. 이 선언은 '자주·평화·민족대단결'의 원칙에다 '인도주의 및 민주적 참여'의 통일원칙을 첨가한 중요한 의미를 지니고 있다. 이 선언은 같은 해 정부의 '7.7선언'을 유도했다. 1991년 12월 13일 〈남북 사이의 화해와 불가침 및 교류 협력에 관한 협의서〉와 1991년 12월 31일 가서명한 〈한반도의 비핵화에 관한 공동 선언〉은 NCCK 통일선언의 내용을 고스란히 담고 있다. 또 1990년대의 조국의 평화통일과 선교에 관한 기독자 도쿄회의로 이어졌다.

1990년대 소련의 붕괴 등 공산권의 변화가 일어나면서 북한은 소련과 중국으로부터 식량과 에너지 지원을 받기 힘들어졌다. 게다가 1992년부터 홍수로 북한의 생산력이 급감하게 되고, 대규모의 아사자가 나왔다. 이에 남한 기독교는 진보와 보수를 가리지 않고 북한돕기운동에 나서게 되었다.

맺음말: 한국 개신교의 반성과 과제

한말에 수용된 개신교는 130여 년의 역사를 거치는 동안 한국 사회의 주목할 만한 종교로 자리 잡게 되었다. 수용 초기부터 성경이 번역되고 성경공부 모임인 사경회 운동을 통해 성장했다. 초기부터 성경 말씀에 젖어든 한국 개신교는 봉건사회의 모순과 한계를 극복하기 위한 사회개혁운동을 벌였으며, 일제 침략과 강점기에는 민족독립운동을 벌였고, 신사참배 반대투쟁에도 앞장섰다. 그러나 해방을 맞아 새로운 사회를 건설해야 할 때 자신의 역사적 사명을 제대로 감당했다고 할 수 없다.

해방 이후 한국교회에 주어진 민족사적 과제는 크게 세 가지로 일제 잔재 청산과 민주 조국 건설 및 분단 극복과 통일 한국 건설이었다. 그러나 실패했다. 여기에는 '장로 대통령' 이승만의 책임이 작다고 할 수 없다.

1961년 5·16군사쿠데타 이후 한국 기독교계는 각성하기 시작했다. 한국교회 일부에서는 군사정권의 반인권·반민주적 행태에 저항하여 인권·민주화운동에 나서게 되었다. 유신정권하에서 종로5가를 중심으로 한 기독교인들은 각종 형태로 저항했다. 천주교 및 재야세력과도 연대세력을 형성했다. 유신정권의 붕괴는 이들 연대세력의 선도적 투쟁

과 무관하지 않다. 1980년대에 들어서서는 인권·민주화운동의 연장선
상에서 통일운동에도 나서게 되었다. 1988년 2월 29일 NCCK가 발표
한 〈민족의 통일과 평화에 관한 한국기독교회 선언〉은 기독교적인 통
일이념과 방향을 제시한 것으로 남북의 당국에도 큰 영향을 주었다. 노
태우 대통령의 '88선언'은 NCCK의 그 선언에 힘입은 바 컸고, 1990년
을 전후하여 시작된 남북대화와 각종 공동선언 및 민간의 대북교류는
이 선언과 무관하지 않다.

2000년대에 들어서서 북핵 문제는 기독교계의 대북관계에 큰 변화
와 차이를 재래했다. 인권·민주화운동 및 통일운동에 견해차를 보여왔
던 한국 기독교 보수와 진보는 민족 문제에도 큰 차이를 보이게 되었다.
어느 정도 균형을 유지해오던 한국 기독교계는 참여정부를 거쳐 이명
박·박근혜 정권 시기에 더욱 수구화되었고, 정권과 타협하면서 예언자
적인 소리는 들려지지 않게 되었다. 최근에 와서는 그나마 유지해오던
정종(政宗)분리의 주장을 내팽개쳐버리고 극단적인 정치참여를 강조
하는 광화문 집회와 청와대 앞 시위까지 하게 되었다. 그들은 제20대
및 제21대 국회 진출을 목표로 기독교의 이름으로 정당활동까지 벌였
으나 실패했다. 그들은 교회를 정치세력화해갔고, 공공연히 교회 혹은
교단의 이름으로 정치에 참여하도록 유도했다. 정치 문제에 대한 개신
교회의 태도를 분명히 해야 할 때가 되었다.

최근 '코로나19' 사태를 맞으면서 한국 기독교는 새로운 과제를 안게
되었다. 교회의 기능적 양태 문제와 관련, '모이는 교회'와 '흩어지는 교
회'에 대한 고민이다. '온라인 교회'를 경험한 한국 개신교는 종래와 같
은 '모이는 교회'에 대해서는 확실하게 그 한계를 인식하고 변화를 요구
하는 단계에 와 있다. 이런 논의들을 어떻게 수렴하여 교회의 새로운
진로를 마련할 것인가, 새로운 숙제가 주어졌다.

한국 개신교의 앞으로 과제와 관련하여 여러 가지 문제를 제기할 수 있다. 개신교는 한반도의 평화와 통일 문제에 피스메이커로서 역할을 어떻게 감당할 것인가, 사회정의를 위해 어떻게 헌신할 것인가, 한국교회의 장래와 교회교육을 위해 어떤 고민을 해야 할 것인가 등 여러 가지 과제를 안고 있다. 그러나 이 글의 결론을 대신하여 한국 개신교가 안고 있는 성속이분법적 신앙 행태와 성서적 복 사상 그리고 한국 기독교의 자기 신학화의 과제 등에 대해서만 간단하게 지적하고자 한다.

개신교인들은 성속(聖俗)의 이분법적 신앙 양태에 대해 새롭게 고민해야 한다. 그동안 예배당을 구약시대의 성전(聖殿) 개념으로 환원하고 교권을 강화하려고 한 일련의 교권적 움직임이 있었다. 이들에 의해 담임목사직 세습이 이뤄지고, 교권을 강화하려고 한 것은 놀라운 일이 아니다. 이런 현상의 이면에는 이분법적 사고도 한몫을 했다. 이분법적 사고가 극복되지 않으면 보편적 직업에 대한 소명의식과 성화(聖化)는 불가능하다. 루터의 '만인사제설'이 주는 메시지는 성속이원론(聖俗二元論)을 극복하는 것이었다. 만인사제설은 일상의 삶을 주일날의 성직자의 삶처럼 살아야 한다는 것을 의미했고, 그 전에 일주일의 하루만 하나님께 바치는 삶을 이제는 일주일 전체를 하나님 앞에 드려 거룩하게 살아야 한다는 것이었다. 하나님께서 주신 월요일부터 일요일까지의 모든 삶이 하나님께서 주신 삶이기 때문에 모든 삶을 주일날의 성직자들의 삶처럼 살아야 한다는 것이다. 이렇게 성속의 타파를 확대하지 않으면 안 되게 되었다.

성속 타파 문제는 직업에서도 거룩한 것과 속된 것의 구분이 없게 했고, 모든 직업(Beruf, vocation)은 곧 하나님의 거룩한 소명(召命, Berufung, calling)으로 되었다. 여기서 '소명'인 Berufung(calling)은 '직업'을 의미하기도 했다. 종래 소명은 영적 직무에 국한되어 있었는데,

종교개혁 이후 이를 세속 영역에까지 확장시켰다. 자기에게 주어진 직업으로 이웃을 섬기고 사랑을 실천한다면 그것이 곧 성직(聖職)을 수행하는 것이었다. 자기 직업을 통해 이웃을 섬기면 그것이 곧 세상을 예배로 가득 채우는 길이며, 그런 의미에서 직업이란 이웃을 섬기기 위해 부름 받은 모든 자리를 의미했다. 직업의 성속 타파와 소명화는 근대사회 발전에 큰 동력이 되었다. 직업의 소명화를 주장한 루터파가 발전한 나라들(북유럽과 독일, 덴마크 등)은 사회민주당 세력이 성하고 사회복지가 가장 탄탄하게 보장되는 나라가 되었다.

한국 개신교의 반성과 과제로, 왜곡된 복(福) 사상을 극복하고 기독교적 복 사상을 회복해야 함을 지적할 수 있다. 기독교가 수용되던 한말에도 그랬거니와 해방 이후에도 '예수 믿으면 복 받는다'는 사상은 꾸준히 계속됐다. 경제개발이 이뤄지던 시기는 한국 개신교가 급속하게 성장하던 시기이기도 했는데 이때 표어처럼 사용된 성구는 "사랑하는 자여 네 영혼이 잘 됨 같이 네가 범사에 잘 되고 강건하기를 내가 간구하노라"(요한3서 1:2)였다. 이 구절은 간단히 '예수 잘 믿으면, 돈 잘 벌고, 건강하게 된다'는 것이었다. 이 복 사상으로 전도도 하고 대형교회도 만들었다. 그러나 한국 개신교가 강조한 이 복은 예수께서 가르치신 복인가? 그렇지 않다. 예수께서 친히 가르치신 복은 '마음이 가난한 것', '애통하는 것', '온유한 것', '의에 주리고 목마른 것', '긍휼이 여기는 것', '마음이 청결한 것', '평화를 만드는 것', '의를 위하여 고난을 당하는 것'(마 5:3~12)이요 또 "주는 것이 받는 것보다 복이 있다"(행 20:35)는 것이다. 이것이 강조되지 않는 복은 예수가 가르친 복은 아니다. 한국 개신교는 이 복을 회복하지 않으면 안 된다. 이 복의 실천은 바로 이 땅에 하나님의 나라를 건설하는 첩경이다.

마지막으로, 수용된 지 140여 년이 되어가는 한국 개신교에 꼭 필요한 것이 있다. 그것은 한마디로 '자기 신학화'를 위한 노력, 즉 '한국신학화'를 위한 몸부림이다. 해방 직후에 '토착화 신학'과 군사정권 시대에 '민중신학'이 있어서 한국 신학화의 가능성을 보였으나 지금은 그마저 맥이 끊기는 것 같은 상황이다. 최근 한국 기독교사 연구에서 그런 노력들이 보이고는 있지만, 신학 연구의 측면에서 한국 개신교의 자기 신학화를 위한 노력은 거의 보이지 않는다. '자기 신학화'는 자기의 상황을 의제로 삼아 신학화 작업을 하는 것이다. 모든 학문이 자기의 문제의식에서 출발한다면 신학도 문제의식에서 출발해야 하는 것이고, 그 문제의식은 자기의 상황에 대한 통찰에서 시작되는 것이다. 우리의 상황을 문제의식화하여 하나님의 말씀을 토대로 한국의 인문학적 상황과 어우르면서 신학화로 풀어가는 것, 그것이 한국 신학화 작업이라고 할 것이다. 지금까지 한국의 신학은 우리의 문제의식에서 출발하지 않은, 해외에서 수입한 수입신학이요 번역신학이며, 우리의 고민과 땀이 서려 있지 않은 신학이었다. 한국교회는 세계 선교사에서 유례가 없는 성장과 발전을 경험했지만 자기 신학화에 대한 고민이 없고 아직도 자기 신학이 없다. 한국의 불교와 유교는 그렇지 않았다. 신라에 불교가 수용된 지 100여 년 만에 원효(元曉)가 나와 동양 불교계에 영향을 미쳤고, 유교(성리학) 또한 고려 말에 수용되어, 그 이념에 기반한 조선이라는 나라를 세우게 되었다. 지금까지 한국의 개신교는 그 짧지 않은 시간에 덩치는 크게 불렸지만, 자기 신학이 없기 때문에 한국 사회에서 파생되는 문제를 기독교적 관점에서 해결하지 못하고 있다. 이제 한국 기독교는 자기 신학의 기반 위에서 한국 교회와 사회를 새롭게 조성해가야 할 책임이 있다.

기독교 민주화운동의 전개 과정과 위상
— 청년·학생을 중심으로

이종구 | 대구경북과학기술원 초빙석좌교수

들어가며

이 글은 참여관찰자의 입장에서 1970년대부터 1987년 직전까지 필자가 체험한 청년·학생운동을 중심으로 살펴본 기독교 민주화운동에 대한 인상기이다. 본론에 앞서 '기독교 민주화운동이 한국의 민주화와 사회발전에 기여했다'는 통설을 재평가하고 이러한 시각에 대한 문제를 제기하고자 한다. 기독교 민주화운동이 한국 민주화와 사회발전에 기여한 것은 명백한 사실이다. 그러나 '기독교'가 민주화에 기여했다는 기술은 오류이다. 정확하게 표현하면, '한국 기독교 에큐메니컬 운동'이 한국 민주화에 기여했다. 한국의 기독교 세력 내부에 있는 소수 집단이 민주화운동에 참여했다는 것이 사실이다. 참여 주체를 명확하게 규정하지 않으면 많은 혼선이 일어날 수 있다. 또한 기독교 에큐메니컬 운동이 민주화운동에 기여한 내용에 대한 기존 해석은 '자원 제공'을 강조하는 경향이 있다. '자원 제공'은 해외 기독교 단체의 재정적 도움, 기독교 회관과 교회라는 해방공간, 용공 시비에서 자유로운 이념적 안전성의

제공을 말한다. 그러나 기존 연구는 기독교 에큐메니컬 운동이 민주화
운동에 기여한 내용을 분석하면서 이념적 측면을 상대적으로 소홀하게
고찰했다는 문제를 가지고 있다. 기존의 신학 연구는 민중신학, 해방신
학 등 새로운 신학 사조가 들어와 교회와 교인을 변화시켰다는 측면을
강조했다. 반면에 신학적인 변화와 사회사상, 사회적 이념의 변화 사이
에 존재하는 상호 연관 관계와 연결고리는 주목하지 않았다. 신학적인
변화와 교회 및 교인의 변화 사이의 관계를 설명하려는 노력도 미흡했
다. 이러한 문제 제기를 바탕으로 필자는 이 글에서 기독교 민주화운동
의 핵심적 구성 요소였던 기독학생운동의 위상을 검토하는 작업을 시
도했다.

KSCF(한국기독학생회총연맹) 결성과 기독학생운동의 등장

KSCF 결성과 청년문화 · 민중문화

한국의 기독학생운동사는 3·1운동까지 거슬러 올라간다. 그러나 이
글에서는 에큐메니컬 정신에 입각한 기독학생운동의 출발을 1969년
11월 23일 YMCA 대학생위원회와 KSCM(한국기독학생회)이 통합대회
를 갖고 KSCF(한국기독학생회총연맹, Korea Student Christian Federa-
tion)를 결성한 시점으로 규정했다. KSCF의 결성을 계기로 1968년에
미국과 서구, 일본을 뒤흔들었던 소위 대학의 반란, 청년의 반란이라고
부르는 68세대의 가치관과 중남미의 사회운동이 소개됐다. 기독교회
관 7층의 KSCF 사무실이 68세대의 가치관과 여기서 파생된 각종 담론,
중남미 사회운동에 대한 정보가 들어오는 창구의 기능을 했다. 물론 가
톨릭도 중남미 사회운동에 관한 정보가 유입되는 통로가 되었다. 가톨
릭의 분도출판사가 펴낸 각종 서적을 통해 브라질의 카마라 주교를 비

롯한 중남미 민중운동에 참여한 신부들의 이야기가 국내에 소개됐다. 당시 한국은 이념·사상적으로 완전히 폐쇄된 섬 같았지만, 기독교가 외부세계로 통하는 창구의 기능을 수행했다.

당시 KSCF가 내건 구호는 '인간화'와 '사회정의'를 통한 '하나님의 선교'(Missio Dei)였다. '하나님의 선교'는 천국은 죽어서만 가는 곳이 아니며, 현실을 천국으로 만들어야 한다는 메시지였다. 이러한 새로운 메시지가 한국의 교회와 대학가의 청년·학생들에게 정신적으로 큰 파문을 일으키면서 기독학생운동이 본격적으로 시작됐다. 당시 KSCF에서 간사로 활동했던 독일인 브라이덴슈타인(Breidenstein)이 대한기독교서회에서 펴낸《학생과 사회정의》는 기독교학생운동의 실천 가이드북이 되었다. 한국에 기독교를 통해 전파된 68세대의 '반문화운동', '대안문화운동'은 대학가의 청년문화운동과 민중문화운동으로 연결됐다. 기독교 학생운동을 통해 확산된 청년문화운동은 기존 학생운동이 3선 개헌, 한일협정 등 정치적 쟁점을 위주로 일회성 시위에 치중하고 있을 뿐만 아니라 민족세력과 수구반동세력을 선악으로 대비시키는 흑백논리에 빠져 있다는 비판을 제기했다. 1971년 10월의 위수령으로 서울대 문리대에서는 문우회, 낙산회, 후진국사회연구회 등의 기존 서클이 해체되었다. 1973년 봄에 잠시 유화 분위기가 감돌면서 1971년도에 교련 반대운동을 하다가 제명된 학생들도 복교하고 서클을 재등록할 수 있게 되었다. 이때 '청년문화연구회', '한국문화연구회'와 같이 서클 이름에 '청년', '문화'를 사용해 이념서클이 아닌 것처럼 위장하기도 했다.

문화운동은 사상과 이데올로기 논쟁을 불편해 하는 학생들도 학생운동권으로 끌어들이는 효과를 가져왔다. 당시 소개된 미국 신학자 하비콕스(Harvey Cox)의 《바보제》(*The Feast of Fools*)[1]는 탈춤 등 민중문화 운동과 연결됐다. '바보제'는 서양 중세 시대에 하루 날짜를 잡아, 위

아래가 뒤집히는 판을 만들어 천민들이 마음 놓고 귀족을 조롱하며 실컷 스트레스를 푸는 축제였다. 서울대 문리대의 임진택과 채희완 등이 시도한 탈춤 복원운동과 KSCF의 청년문화프로그램이 연결되어 교회와 대학가에 민중문화운동이 확산됐다. 앞에서 언급한 하비 콕스의 다른 저서《세속도시》(*The Secular City*)²도 기독학생운동에 큰 영향을 끼쳤다. 《세속도시》는 교회가 건물 안에 있을 것이 아니라, 건물 밖에, 길거리에, 저잣거리에 있어야 한다는 내용이었다.

1971년 10월에 박정희 정권이 위수령을 발동해 교련 반대 시위를 군대를 동원해 진압한 이후, 서울대 문리대를 비롯한 대학가에서 기독학생운동 계통의 논객들이 기존 정치쟁점 중심의 학생운동 기조에 대한 비판을 제기하며 청년문화 논쟁을 유발시켰다. 한완상 교수를 비롯한 유학에서 갓 돌아온 소장파 교수들도 청년문화의 중요성을 강조했다. 특히 위수령, 계엄령, 긴급조치가 잇달아 발동되어 수시로 휴교가 반복되던 1972년 2학기부터 73년 1학기 사이에 청년문화 논쟁이 활발했으며 KSCF의 나병식 등이 이를 주도했다. 1973년 서울대 문리대 학생회장 선거의 정책토론 주제도 청년문화였다. 비기독교 운동권 학생들도 청년문화를 설파하고 다녔다. 유신반대를 공개적으로 언급할 수 없는 억압적 상황에서 선거운동을 하려면 학생들을 모아놓고 무슨 말이라도 해야 하니, 급한 김에 무작정 맥락이 전혀 다른 미국 고교생의 행동 연구에 적용되는 청년문화 개념을 새로운 학생운동의 주제로 내

---

1 하비 콕스, 김천배 역,《바보제》(현대사상사, 1989): *The Feast of Fools: A Theological Essay on Festivity and Fantasy*, January 1969, Harvard University Press.

2 하비 콕스, 이상률 역,《세속도시》(문예출판사, 2010): *The Secular City: Secularization and Urbanization in Theological Perspective*, Revised ed. Edition, 2013. Princeton University Press. (1965 1st. ed.).

걸었다는 것이 실제 상황이었다. 1973년 10월 2일에 서울대 문리대에서 최초의 유신반대 시위가 발생하고, 1974년 4월에 민청학련 사건이 터지는 격동 속에서 청년문화 논의는 소멸됐다. 그러나 탈춤반을 비롯한 민중문화운동에 참가하는 청년·학생들은 긴급조치하에서도 희생을 무릅쓰고 실천적 민주화운동을 전개했다.

보수적 기독학생의 의식화 · 급진화

1970년대의 KSCF는 기독교회관 7층에 있는 본부 사무실의 간사와 대학 기독학생회(Students Christian Association, SCA) 그리고 교회와 인연이 있는 학생운동 활동가로 이루어졌다. 서울대를 비롯한 각 대학교의 기독학생회는 굉장히 보수적이었다. 삼선개헌을 지지해 박정희의 두터운 신임을 받은 김준곤 목사가 지도하는 CCC(한국대학생선교회, Campus Crusade for Christ), 빈 강의실이나 교정에 성경을 펼쳐놓고 둘러앉아 있는 UBF(대학생 성경읽기 선교회, University Bible Fellowship)에 나가는 근본주의적 신앙을 가진 보수파들이 주류였다. 에큐메니컬 운동의 세례를 받은 기독학생운동과 개별 대학교 기독학생회 사이에 치열한 논쟁이 벌어지는 것은 시간 문제였다.

기독학생운동 참여자의 구성을 보면 박형규 목사가 시무하던 서울 오장동의 기독교장로회 소속 서울제일교회는 나병식(서울대 국사) 등 서울대 운동권 학생들이 많았다. 서울 신문로의 예수교장로회 통합파 소속 새문안교회는 서경석을 비롯한 서울대 공대생과 연세대 운동권 학생들이 많았다. 두 교회에는 현영학 교수, 서광선 교수와 같은 자유주의적인 신학 교수들이 포진한 이화여대 학생들도 많았다. 이밖에도 서울에는 기독교장로회 소속인 명륜동의 창현교회, 사직동의 수도교회, 명동의 향린교회, 감리교 소속인 약수동의 형제교회에 기독학생운동에 참여하는 청년 신도가 많았다. 부산은 보수동 책방골목 근방에 있는 기독교장로회 소속 중부교회가 기독청년운동만이 아니라 지역 민주화운동의 거점이었다.

KSCF 본부의 간사들은 기독학생회가 교회 등에서 큰 행사를 할 때 학생운동 활동가를 중심으로 프로그램을 조직하고 운영하게 지도했다. 이러한 과정을 거치며 보수적인 기독학생들이 의식화, 급진화되기 시작했다. 기독학생들은 교회와 교계 지도층을 상대로 문제를 제기하기 시작했다. 대표적인 사례가 1973년 1월에 발생한 대한모방 해고사건이다. 동대문의 동신교회는 북한에서 월남한 교인들이 만든 교회로 대한모방 김성섭 회장이 장로였다. 김성섭 회장은 대한모방 노동자들에게 일요일에 18시간 근무를 시키고 강제로 예배에 참석시켰다. 대한모방 노동자들은 '강제예배 중지'와 '18시간 노동 철폐'를 요구했고, 회사 측은 4명의 여성노동자를 부당하게 해고했다. 영등포산업선교회와 가톨릭노동청년회(Jeunesse Ouvriere Chretienne, JOC)는 대한모방을 규탄하면서 기독학생들에게 지원을 요청하여 파문이 커졌다. 결국 김성섭 회장은 노동자들의 요구를 들어줄 수밖에 없었다. 그러나 1978년에 대한모방은 동일한 사건을 다시 저질러 산업선교회 회원을 부당 해고했다.

지적 다양성

KSCF가 소개한 외국 사조는 대학 학생운동 이념의 다양화를 촉진했다. 기존 학생운동의 이념은 민족경제론과 같은 반일 중심의 좌파 민족주의가 주류였다. KSCF를 통해 소개된 외국 사조는 제3세계 문제, 민중운동, 문화운동, 인간 소외의 문제 등이었으며 대학 학생운동 이념이 다양성을 갖추는 데 기여했다. 당시 기독교운동이 대학 학생운동에 끼친 영향력은 엄청난 것이었다. 이념의 다양화를 반영하여 KSCF 학생 사회개발단은 민중운동과 접촉면을 형성하려 시도했다. 학생사회개발 단은 특히 빈민지역에서 활발하게 활동했다. 학생사회개발단은 연희동 산동네, 김진홍 목사의 활빈교회가 있던 송정동을 비롯한 청계천 지역, 특히 성남대단지에서 몇 주일 동안 생활하며 체험하는 프로그램을 진 행했다. 빈민 체험을 통해 충격을 받은 많은 학생이 헌신적인 운동가로 변모했다. 교회는 모든 종류의 대학과 대학생이 모인 곳이므로 KSCF 대학생 회원의 구성도 다양했다. 현실 정치에 관심이 없던 청년 신도가 교회에서 에큐메니컬 운동의 메시지를 접하고 맹렬한 활동가로 변신한 사례도 드물지 않았다. 기독학생운동의 영향으로 소수의 명문대에 국 한되었던 일반 학생운동의 저변도 확대된 것은 사실이다.

기독교 지식인과 교수 그리고 대한기독교서회가 펴낸 각종 단행본 과 《기독교사상》은 해외 사조를 선구적으로 소개하면서 한국 사회의 지적 다양성을 확대하고, 지식인의 정신세계를 외부와 연결하는 환기 구의 역할을 수행했다. M. 마코비치의 《무신론자를 위한 예수》(*Jesus für Atheisten*)[3]는 1972년 7월 4일 남북공동성명이 발표된 직후 공산주 의자들과 기독교인도 대화해야 하는 상황에서 길잡이가 되었다. 이 책 에 포함된, 기독교인이 남북화해와 통일 논의가 진행되는 상황에 적응 하려면 기독교와 맑스주의가 공유할 수 있는 휴머니즘의 가치를 확인 할 필요가 있다는 내용은 당시로서는 엄청난 지적 용기가 필요한 논의 였다. 평생을 세계적인 기독교 사회운동에 헌신한 오재식 박사와 대한 기독교서회를 통해 국내에 소개된 알린스키(Saul Alinsky, 1909~1972)

---

[3] M. 마코비취, 안병무 역, 《무신론자를 위한 예수》(한국신학연구소, 1974): *Jesus für Atheisten*, Stuttgart: Kreuz Verlag, 1972.

의 빈민활동 이론의 영향도 중요하다. 빈민선교와 산업선교를 초기에 개척한 실무자들은 해외연수를 통해 알린스키 이론을 접하면서 짓눌려 주눅 들어 있는 민중이 억압자에 대해 분노하여 행동을 시작하고 스스로 운동의 주체로 성장하도록 조직하는 방법을 배웠다. 또한 KSCF 학생들이 정기적으로 개최하는 신문고 집회는 사회문제를 고발하고 공론화하는 장이 되었다.

기독학생운동의 한계

KSCF 본부 사무실 간사와 학생운동 활동가 집단이 주도하는 기독학생운동은 한계를 노출할 수밖에 없었다. KSCF 본부가 주관하는 행사 위주의 활동은 각 대학의 기독학생들을 에큐메니칼 운동의 주체로 성장시키는 데 한계가 있었다. 그리고 기독학생운동 내부에도 기독교 배경을 가진 평신도와 신학생 그리고 대학 운동권 출신이 동거하는 구조가 만들어지고 있었다. 이러한 상황은 결국 1980년대에 들어와 정체성(Identity) 논쟁이 벌어지는 소지가 되었다.

물론 1970년대 초에도 참여자의 저변을 확대하는 작업의 중요성을 인식한 KSCF 본부는 기독학생운동 활동가들에게 개별 교회와 각 대학 기독학생회 활동에 적극적으로 참여할 것을 독려했다. 1971년에는 교회청년협의회(교청, CYC, Church Youth Council)가 서울지구에서 먼저 결성됐으며 후일에 목사가 된 한양대 공대생 이광일이 주도하여 개별 교회 대학생회와 청년회에 기독학생운동의 이념을 전파하고 이들을 조직해 실천적 활동에 참가할 수 있도록 안내하는 작업을 시도했다.

10월 유신과 민청학련 사건

1972년 10월에 유신체제가 선포된 이후 공개 운동의 한계가 명백하게 노출됐지만 '자유로운 공간'으로 남아 있던 교회의 중요성은 더욱 부각됐다. 1974년에 발생한 민청학련 사건으로 기독학생운동 활동가들이 대부분 검거되면서 KSCF의 활동은 소규모 행사와 개인, 소집단의 항거가 중심이 되는 방향으로 변화할 수밖에 없었다. 이러한 활동도 대부분 구속으로 이어졌다. KSCF는 공개적으로 기독학생운동의 중심적 역할을 수행할 수 없었다. KSCF 사무실만 상징적으로 유지됐다. 이후 기독학생운동의 중심은 1976년에 결성된 한국기독청년협의회(Ecume-nical Youth Council, EYC)가 담당했다. 서경석 목사를 중심으로 EYC는 서울대 문리대 학생운동과 같은 소수 엘리트 중심의 운동을 지양하고 다수의 대중, 청년 학생들이 이해할 수 있는 쉽고 간단한 이야기를 전달하고, 이들에게 민중선교 현장을 안내하는 방식으로 청년·학생운동을 확대했다.

민중신학과 민중운동

민청학련 사건의 파장으로 청년·학생들이 민중운동을 지향하게 되었으며 민중신학이라는 새로운 신학이 한국에서 만들어졌다. 세계에서 한국어로 부르는 학문 명칭은 '민중신학'(Theology of Minjung)이 유일하다. 연세대 서남동 교수는 민청학련 사건으로 기독학생과 목사가 대규모로 구속되는 상황에서, 외국 신학자와 철학자의 사상을 번역하고 소개하는 학문 활동이 무슨 의미가 있겠느냐는 회의를 느꼈다. 서 교수는 새로운 한국적 신학을 고민하면서 민중신학의 단초를 마련했다. 유신정권하에서 서남동 교수, 한국신학대학교의 안병무 교수 등이 중심적으로 활동한 한국기독자교수협의회는 기독학생과 목사를 대거 구속하는 유신정권의 비민주성을 비판했다. 이 과정에서 많은 교수가 해직됐다. 유신정권하에서 한국기독자교수협의회는 한국 사회의 중요한 오피니언 리더 역할을 수행했다. 저명한 민주인사들이 망라된 해직교수협의회는 사실상 한국기독자교수협의회를 기반으로 형성된 조직이라고 말해도 크게 틀리지 않는다.

구속 중에 맺은 인간관계를 통해 학생운동 출신 활동가와 기독교 운동권의 접촉면은 더욱 확대됐다. 기독교를 모르던 학생들도 민청학련의 배후로 지목되어 유죄판결을 받은 연세대 김동길 교수, 김찬국 교수로부터 성경과 신학 강의를 들으며 기독교 민주화운동의 정신적 기초에 대한 이해도를 높일 수 있었다. 해직된 서남동 교수가 원장을 맡은 기장 선교교육원은 형무소에서 나왔거나 대학에서 추방된 학생운동권 출신 활동가를 목회자로 양성하는 과정을 만들었다. 여기에서 전교조 운동을 이끈 유상덕, NCCK 총무를 역임한 권오성, 부평에서 민중교회를 조직한 이원희, 민중신학자 권진관, KSCF 이사장 신대균, 노동자 선교와 해외선교 현장에서 활약한 이광일 목사 등이 목회자로 훈련받았다.

유신정권하에서 기독교 민주화운동은 한국의 민주화운동 전체를 뒷받침하는 중책을 수행했다. 민중선교는 민중운동이 저변을 확대하도록 지원했다. 산업선교회는 노조를 대체하여 노동자 소집단을 조직화하고 교육하면서 노동운동의 흐름을 유지했다. 농촌선교와 기독교 농민운동은 새마을운동이 은폐한 농촌문제를 고발했다. 빈민선교는 빈민운동과 주민운동의 맥을 끈질기게 이어갔다.

인권운동과 해외 민주화운동

민청학련 사건 이후 NCCK 인권위원회가 결성됐고, 종로5가 기독교회관 2층 강당에서 매주 목요기도회가 열렸다. 긴급조치시대에 기독교 회관은 언론의 자유가 보장된 유일한 해방공간이었다. NCCK 인권위원회는 구속자 지원과 변호 활동을 활발히 하였으며 구속자가족협의회가 만들어지도록 도왔다. 구속자가족협의회는 민가협과 유가협으로 이어졌다. 인권운동이 처음 형성되는 과정에서 기독교는 귀중한 버팀목이 되었다.

당시 폐쇄된 한국 사회에서 기독교는 WCC(세계교회협의회, World Council of Churches)를 비롯한 국제 교회 네트워크를 통해 한국의 인권 문제를 해외에 알리고, 해외의 인권운동 동향을 국내에 소개했다. 국제 교회 네트워크를 활용한 정보 교류는 국내의 언론 검열을 돌파하고 한국의 민주화를 지원하는 국제적 인권운동 네트워크를 형성하는 데 크게 기여했다. 이러한 국제 네트워크를 통해 국내 민주화운동권은 정보만이 아니라 귀중한 물적 지원을 해외에서 제공받을 수 있었다. 국내 인권 상황과 민주화운동에 대한 소식은 국제 교회 네트워크를 통해 일본, 미국, 독일 등 해외에 전파됐다. 일본의 이와나미(岩波) 출판사에서 출간한 《세카이》(世界)에 장기 연재된 "T·K 生의 편지"는 한국의 현실을 가장 신속하게 세계에 알리는 창구 역할을 하였다. 해외에서 활동하는 민주인사들이 한국의 민주화운동을 지지하는 일본 기독교계의 후원을 받아 도쿄에서 장기간 발행한 일어판 "한국통신"도 국내 상황을 외부에 알리는 중요한 창구였다. 해외 정세를 국내에 소개하는 일은 한국기독교사회문제연구원(기사연) 등이 담당했다.

이 과정을 통해 한국의 기독교 민주화운동은 해외동포 단체가 전개하는 민주화운동, 통일운동과 교류할 수 있었으며 남북을 잇는 민간 수준의 대화를 시도했다. 이러한 노력은 남북대화가 재개될 수 있는 계기를 마련했다는 의미가 있다. 현실적으로 상당히 많은 위험을 무릅쓰고 해외에서 민간이 주도한 통일운동은 실질적으로 기독교 민주화운동만이 수행할 수 있는 작업이었다. 반면에 해외에서 다양한 민주화운동, 통일운동이 전개되는 과정에서 군사정권의 탄압으로 많은 해외동포와 유학생이 피해자가 되었다. '재일한국민주통일연합'이 반국가단체로 낙인찍혔고, '재일동포 모국 유학생 간첩단 사건', '일본, 유럽, 미국 유학생(교포) 간첩단 사건' 등이 조작됐다. 군사정권 시절에 해외동포 사회에서 일어난 각종 시국사건에 대한 진상규명과 명예회복은 아직도 한국의 민주진영이 잊지 말고 챙겨야 할 과제로 남아 있다.

1980년 광주항쟁과 기독교 민주화운동의 위상

기독교 민주화운동의 정체성 논쟁

전두환 정권이 등장하기 전까지 기독교 민주화운동의 일차적 목표는 의회민주주의적 질서의 복원이었다. 산업선교도 합법적인 실리적 조합주의를 지향하며 노동운동을 복원하려 시도했다. 그러나 전두환 정권이 1980년 5월에 광주항쟁을 학살로 진압하면서 등장하자 민주화운동권 내부에도 한국 사회에서 의회민주주의적 질서의 복원은 불가능하다고 체념하는 분위기가 감돌았다. 특히 학생운동 내부에 민중혁명을 통한 사회주의적 체제 변혁과 북한에 대한 관심이 고조됐다. 기독교 민주화운동 내부에서도 1980년대에 들어와 정체성(Identity) 논쟁이 가열되기 시작했다.

간단하게 말해 정체성 논쟁은 '신앙'이 중요하냐, '사회의식'이 중요하냐를 따지는 과정에서 발생한 갈등이었다. 실제로는 "신앙적 결단에서 행동하는 순수한 기독교인"과 "사회주의 이념 운동을 지향하며 교회를 이용하는 학생운동권 출신 활동가"를 구분하자는 일종의 유사 종교

재판과 비슷한 분위기가 만들어졌다. 그러나 교회 내부에는 양측이 뒤섞여 있으므로 구분이 쉽지 않았을 뿐만 아니라 험악한 정세 속에서 서로 도움을 주고받으며 의지하는 관계였다는 문제가 있었다. 결국 신앙의 내용과 순수성을 확인하는 논쟁을 하다가 양쪽이 모두 동지적 신뢰감의 저하라는 막대한 비용을 치르게 되었다. 예장 통합파 소속인 서경석 목사 계열의 '신앙'이 우선이라는 진영은 보수적 신앙을 가진 사람이 더욱 래디컬하게 될 수 있다며, "보수적 신앙이 반독재 민주화운동의 기초"라고 주장했다. 이들이 우선적 비판대상으로 삼은 기독교장로회 계열 활동가들은 "사회적 실천 속에 신앙이 있다"고 주장했다.

정체성 논쟁은 1980년대 후반에 들어와 미국, 북한, 사회주의에 대한 견해 차이 때문에 더욱 격화됐다. 그러나 이 논쟁에 적극적으로 참가한 인사들은 선도적 조직 활동가나 신학 이론가들이었다. 기독교 민주화운동 내부의 현실을 돌이켜보면, 일선 교회나 민중운동 현장에서 정보기관의 감시를 피해 다니며 바쁘게 움직이는 청년·학생, 활동가들은 대부분 논쟁의 존재 자체를 몰랐으며, 알았어도 이해하려 노력할 여유가 없었다.

기독교 민주화운동 진영의 분화

전두환 정권은 국내외에서 고조되는 민주화운동의 열기와 인권 탄압에 대한 국제 여론의 압력을 받아 1982년 연말에 김대중을 비롯한 민주인사들을 일부 석방했다. 새로운 유화 국면에서 작게나마 기구를 활용한 인권운동을 전개할 수 있는 공간이 생겼다. 해외 민주화운동도 고조됐다. 1960년대 말부터 기독교 민주화운동에 참여한 청년·학생들의 선배 세대는 대학을 벗어나 사회인으로 새로운 진로를 모색하며 다양하게 분화됐다. 또한 1987년 6월의 시민항쟁으로 전두환 정권이 퇴진하고 제도적 민주화가 진행되기 시작한 상황은 기독교 민주화운동을 포함한 민주화운동 활동가들이 개인적으로 새로운 진로를 모색하는 계기가 되었다.

운동 참여자의 분화는 아래 그림과 같이 도시할 수 있다. ①은 신앙을 강조하는 활동가로서 살아가는 집단이다. 대표적인 사례가 목회자가 되어 노동자와 농민, 빈민이 사는 지역에서 민중교회를 개척하거나, 기독교 기구에서 인권운동을 비롯한 사회운동에 헌신한 집단이다. ②는 생활인이 되었지만 평신도로 교회생활을 하며 기독교 민주화운동의 정신을 지키며 살아가는 집단이다. 이들은 평신도 지도자로서 목회자가 수시로 바뀔 수 있는 구조를 가진 개신교 내부에서 교회가 건강성을 유지하도록 기준을 지키는 역할을 계속하고 있다. ③은 생활인으로서 신앙생활은 충실하지 못하지만 사회개혁에 대한 의지와 시민정신을 계속 가지고 있는 집단이다. 이러한 집단의 전형적인 사회참여 방식은 후원회원으로 각종 사회운동 단체를 지원하는 행동이다. 시민사회의 여론 지도자의 위상을 지니는 집단이기도 하다. ④는 사회운동의 현장에서 활동가로 살아가는 집단이다. 직업적인 사회운동 실무자나 지방의회 의원, 각종 협동운동의 지도자가 되어 있는 사례가 많다. 이 범주에는 국회의원에 당선되어 정계에 진출한 민주화운동권 출신 인사들도 포함된다. 그러나 1987년 대선 과정에서 벌어진 김영삼(YS)과 김대중(DJ)의 경쟁은 민주화운동권이 후보 단일화론 진영과 DJ 비판적 지지론 진영으로 갈라지는 비극적 사태를 초래했다. 기독교 민주화운동권은 DJ 지지로 편향됐다. 그러나 후보 단일화를 지지하다가 YS 진영이라는 낙인이 찍힌 기독교 민주화운동권 인사도 적지 않았다. YS, DJ 정부를 거치며 기독교 민주화운동의 배경을 가진 여러 인사가 장관이나 국회의원이 되어 현실정치에 참여했다. 반면에 서경석 목사, 인명진 목

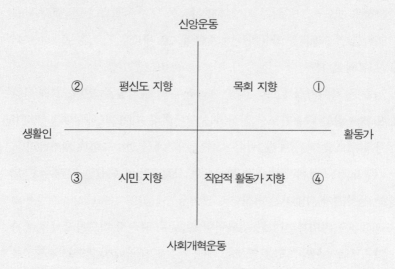

전체적으로 보아 기독교 민주화운동은 기독교 정신에서 도출된 공익적 가치관을 실현하기 위해 조직적으로 활동한 경험을 쌓은 다수의 시민을 양성했다. 생활과 활동 영역의 다양화에도 불구하고 기독교 민주화운동 참여자들은 인간화와 사회개혁을 지향하는 집단이라는 정체성을 공유하고 있다. 이들의 개인적 경험만이 아니라 기독교 민주화운동권 내부에 축적된 네트워크와 신뢰는 민주적 시민사회 형성에 기여하는 귀중한 사회자본으로 남아 있다.

맺음말

에큐메니컬 운동이 선도한 기독교 민주화운동은 한국의 민주화에 크게 기여했다. KSCF의 기독학생운동은 선진국에 출현한 68세대의 가치관과 해외 사회운동을 소개하고, 청년문화운동과 민중문화운동을 활성화했다. 이러한 활동은 민주화운동의 다양성과 참여자의 저변을 확대했다. 유신체제가 선포된 이후 자유로운 해방공간의 위상을 가진 교회의 중요성은 더욱 두드러졌다. 기독교 민주화운동은 한국의 민주화운동을 추동하는 중요한 세력이 되었으며 민중운동, 인권운동, 통일운동 등의 영역에서 선도적 역할을 했다.

소론을 마치며 앞으로 기독교 민주화운동 연구를 효율적으로 진행하기 위해 필요한 몇 가지 논의 사항을 제시한다.

첫째, 기독교인은 반공의식이 투철한 집단이라는 사회적 인식 때문에 군사정권의 탄압으로부터 기독교계 인사가 보호될 수 있었다는 논리, 미국의 인권 외교가 기독교계 민주화운동을 보호했다는 논리, 해외교회의 선교자금 지원을 받아 여유 있게 사회운동을 할 수 있었다는 논리 등과 같은 외부의 환경적 요인으로 한국 기독교 민주화운동의 성과를 설명하는 논리의 타당성을 확인할 필요가 있다. 아무리 외부환경이 좋아도 국내 사회적 여건이 허락하고 행동주체가 형성되지 않으면 사회운동의 활성화는 한계가 있을 수밖에 없다.

둘째, 기독교 민주화운동에 대해 교회 평신도가 보낸 지지 행동의 내용과 수준을 평가하는 과제가 있다. 개별 교회에서 민주화운동에 참여하다가 잡혀가는 청년, 대학생에 대한 일반 신도의 태도를 알아볼 필요가 있다. 이는 역설적으로 기독교 민주화운동이 평신도를 변화시킨 수준에 대한 고찰이기도 하다.

셋째, 기독교 민주화운동이 지향하는 '사회정의'와 부합되는 구체적 사회상을 고찰할 필요가 있다. 이 작업은 한국의 민주화운동을 사회사상사적 측면에서 재검토하는 계기가 될 수 있다. 절차적 민주화 이후의 진로를 둘러싼 민주진보 진영 내부의 이념적 분화 과정을 이해하기 위해서도 "무엇을 실현하기 위해 군사정권과 투쟁했는가"를 질문할 필요가 있다.

넷째, 교회 내부에 있는 하층을 중시하는 전통과 한국의 민주화운동이 접점을 찾을 수 있었던 배경을 이해하려면 '물질적 자원 제공'의 차원을 넘어 정신적 가치가 발휘하는 영향에 주목할 필요가 있다. 예를 들어 토마스 뮌처(Thomas Müntzer)를 비롯한 기독교 역사 내부의 민중주의, 청년 마르크스의 소외론과 휴머니즘적 요소 등에 대한 논의가 기독교 지식인만이 아니라 한국의 지식인 사회 내부에서 실제로 어느 정도 공유됐는가를 알아볼 필요가 있다. 이는 기독교 민주화운동이 가지고 있는 정신적 가치가 한국의 학계, 지식인 세계, 사회운동에 미친 영향을 평가하기 위해서도 필요한 과정이다.

다섯째, 기독교 민주화운동 세력은 구체적으로 '목회자, 신학자, 교단 간부로 구성된 지도자 집단인가', '청년, 학생, 노동자, 농민, 빈민 출신의 활동가 집단인가', '선한 일을 하다 핍박받는 이를 돕는 평신도와 시민까지 포함하는가'라는 질문이 필요하다. 주체의 성격을 규정해야 활동 내용을 분석할 때 초점이 명확해진다.

이상과 같은 논의는 결코 민주화에 대한 기여도를 따지는 논공행상을 염두에 둔 것이 아니다. 5개 항목은 체계적인 기독교 사회운동 연구를 조직하기 위해 주목해야 할 지점에 대한 참여관찰자의 문제 제기에 지나지 않는다. 아직 자료 수집과 정리를 서둘러야 하는 단계에 머물러 기독교 사회운동 연구는 신학과 인문사회과학의 공동작업이 필요한 영역이다. 이를 위해서는 연구자와 당사자가 적극적으로 협력하며 상호 점검할 수 있는 체제를 조직할 필요가 있다는 점을 마지막으로 강조할 수밖에 없다.

참고문헌

《대학알기 예수알기》, 한국기독학생회총연맹 편, 민중사, 1997.
《한국기독학생회총연맹 50년사 – 한국 기독학생의 사회와 교회를 위한 발자취》, 한국기독학
　　　생회총연맹 50주년기념사업회, 다락원, 1998.
《새벽을 엿본 마로니에 나무 – 72 마당 에세이》, 서울대 문리대 마당모임, 나눔사, 2002.
《1974년 4월 실록 · 민청학련》 I. II. III. IV., 민청학련계승사업회, 학민사, 2003.
《현장증언 1975년 4월 9일》, 제임스 시노트, 김건옥 · 이우경 역, 빛두레, 2004.
《70 · 80 실록 민주화운동 I – 우리 강물이 되어》, 유시춘 등, 경향신문사, 2005.
《70 · 80 실록 민주화운동 II – 우리 강물이 되어》, 유시춘 등, 경향신문사, 2005.
《한국교회 인권운동 30년사》, KNCC인권위원회 편, 한국기독교교회협의회, 2005.
《마을이 보인다, 사람이 보인다》, 황주석, 그물코, 2007.
〈한국 기독 NGO의 발달과정과 오재식의 생애사적 실천에 대한 연구〉, 전민경, 성공회대학교
　　　NGO대학원 시민사회단체학과 석사학위 논문, 2010. 2.
《김대중과 한일관계 – 민주주의와 평화의 한일현대사》, 류상영 · 와다 하루키 · 이토 나리히코
　　　편, 연세대학교 대학출판문화원, 2012.
《산업선교, 그리고 70년대 노동운동》, 장숙경, 선인, 2013.
《조국이 버린 사람들 – 재일동포 유학생 간첩사건의 기록》, 김효순, 서해문집, 2015.
《당신들이 계셔서 행복했습니다 – 보은기》, 김경남, 동연, 2015.
《시대의 횃불 – 새문안 대학생회 민주화운동사》, 새문안교회 대학생회 역사편찬위원회 편,
　　　탁지일 대표집필, 지식공작소, 2017.
《민청학련 – 유신독재를 넘어 민주주의를 외치다》, 민청학련계승사업회, 메디치미디어,
　　　2018.
《우리 기쁜 젊은 날 – 응답하라 1975-1980》, 진회숙, 삼인, 2018.

최태민 사태를 통해서 본 한국 기독교 문제

권진관 | 전 성공회대학교 교수

한국 기독교와 최태민

필자에게 주어진 제목은 "최태민과 한국 기독교 문제"이다. 여기서 한국 기독교는 개신교를 의미한다. 최근의 통계청 조사에 따르면, 개신교는 한국에서 가장 큰 종교가 되었다. 그러나 2005년만 해도 불교가 1위였다. 2005년도 정부조사에 따르면 불교 23%(약 1,073만 명), 개신교 19%(약 862만 명), 천주교 11%(약 515만 명)로 구성되어 있었다. 2005년의 통계를 그 이전의 통계와 비교해볼 때 개신교는 줄고, 불교가 완만히 성장했고, 천주교는 급증한 모습이었다. 그런데 2015년도 통계청 자료에 따르면 사정이 많이 바뀐 것으로 나타났다. 개신교가 가장 많은 967만 6천 명(19.7%)으로 10년 전에 비해 1.5%p 125만 명이 증가했으며, 불교는 761만 9천 명(15.5%)으로 10년 전보다 7.3%p 296만 9천 명이 감소했고, 천주교는 389만 명(7.9%)으로 10년 전보다 2.9%p 112만 5천 명이 감소했다.

한 종교전문가는 다음과 같이 언급했다.

"불교계는 개신교에 1위 자리를 내주고서 충격에 휩싸인 가운데 향후
여파에 대해 고심하고 있고, 개신교계는 교회 현장에서는 신도가 줄고
있는데도 도리어 종교인구가 증가했다는 발표에 대해 이단 종교들이
너무 많이 증가한 것이 아닌가 의심하고 있으며, 천주교는 2014년에
교황이 방한해 상당한 선교 효과가 있었음에도 천주교인이 줄었다는
사실에 충격을 받고 이와 관련한 언급을 자제하고 있다."[4]

개신교 주요 교단의 교인수는 줄거나 정체한 데에 반해서, 이만희 교
주의 신천지, 하나님의 교회(안상홍 증인회), 유병언의 구원파, 박옥수의
구원파 등 "이단 사이비" 교인들의 증가로 개신교가 국내 최대 종교가
될 수 있었다는 주장이 있다.[5] 그만큼 개신교는 하나가 아니며, 세월호
사건을 일으킨 유병언의 구원파처럼 개신교의 이름으로 충격적인 일들
이 일어날 소지를 많이 가지고 있다. 최태민과 최순실의 사태도 이것의
한 예라고 하겠다.

왜 최태민과 한국 기독교를 연결시키려고 하는가? 최태민이 누구인
지 먼저 살펴보자. 최태민은 원래 개신교 교인이나 목사가 아니었다.
그는 불교의 스님이기도 했고, 천주교에 적을 올린 적도 있었다. 그러던
중 영세교(靈世敎)라는 종교를 창시했는데, 이 영세교는 불교와 기독교,
천도교를 합친 것이었다. 그는 무당이었을 때 '원자경'이라는 이름을 사
용했고, 영세교 교주일 때는 '칙사' 또는 '태자마마'라는 호칭을 쓰며 스

---

[4] 윤승용, "통계청의 '2015년 종교인구 조사' 결과를 보고 나서", 〈한국종교문화연구소 뉴스
레터〉 452호(2017년 1월 11일), http://www.kirc.or.kr.
[5] http://blog.naver.com/nashin621/220905148536.

스로를 '단군', '미륵'이라 부르기도 했다고 한다.

그랬던 그가 박근혜를 만나기 시작할 때는 목사가 되어 있었다. 자료들에 따르면, 최태민은 1912년생이며 자주 개명하여 이름이 일곱 개(태민은 마지막 이름)나 된다. 그는 일제강점기인 1942년부터 45년 해방될 때까지 일본 경찰 황해도 도경의 순사로 있다가 해방 후 경찰관으로 변신했다. 강원도와 대전, 인천에서 경찰로 근무하다가 1950년 육군과 해병대에서 비공식 문관으로 일했고, 1951년 개명하고 대한비누공업협회 이사장, 대한행정신문사 부사장 등을 지냈다(참고로, 최순실은 그의 다섯 번째 부인인 임선이의 5녀이다).

1954년 초에 여섯 번째 아내가 그를 여자 문제로 고소하자 절로 도피해 최퇴운이라는 승려가 되었고, 1963년에는 불교계 인맥을 통해 집권당인 공화당 중앙위원으로 선출됐다. 그 후 회사를 운영하던 중 사기혐의로 입건되어 도피생활을 했고, 1969년에 공해남이라는 가명으로 서울 중림동 성당에서 영세를 받았다. 1970년대 들어서 그는 천주교와 불교, 기독교를 결합한 영세교를 창립하고 스스로 교주가 되어 1974년에는 하나님의 칙사, 태자마마라고 자칭하며 사이비 행각을 벌였다고 한다.[6]

놀랍게도 최태민은 1975년 4월 10일 영세교의 간판을 내리고 '대한구국선교단'이라는 간판을 내걸었다(최태민이 박근혜를 처음 만난 것은 1975년 2월 말경이었다).[7] 이즈음 그는 군소교단인 대한예수교장로회 종합총회 소속 목사가 되어 있었는데, 신학교육을 받지 않은 채로 돈을 주고 목사 안수를 받았다는 이야기가 있다.[8] 최태민은 1975년 4월 29

---

6 김종철, 《박근혜 바로보기》(여민미디어, 2012), 114쪽; 허호익, 《한국의 이단 기독교》(동연, 2016), 472~473쪽.
7 김종철, 위의 책, 114쪽.

일 대한구국선교단을 설립하고 스스로 총재가 되었다. 이는 주술가로는 자신을 세상에 드러낼 수 없고, 영세교라는 사이비 종교 교주의 이름으로는 박근혜를 설득할 수 없으므로 목사 타이틀이 필요하다고 생각했기 때문이라고 한다. 그는 여의도에서 한경직 목사 주도로 행한 빌리그레이엄 목사의 대형전도집회(1973)나 김준곤 목사 주도의 엑스플로74가 당시 박정희 정권이 뒤에서 밀어주어 성공하게 된 것을 보았다. 그 후 최태민 자신도 기독교에 들어가야겠다고 생각했던 것 같다.[9]

이들 집회의 특징은 반공주의적인 색채가 강했다는 것이다. 이를 본떠 최태민은 1975년 5월 4일 서울 마포구 동교동 중앙교회에서 반공구국기도회를 열고 박근혜를 참석시켰으며, 구국선언문도 발표했다. 이어서 5월 11일 오후 3시 임진강변에서 2천 명의 기독교인을 동원해 '반공과 안보'를 전면에 내세운 구국기도회를 개최했고, 이 자리에 참석한 대통령 영애인 박근혜를 명예총재로 추대했다. 당시 정치권과 밀착되었던 목사 한경직과 김준곤이 박정희 대통령과 공조하면서 대형집회로 자기 세를 불리며 정권의 비호 아래 반공과 안보를 기원했다면, 최태민은 어머니 육영수(1974년 8월 15일 암살로 사망)를 잃어 정신적인 공황상태에 빠져 있는 퍼스트레이디 박근혜를 공략하여 자기편을 만들어 세를 불리려 했고 그것에 성공했다. 그는 사이비 교주에서 목사로 신분 세탁을 하는 데 성공했고, 퍼스트레이디로부터 절대적인 지원을 받으면서 권력을 손에 쥐었다.

최태민은 다시 1976년 새마음봉사단을 설립하여 박근혜를 총재로 추대했다. 그리고 유신체제를 뒷받침하는 새마음갖기운동본부를 1977

---

[8] 허호익, 위의 책, 481쪽.
[9] 위의 책, 482쪽.

년에 전국적인 민관조직으로 결성한다. 새마을갖기운동을 할 즈음에 최순실은 이 운동에 대학생부 회장으로 참여하면서 박근혜와 인연을 맺었다.

이 글에서 필자는 최근에 일어난 박근혜-최순실 게이트와 대통령 탄핵의 직·간접적인 원인이 되는 최태민이라는 사람이 어떻게 한국 개신교와 손잡게 되고 한국의 개신교를 동원하거나 이용했는가를 살피고자 한다. 그리고 최태민 현상을 대형교회를 중심으로 한 한국의 개신교와 반공 유신체제와의 공조관계 속에서 나온 현상으로 보고자 한다.

최태민은 대한예수교장로회(예장) 종합총회라고 하는 아주 작은 교단에서 신학교육을 받지 않은 채 목사 안수를 받았다. 예장 종합총회는 아주 작은 교회연합체인데 최태민이 신학교육 등 선행 절차를 밟지 않고 안수를 받을 수 있었던 것은 당시 총회가 가난해서 인사권을 가진 총회장이 돈을 내는 사람에게는 누구든 안수를 주던 관행 때문이었다고 한다. 당시 한국의 개신교는 작은 교단의 난립으로 최태민과 같은 무자격 사이비 종교인들이 목사직을 언제든지 얻을 수 있었다. 그리고 이처럼 난립하던 개신교를 하나로 묶을 수 있었던 것은 반공주의와 구복적 신앙관이었다.

1975년 당시 주류교단 목사들과 교인들은 최태민이 총재로 있는 구국선교단의 구국기도회나 '기독교 구국십자군' 창설에 참여했다. 예장 통합의 지도자 중 한 사람이고 가장 오래된 새문안교회 담임 목사인 강신명 목사를 비롯하여 예장 합동의 최훈 목사, 기감의 박장원 목사 등이 합류했다. 이들이 최태민이 하는 행사에 참여하게 된 것은 이단성을 가진 수상쩍은 최태민 개인 때문이 아니라, 당시 퍼스트레이디로서 막강한 권력을 지녔던 박근혜 때문이었다. 최태민은 전투적인 구국선교단과 구국십자군 운동을 접고, 좀 더 동원 능력이 있고 유신체제와 밀착하는 새마음운동을 1977년부터 시작한다. 이 운동은 정부기관을 동원한 위로부터의 대중운동으로 전개됐다.

이것은 박정희의 유신의 과제였던 새마을운동의 정신적인 상대축으로서 국민정신 개조운동이었다. 국민들을 유신체제의 확실한 지지자로 만드는 운동으로 박근혜가 아버지 박정희를 돕는 역점 사업이었고 박정희도 지원을 아끼지 않았다. 각 지방, 각 지역, 각 단체, 각 직장마다 새마음갖기운동이 속속들이 들어갔다. 새마음운동은 전두환 신군부의 집권 후 강제해산되었다가 1987년 민주화 이후 다시 부활했다. 박근혜와 최태민은 새마음봉사단을 대신하여 근화봉사단을 출범시키고, 박정희육영수기념사업회를 조직했다.

개성공단 폐쇄 결정 과정에서 어떤 영향이 있었는가?

이 장에서는 특히 박근혜 정부의 주요 정책 결정에 최태민(그리고 최순실)이 준 부정적인 영향력을 살피는 일환으로 개성공단 폐쇄 결정을 살펴보고자 한다. 개성공단 폐쇄 결정은 매우 충격적인 일이었는데 이것은 전형적인 북한 봉쇄와 압박, 북한의 급변 사태에 대한 기대에서 나온 것이었다. 언론에서는 최태민 사후 그의 역할을 대신해온 최순실이 결정에 개입한 것이 아닌가 하는 의혹을 던졌다. 이 결정 과정에 최태민/최순실의 미신적인 운명론적 사고체계가 박근혜 대통령에게 영향을 주지 않았는가 하는 의혹이었다. 이 의혹을 풀기 위해서 우선 시민과 언론은 이 문제를 어떻게 보았는지 살펴보다.

2016년 12월 15일 '개성공단기업 비상대책위원회'(이하 비상대책위원회)는 서울 강남구 대치동 특검 사무실 앞에서 기자회견을 열고 '개성공단 폐쇄 최순실 비선개입 의혹' 수사요청서를 박영수 특별검사팀에 전달하고 철저한 진상규명을 촉구했다. 비상대책위원회는 "이성한 전 미르재단 사무총장이 한 언론과의 인터뷰를 통해 '최순실이 주도한 비선모임의 논의 주제 중 개성공단 폐쇄 등 정부정책이 포함되어 있다'고 증언하였다"며 "특검팀은 이성한 전 사무총장을 참고인으로 소환하여 최순실의 비선모임에서 논의된 개성공단 폐쇄에 관한 정책이 무엇인지와 국가 기밀이 누설되었는지를 조사하여야 할 것"이라고 주장했다(이성한 전 미르재단 사무총장은 한 언론과의 인터뷰에서 "최순실이 주도한 비선모임의 논의 주제 중 개성공단 폐쇄 등 정부정책이 포함되어 있다"고 증언한 바 있다).

이러한 의혹 제기에 통일부 대변인은 2016년 12월 15일 브리핑에서 "금년도 1월 6일에 북한이 제4차 핵실험을 했다. 2월 7일에 북측이 다시 장거리 미사일을 발사했다. 이후 3일 동안 관계부처 협의 등을 통해서 2월 10일 오전에 국가안전보장회의(NSC) 상임위원회가 있었고, 거기서 개성공단 중단 결정이 최종적으로 확정된 것"이라며,[10] 개성공단을 전면 중단함으로써 북한을 압박해 비핵화 쪽으로 유도하려는 고육지책에서 나온 정치적 결단이라고 설명했다.[11]

2014년 1월 박근혜 대통령의 신년 기자회견에서 사용한 용어 '통일대박'이 발표된 이후, 같은 해 3월 28일 '드레스덴 선언'을 하는데 낙후된 북한을 도와 잘살게 하겠다는 내용이 주를 이룬다. 그러나 북한은 즉각적으로 이 선언을 거부한다. 선언의 도입부에 북한이 싫어할 언급이 있었기 때문이다. "저는 최근 외신 보도를 통해 북한 아이들의 모습

---

10 〈연합뉴스〉(2016년 10월 26일). http://www.yonhapnews.co.kr/bulletin/2016/10/26/0200000000AKR20161026077900014.HTML.

11 〈통일뉴스〉(2016년 12월 15일). http://www.tongilnews.com/news/articleView.html?idxno=119154.

을 보고 가슴이 아팠습니다. 경제난 속에 부모를 잃은 아이들은 거리에 방치되어 있었고, 추위 속에서 배고픔을 견뎌내고 있었습니다. 지금 이 시각에도 자유와 행복을 위해 목숨을 걸고 국경을 넘는 탈북자들이 있습니다."[12] 즉 통일대박론은 흡수통일을 가리키는 것으로 그것을 '드레스덴 선언'을 통해서 재확인한 것인데, 북한은 이것을 받아들일 수 없었다. 결국 이러한 선언이나 정책이 통하지 않으니 개성공단의 전면 중단으로 북한을 압박하고자 한 것이다. 그러나 그러한 고육지책은 통하지 않았고, 북한은 계속해서 핵실험과 함께 미사일을 발사했다.

이에 대응하여 박근혜는 사드 배치와 한미군사훈련, 전력 증강 등으로 남북관계를 점점 더 큰 위기상황으로 몰아가는 악순환의 수렁에 빠트렸다. 이러한 강경 일변도의 정책은 북한의 붕괴론에 근거했다. 최순실이 통일은 2년 안에 이루어진다는 말을 많이 했다는데,[13] 이러한 근거 없는 바람과 추측, 사려 깊지 않음이 '통일은 대박'이라며 우연적 급변사태의 붕괴론에 기초한 흡수통일 생각을 가능하게 한 것은 아닐까. 최태민/최순실의 영향에서 오는 근거 없는 비합리적·비이성적 예언이나 운명론적 생각과 아버지 박정희 시대부터 각인되어온 냉전 반공의 "준전시적" 정신구조의 결합이 박근혜의 무리한 대북정책을 낳은 것이리라.[14] 다음의 박근혜의 일기에는 최태민에게 영향을 받은 운명론적 정신구조가 잘 나타나 있다.

---

[12] 〈한겨레〉(2014년 7월 30일). http://www.hani.co.kr/arti/opinion/column/64910 5.html#csidx9326815136a9f958fd79b0921b7fe22.

[13] 정욱식, "2년 안에 통일…'주술사' 최순실에 놀아났나? 대북 정책에 어른거리는 최순실 그림자". http://www.pressian.com/news/article.html?no=143289.

[14] 김종욱 외, 《박근혜 현상: 진보논객, 대중 속의 박근혜를 해명하다》(위즈덤하우스, 2010), 215쪽.

"예언이 있다는 것, 또 그것대로 일이 이루어진 예들을 볼 때 역사와 인간의 운명도 모두 다 천명에 따라 각본에 따라 이루어져 가고 있다는 것을 인정하지 않을 수 없다"(1991년 2월 22일 일기).

"하늘이 일을 시키시면 그 일을 충실히 묵묵히 완수하여 하늘을 기쁘시게 하고 자기 생을 충실하게 하는 것으로 보람과 기쁨은 충분한 것이다"(1991년 7월 12일).[15]

"인간은 반드시 두 번 태어나야 한다. 그 첫 번째는 부모님께로부터 육신을 받아 태어나는 것이고, 두 번째는 하늘의 진리의 말씀 안에서 깨우침을 얻어 다시 나야 하는 것이다"(1992년 3월 29일).

"이 인생살이는 하나의 연극이다. 그 인생의 각본은 이미 정해져 있고 몇 막 몇 장으로 되어 있어 무대에 들고 나는 때와 시간도 정해져 있다. 자기가 등장할 시간에 나아가 맡은 역할을 연기하고, 끝나면 들어오고, 그 연기를 얼마나 잘하는가 하는 것은 자기 노력에 달려 있을지도 모른다. 그러나 자기의 배역과 각본까지 바꿀 수 있는 힘이나 권한은 인간에게 없다"(1993년 2월 26일).[16]

"정말 간절하게 원하면 전 우주가 나서서 다 같이 도와준다"는 발언은 주술적 운명론적 사고를 잘 나타내고 있는데, 이것은 2015년 5월 5일 어린이날에 어린이들에게 해준 말이었다.

그런데 이 글의 주제인 "최태민과 한국 기독교의 만남"은 비록 최태민이 목사였다고 하지만 그 접점이 그리 넓지는 않다. 그가 속했던 예장

---

15 박근혜, 《평범한 가정에 태어났더라면》(남송, 1993), 218쪽. 허호익, 위의 책, 501쪽에서 재인용.

16 천영식, 《고독의 리더십》(학고재, 2013), 52~53쪽.

종합총회는 아주 작은 교회집단으로 전체 개신교의 본류가 아니며 매우 미미한 위치를 차지하고 있었고, 최태민은 여기에서도 축출된 사람이다. 그러므로 그에게 기독교인으로서, 교회의 지도자로서의 위치는 없었다고 해야 한다. 다만 그가 기독교와 연계됐던 점은 박근혜/박정희를 등에 업고 얻은 돈과 권력의 힘에 의해서 기독교 목사들과 교인들의 일부와 접촉했으며 기독교 인사들이 그 돈과 권력을 추종했다는 것에서 찾을 수 있다. 그러나 그것도 오래 가지 못했는데, 최태민은 전두환 정권 때 삼청교육대에 끌려가서 고초를 당하기도 했다. 박근혜가 보궐선거로 국회에 입성한 해가 1998년인데, 최태민은 1994년 82세의 나이로 사망했으니 이는 박근혜가 본격적으로 정치를 시작하기 전이었다.

최태민과 반공 기독교의 관계

그럼에도 최태민을 주술적 무속적인 종교가로 간주하지 않고 기독교와 관계지어서 보는 것에는 국정농단의 모든 현상의 뒤에는 최태민의 역할이 크다는 것과 덧붙여 적어도 다음의 이유가 있다. 무속적이고 샤머니즘적이라는 것 자체가 부정적이거나 나쁜 것이 아니지만, 오히려 그러한 요소들이 기독교와 혼합되어 기독교가 가지고 있는 힘과 합쳐져서 폭발적인 힘을 가지게 되면서 사회적·정치적으로 부정적인 역할을 담당할 수 있다는 것이다. 구복적이고 운명론적인 토속신앙이 한국의 기독교 신앙구조 안에 깊이 자리하고 있는데, 이것이 보수적 반공 이데올로기와 결합하는 양상이 오늘날의 한국 기독교 안에서 특히 눈에 띄는 점이라는 문제의식이다.

한국 기독교의 특징은 다른 종교보다도 반공 이데올로기, '냉전 담론'과 결합할 수 있는 성격이 강하다는 것이다. 최태민도 그가 무당이나 교주였을 때는 냉전이나 반공 이데올로기를 내세우지 않았다. 그가 목사가 되는 순간 반공·멸공 담론을 생산했던 것에 주목할 필요가 있다. 우리나라에서 적극적 반공/승공을 내세워서 치열하게 싸우는 종교는 개신교밖에 없다는 것에 주목하자. 역사를 들여다보면, 개신교에서 민주화운동과 인권운동, 산업선교를 주도적으로 이끈 점을 인정한다고 하더라도, 보수적 이데올로기의 생산자이며 실천세력인 동시에, 반공적 정치세력이 기댈 기둥은 역시 개신교였음을 부인할 수 없다.

일제하에서 개신교는 민족적 각성과 근대화의 중심이었다. 일제하에서 개신교는 민족독립운동에 앞장섰다. 개신교는 근대적인 교육과 의료봉사를 통해서 그리고 한글 성서 보급과 민중들의 활발한 교회활동을 통해서 근대적 민족의식을 고양하고, 민족의 각성과 독립운동에 신선한 기운을 불어넣어주었다. 그러다가 1920년대 중반기 이후부터 사회주의와 갈등을 빚으면서 반공주의적인 성격을 띠기 시작한다.

다른 한편 민족의 독립과 근대화를 지향했던 민족주의자들도 점차 일제로 전향하는 추세가 생겼다. 3·1운동에 참여했던 민족대표들 일부도 일제에 타협하고 자치론으로 전향했다(이들은 정신적인 맥에서 오늘날 뉴라이트로 이어진다). 일제는 조선을 병탄하고 한반도를 자기들의 계획에 따라서 체계적으로 재조직했다. 이 재조직에는 많은 물적인 생산을 가능하게 하는 산업화를 위한 재조직도 포함되어 있었다. 전국적으로 잠업을 조장했고, 농업을 위한 비료공장 등을 세우면서 농촌개발 사업에 박차를 가했다. 이를 근거로 뉴라이트 측은 일본의 앞선 기술과 제도에 힘입어 이러한 발전을 가져왔지 조선은 그렇게 할 수 있는 능력이 없었고, 그렇기 때문에 한국 발전을 위한 일본의 역할을 인정해야 한다고 주장한다. 그들의 주장대로, 일제 40년간의 통치 기간 동안에 한반도의 산업생산이 일정 수준 발전한 것은 사실이라 할 수 있겠다. 그러나 그것은 일본을 위한 일이었지 우리 민족을 위한 일은 아니었다(필자가 과거 우리처럼 일본 지배를 받았던 대만에 가보니까 대만인들이 일본을 인정하고 일본 사람들을 좋아하는 것을 보면서 이것이 뉴라이트의 입장과 비슷한 것이 아닌가 생각했다).

일제 말이 되면서 많은 기독교 지도자가 일본의 월등한 힘과 능력을 인정하고 일본에 협력하는 것만이 살 길이라고 생각하기 시작했다. 독립운동을 했던 사람들도 마찬가지였다. 윤치영과 같은 평신도 지도자, 정춘수·전필순·정인과·양주삼 목사, 박희도 전도사 등이 그들인데 이들 중에는 1919년 3·1운동 민족대표 33인에 들어 있는 사람들도 있다. 그들은 당시 조선의 지식인들로서 일제와 타협했고 절대독립을 포기했다. 이러한 사람들이 주도하는 개신교는 중일전쟁과 태평양전쟁에서 다른 종교들에 비해 더 열성적으로 물심양면 전쟁협력 사업에 참여했다. 그리고 이들은 해방 이후 일본 대신에 미국을 추종하며 반공주의에 앞장섰다.

일본에 끝까지 저항했던 세력이 해방 후 남한에서 그 세력이 약화되거나 제거되면서 남한에는 반공주의와 친미주의가 더욱 강력히 대두됐다. 오늘날 태극기 집회에 초대형 성조기가 등장하고, 한미의 혈맹관계를 나타내는 현수막이 거의 예외 없이 등장하는 것은 반공주의, 숭미주의, 보수주의(박정희주의)가 동반관계라는 것을 확인해준다.

개신교 안에는 폭력적인 반공주의자들, 친일·친독재자들이 많이 들어와 있었다. 예를 들어 사회주의자 모임들에 침투해서 테러와 암살을 일삼은 임일이 목사가 된 것, 빨치산 토벌 과정에서 많은 희생자를 총살이나 일본도로 목을 쳐 학살하여 백두산 호랑이라고 불리던 김종원이 교회 집사였으며 이후 치안국장이 되었다는 사실 등이 증명한다. 그리고 2008년에는 고문기술자 이근안이 목사가 된 것 등이 유명하다(필자의 경험을 소개하면, 1979년 11월 보안사에서 필자를 무차별 구타했던 보안사 헌병(하사)은 여의도순복음교회의 신실한 교인이었다). 그들은 회개를 개인과 하나님과의 일대일 문제로 간주한다. 그렇기에 "회개의 진정성을 감별할 수 있는 장치"를 갖지 못했는데, 한국 개신교의 맹점이 여기에 있었다.[17] 이러한 문제점을 영화 〈밀양〉은 하나님에게 용서를 받았다고 확신하는 살인범을 통해서 잘 보여준 바 있다.

한국의 개신교가 이토록 반공적이고 폭력적이 될 수 있었던 이유 중 하나는 한국전쟁(6·25전쟁)과 냉전시대를 거치면서 십자군적인 적과 아군의 구별 의식이 각인됐기 때문이다. 한국전쟁 전후 반공의 이름으로 민간인을 포함한 희생자들을 학살하는 광풍의 시기에 개신교가 동원되고 참여했던 경험은 오늘날 개신교회의 맹목적이고 전투적인 반공주의에 큰 역할을 하게 된다.

박근혜 탄핵 국면에서 태극기 집회 현장에서는 "빨갱이는 죽여도 좋다. 대한민국을 지켜내자"는 문장과 함께 장총을 겨누고 있는 군인의 그림을 등에 지고 다니거나, "종북좌파 척결", "계엄령을 실시하라"든지 하는 폭력 발언이 시위 참여자들에게서 나오곤 했다. 군가가 확성기를 통해서 울려 퍼지면 사람들은 군가에 맞추어 태극기를 흔들었다. 매주 토요일에 모이는 이 집회는 출정식을 연상케 했다. 실제로 군복을 입고 군대 깃발을 든 사람들이 많이 보였다. 이들이 서로 집회 참여를 독려하며 정보를 나누는 이른바 모바일 '단톡방'도 사정이 비슷했다고 하는데, '상대의 숨통을 끊자'는 얘기는 흔했고, '스스로도 목숨을 걸고 박 대통령을 지켜야 한다'는 다짐도 있었다고 한다.

---

17 강성호, 《한국기독교의 흑역사: 열두 가지 주제로 보는 한국개신교 스캔들》(짓다, 2016), 128쪽.

이처럼 한국전쟁 전후로 나타난 극단적이고 호전적인 좌우대립의 양상이 평화로운 이 시기에 다시 나타나고 있는 이유는 무엇인가? 대형 성조기를 수십 명이 붙들고 행진하는 모습과 그 뒤를 태극기 부대들이 따르는 모습을 이해하려면 전통적인 친미반공주의, 냉전구조와 연결해서 생각하지 않을 수 없다.

냉전이 해체된 지금에도 친미반북 신냉전체제가 한반도에서 지속된다. 구국기도회, 대한민국 지키기 안보집회, 멸공집회 등은 거의 예외 없이 기독교와 연계되어 열린다. 보수적 기독교인, 특히 보수주의 목사들은 재향군인회·자유총연맹·박사모 등 보수단체들과 손잡고 소위 종북세력을 척결하는 데에 앞장서고, 박근혜 정권을 지키자고 했다. 보수적 목사들은 설교에서 정치적인 언사를 서슴없이 뱉는다. 이들은 진보세력을 공산주의자로 매도한다. 특히 대형교회 목사들 중에 많은 수가 이러한 입장에 서서 남북의 긴장을 조성하고 냉전의 정신구조를 오늘날에도 확장하는 데에 앞장서고 있다.

냉전으로 구조화된 한국 기독교, 냉전의 종교-문화적 성격

1945년 해방 후 남북이 분단되고 북쪽에는 공산주의체제가, 남쪽에는 자본주의적 자유주의체제가 들어섰다. 남북한의 분단을 반대하고 미국과 소련 등 강대국들의 이데올로기를 넘어서 평화와 일치의 입장에서 분단 문제를 풀어가려고 한 평화세력은 남북한 모두에서 제거되거나 소외됐다. 그러는 사이에 남한에는 예전의 친일세력이 다시 권력을 잡으면서 친미·반공주의를 앞세웠다. 북한체제는 김일성 부자를 신적인 존재로 우상화하면서 종교적인 색채를 띠었다. 남한에서는 이것에 대항한 종교적인 세력이 필요했는데 여기에 친미적이고 반공적이면서 행동적이고 폭력적이기까지 한 기독교가 가장 적합했다. 남한 기독교의 중심세력은 서북지방의 개신교도들인데 그들은 일찍부터 미국을 이상적인 기독교 국가요 가장 믿을 수 있는 강력한 나라이며, 선교 모국으로 여겼다.

전쟁을 경험한 남한 사람들, 특히 북한의 공산주의체제에서 핍박받았다가 피난 내려온 월남 기독교인들은 남한이 북한을 능가할 수 있는 경제력과 군사력을 갖추는 것이 급선무라고 생각했다. 1970년대 초만 해도 북한의 경제력이 남한보다 더 컸다는 것은 남한의 식자층, 특히 기독교 지도자들에게는 위기로 다가왔을 것이다. 국민들은 4·19의거를 지지한 데 반해, 기독교 세력이 1년 후의 5·16군사쿠데타를 지지한 것도 승공할 수 있는 강한 나라를 만들어야 한다는 여망 때문이었다.

박정희는 이러한 여망에 부응했다. 그리고 한국 기독교는 박정희의 반공주의와 경제개발을 위한 독재적 통치와 유신체제를 적극적으로 옹호했다. 박정희는 1970년대부터 본격화된 기독교 민주화운동, 산업선교운동 등을 용공으로 몰았다. 기독교인들에게 냉전시기 남북한의 체제경쟁은 선과 악, 신과 사탄, 우월과 열등, 유신론과 무신론의 경쟁구도로 고착됐다.

남북 공히 냉전적 체제경쟁은 그 중심에 종교적인 요소를 강하게 깔고 있다. 북한에서는 김일성/김정일 유일체제에 기반한 주체사상이, 남한에서는 그것에 대항할 주체로서 기독교가 자리한 것이다. 냉전체제 경쟁구도는 남한의 기독교를 독특하게 만들어놓았다. 필자는 이것을 '냉전으로 구조화된 한국 기독교'(Korean Christianity structured by the Cold War)라고 불러도 무방하다고 생각한다.[18]

---

[18] Jin-Kwan Kwon, "Churches in the Divided Nation - An Analysis of the Korean

한국 기독교는 냉전기간 동안 빠르게 성장했다. 1950년에는 50만 명에 불과했는데 1991년에는 800만 명이 넘는다.[19] 1990년도를 세계적인 냉전시기가 끝나는 해로 본다면 아래의 〔표 1〕에서 우리는 1950~1991년 사이에 기독교의 교세가 눈부시게 성장하는 것을 볼 수 있다.

〔표 1〕 1950~1955년까지 기독교 교인수 증감

연 도	1950	1960	1970	1977	1985	1991	1995
교 인 수	500,198	623,072	3,192,621	5,001,491	6,489,282	8,037,464	8,760,336
증 가 율		24.6%	412.4%	56.7%	29.7%	23.9%	9.0%

※자료: 1950, 1960, 1970년 통계. 한국종교사회연구소, 〈한국종교연감〉(1993)
　　　1977년 통계. 문화공보부, 〈종교법인 및 단체 현황〉(1977)
　　　1985년 통계. 〈인구 및 주택 센서스〉(1987)
　　　1991년 통계. 통계청, 〈한국의 사회지표〉(1991)
　　　1995년 통계. 통계청, 〈1995 인구주택 총조사보고서〉(1997)

그런데 아래의 〔표 2〕를 보면 1995년에 876만이라는 수에 도달했다가 2005년에는 861만으로 오히려 감소하고 있는 것을 볼 수 있다. 그러다가 다시 2015년에 이르면 위에서 보았듯이 기독교인 수가 967만으로 100여만 명이 증가한 것으로 나온다.

여기에서 필자가 강조하고자 하는 것은 한국의 기독교는 냉전에 의한 영향을 크게 받은 종교라는 것이다. 냉전시대에 가장 빨리 증가했다

Christianity Structured by the Cold War System, 1945-1990", Philip L. Wickeri (ed.) *Unfinished History: Christianity and the Cold War in East Asia* (Leipzig, Germany: Evangelische Verlagsanstalt, 2016), 227.

[19] 이원규, 〈한국교회의 성장과 그 둔화 요인에 대한 사회학적 고찰〉, 《신학과 세계》, Vol. 34(1997), 249쪽.

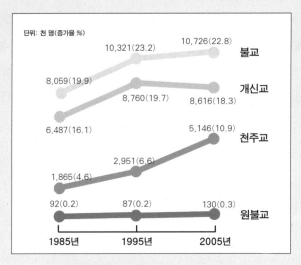

단위: 천 명(증가율 %)

불교 10,321(23.2) 10,726(22.8)

개신교 8,059(19.9) 8,760(19.7) 8,616(18.3)

천주교 6,487(16.1) 5,146(10.9)

2,951(6.6)

1,865(4.6)

원불교 92(0.2) 87(0.2) 130(0.3)

1985년 1995년 2005년

〔표 2〕 최근 20년간 종교인구 변화 추이
자료: 통계청(2005)

가, 냉전이 종식된 후 미미한 증가를 보이거나 오히려 감소하기도 했다. 이러한 현상은 개신교가 공산주의와 대결에서 보루 역할을 했다는 것을 역설적으로 보여준다. 몇몇 예외를 제외하면 한국의 기독교는 대체로 이승만, 박정희 독재정권들을 지지했다. 이들 독재정권 특히 박정희 정권이 냉전시기에 북한을 능가하는 경제성장을 이루어 승공의 기반을 만들었다는 점을 한국의 기독교는 높게 평가한 것이다. 이것이 소위 '박정희 신화'의 요체이다.

현재 남한의 경제력은 북한의 경제력에 비해 엄청나게 커졌다. 그러나 남북 간의 경쟁은 남한의 일방적인 승리로 진행되지 않고 있다. 북한의 핵 보유가 지금까지의 게임을 완전히 바꾸어놓았고, 박정희 신화를 재연하려고 하는 박근혜 정권과 이명박 정권은 대북 강경정책으로 밀고나가다가 아무런 성과도 얻지 못했다. 북한 핵은 계속 개발되는데 남한은 속수무책이며, 남북한 경쟁이 경제경쟁에서 핵문제, 정치경쟁으로 전환되면서 남북 화해나 평화와는 점점 더 거리가 멀어지고 있다. 박근혜 정권은 이를 만회하려는 듯 사드 배치를 결정했었다. 한반도에서의 핵무기를 놓고 줄다리기와 적대 전략이 점점 더 강화되고 있는데 그 해결책은 쉽사리 나오지 않는다. 원래 냉전은 미국과 소련의 핵무기 경쟁 구도하에서 일어난 것인데, 이제는 북한 자체가 핵무기를 갖고 미사일을 개발하며 위협적인 상황을 연출하는, 북미 간의 적대적인 견제 관계 속으로 한반도가 휩쓸려 들어간 것이다. 북미의 이러한 관계 속에서 남한은 미국 아래의 하위국가 위치에 서게 되었으므로 북한과의 관계에서 우위를 점하기는커녕, 하위의 자리에 서는 딜레마에 빠지고 말았다. 박근혜의 드레스덴 선언은 남한 우위의 입장에서 나온 선언문이었다. 북한은 이 선언을 흡수통일의 속내를 표현한 것으로 비난했다.

신냉전시대의 한국 기독교

소련과 동구권이 무너지면서 냉전시대는 끝났지만 한반도에는 아직도 냉전의 기류가 강하게 흐르고 있다. 신냉전시대에 한국의 기독교는 여전히 보수 반공세력의 보루가 되고 있다. 탄핵반대 태극기 집회에 참가하는 사람들의 숫자가 점점 많아지고 있고, 그들의 구호도 박근혜 살리기에 초점이 맞추어지고 있다. 박근혜의 지지율이 그렇게 낮았음에도 태극기 집회에는 점점 더 많은 사람이, 특히 다수의 기독교인이 나왔던 현상은 우리 사회가 아직도 냉전세력이 강하다는 것을 보여준다.

5·16군사쿠데타를 많은 사람이 지지했던 이유는 혁명공약에 있는 "민족의 숙원인 국토통일을 위해 공산주의와 대결할 수 있는 실력 배양에 집중할 것"을 지지했기 때문이었다.[20] 이러한 염원이 박정희 신화의

후광에 있는 박근혜를 지지하는 것으로 보였다. 그렇다면 한국 기독교의 의식구조 속에는 어떤 요소들이 참여하고 있는지 살펴보자. 필자는 숭미주의, 반공주의, 박정희 신화가 한국의 보수적 기독교의 집단적 무의식 안에 깊이 박혀 있다고 여긴다.

박정희와 최태민은 모두 일제하에 일본제국을 위해서 일했던 사람들인데, 이 두 사람은 일본의 앞선 문명에 설득당했다. 이들에게 일본은 모방해야 할 모범이었다. 이들은 정인과와 박희도 등 일제에 전향한 수많은 기독교인과 궤를 같이 한다. 그런데 일제에 전향했던 사람들은 숭미주의와 반공주의에 앞장서는 경향을 보인다. 최태민은 "기독교반공운동을 위해 승공 정신을 함양한다는 목적"으로 대한구국선교단(1975년 4월 29일 설립)을 형성했다. 박정희는 최태민을 통해 반공적인 보수기독교를 일으키려고 했다. 최태민이 기독교에 들어옴으로써 승공 십자군 집회를 제대로 할 수 있었다.

냉전은 두 개의 다른 이념 사이에 전선이 생긴 것을 말한다. 즉 자본주의와 공산주의 간의 이념체계의 대결이다. 주체사상과 미국적 자유민주주의 사상과의 대결이다. 남한의 기독교는 한국전쟁과 냉전기간 동안에 미국을 이상향으로 여겼다. 미국은 반공주의와 기독교 국가, 부강함, 발전 등을 상징했다. 이러한 의식은 동구 공산권이 무너지고 미국을 중심으로 한 서방세계의 승리, 서독의 동독 흡수통일에 의해서 더욱 강화됐다.

---

20 당시 많은 진보적 기독교인들도 군사혁명을 지지한 것으로 보인다. 민중신학자 현영학 교수도 당시에 군사혁명이므로 문제는 있지만 북한과 경쟁하여 반공체제를 확실하게 구축할 수 있을 것으로 보고 5·16혁명을 지지했다. 현영학, "5.16혁명과 한국교회의 과제", 《기독교사상》 5권 7호(대한기독교서회, 1961), 62~63쪽; 윤정란, 《한국전쟁과 기독교》(한울, 2016), 246쪽.

한반도에서는 냉전의 종식이 오히려 새로운 냉전으로 이전되면서 상황이 꼬이고 바뀌었다. 이런 변화된 상황 속에서 한국인들이 불러들이는 이상형은 민족의 부강과 반공에 기초한 통일을 지향했던 박정희였다. 숭미주의와 함께 박정희 신화 혹은 박정희 모델이 부각되었다. 이러한 신화 속에서 부각된 존재가 박근혜였다. 박근혜는 "아버지였으면 이럴 때 어떻게 했을까"를 되묻는 사람이었다. 박근혜의 영혼에는 박정희가 자리하고 있었다. 최태민은 박근혜의 등장을 주도면밀하게 준비했고 실행했다. 그리고 그것을 가능하게 했던 것은 그가 사이비 교주에서 목사로 신분을 바꾸었기 때문이었다. 최순실 게이트에 의해서 빈사상태에 이르렀던 박근혜 대통령에게 오래된 우군들이 태극기 부대로 모여들고 그를 복권시키려 하고 있다. 여기에 가장 적극적으로 앞장서고 있는 사람들이 기독교인들이다.

냉전에 의해서 구조화된 한국 기독교는 보수적·근본주의적·위계적·성차별적·흑백 이분법적인 멘탈리티를 가지게 되었다. 단순하고 이분법적인 구별에 의한 적대적 태도로 세상을 이해한다. 그러다 보니 박정희의 독재와 인권 탄압마저도 필요한 일로 옹호하면서 건강한 민주적인 정신을 훼손하고 말았다. 목적을 위해서는 어떤 수단도 정당화될 수 있는 정신구조를 만들었다. 이러한 냉전적 멘탈리티를 가진 한국의 기독교는 냉전기간 동안에 급속히 성장했다.

여의도순복음교회는 교인이 60만 이상이 되고, 1993년 기준으로 세계 50대 교회에 한국의 교회가 23개 들어간다. 교인들의 수는 냉전시기 동안에 급속히 늘었다. 이 기간 동안에 개신교회의 대형교회들은 반공주의의 이념을 제공하고, 물질적인 안전구조를 제공했다. 강남 대형교회를 다니면 사회적·경제적 기회가 주어졌다. 대형교회들은 교인들에게 경제활동에서 성공을 이루도록 신학적인 근거도 제공해주었다. 물질적·재정적 축복과 성공은 곧 하나님의 선물이라고 가르쳤다. 개인신앙과 개인구원에 집중하여 사회적인 문제들에 대해서는 눈감았다. 교회와 목사는 교인수의 많고 적음에 따라서 그 격이 결정됐다. 이러한 물질축복과 성공주의와 물량주의는 반공 이데올로기와 함께 냉전기간 동안, 특히 박정희 정권 기간에 개신교회 정신구조 안에 깊게 자리 잡았다. 전통적으로 내려온 숭미주의는 박정희 신화와 결합되어, 태극기 집회에서 보듯이 박정희/박근혜 옹호 구호 아래 성조기가 태극기와 함께 등장하고 있다. 이 속에서 한국의 기독교는 무비판적인 생각의 부재(thoughtlessness)와 맹목에 빠지고 말았다.[21]

한국 기독교가 최근 교인수에서 일시적으로 증가한 것처럼 보이지만 주요 교단들은 대개 하향 추세로 들어섰다. 가만히 있어도 신자들이 교회 문을 두드렸던 냉전시대는 지났다. 여기에 더해서 현재의 한국 기독교의 맹목성과 비사회적인 모습과 목회자들의 세습, 부정부패, 권위주의 등이 한국 기독교의 재생산을 가로 막고 있다. 한국 기독교는 스스로 자기 변화를 하기가 어려워 보인다. 한국 기독교는 지금도 숭미주의와 박정희 모델을 붙들고 있는 듯이 보인다. 그러나 이 둘은 확고한 것이 아니며, 변화된 상황에서의 미래지향적인 모델이 아닌 것으로 확인되고 있다. 박정희 모델은 지금도 강하게 신봉되고 있지만, 북한의 핵무장에 의해 시작된 한반도 신냉전시기에 이 박정희 모델(반공주의적인 동원체제)이 계속 적합한지는 의문시된다. 새로운 모델을 창출해야 하고, 이것을 한국의 기독교가 과제로 삼아야 할 것이다. 냉전시기 동안에 냉전을 구조화한 한국 기독교가 기복신앙과 생각의 부재와 맹목을 특성으로 가졌다면, 신냉전시기에는 새로운 정신구조를 형성해야 한다.

---

[21] Jin-Kwan Kwon, 226쪽.

그것은 북한의 핵무장에서 비롯된 전쟁의 위험 앞에 남북한 모두가 놓여 있다는 것이고, 상호 멸망의 길에서 벗어나려면 철저한 평화체제의 성립이 필요하다는 것이며, 이를 위해서 무엇보다도 한국의 기독교가 지금까지 가지고 있던 이분법적인 세계관과 십자군적 호전성을 버리고 사려 깊고 지성적이고 평화적인 정체성으로 발전해야 한다는 것이다. 신냉전의 핵심 원인인 북한의 핵무기 문제를 없애기 위해서는 북한이 자발적 폐기 결단을 할 수 있는 여건을 만드는 것이 중요한데, 그러기 위해서는 남측에서의 십자군적 호전성을 버릴 필요가 있다. 그리하여 "북한과의 교류·협력을 강화하고 북한을 안심시켜 핵무기에 대한 국내정치적 가치를 무력화시키"고 북한 스스로 핵을 포기하도록 유도해야 할 것이다.[22]

최태민과 최순실은 자기들의 이익과 권력을 위해서 박근혜와 공동운명체를 결성했던 것인가? 그리고 박근혜는 박정희의 부활을 위해 정치에 뛰어들었고, 최태민과 최순실을 공동체로 수용했던 것인가? 각각의 목적과 정도의 차이는 있겠지만, 이들 모두 박정희 체제의 부활을 꿈꾸었다. 오늘의 보수적인 기독교도 이와 멀지 않다. 박정희 체제는 구냉전시대의 산물이며 그 시대의 유물이다. 신냉전시대에 구냉전시대의 유물을 현재화한다는 것은 대단히 위험하다.

신냉전시대에는 좀 더 깊은 생각과 사려가 있는 기독교가 요구된다. 새 술은 새 부대에 넣어야 하듯이, 신냉전시대에는 새로운 기독교가 잉태돼야 한다. 그래야 이 신냉전시대를 넘어서서 평화와 교류의 시대를 열어나갈 수 있을 것이다. 지금의 태극기 집회의 모습에서 우리는 냉전

---

22 문정인, "북핵, 대타결은 가능한가?", 임동원·백낙청 외 지음, 《다시 한반도의 길을 묻다》 (삼인, 2010), 125쪽.

시대의 연속을 본다. 박물관에 있어야 할 것들이 다시 나와서 활약한다. 하부구조가 바뀌었는데 이전 토대의 상부구조의 정신과 사상은 혼령처럼 지금 우리 시대에 떠돌고 있다.

에필로그

이 글을 쓴 뒤 꽤 오랜 시간이 지나 에필로그를 덧붙이려 한다. 지금은 박근혜 전대통령이 탄핵되고 이어서 부패 혐의로 감옥에서 수형생활을 하고 있고, 최순실도 공범으로 형을 받고 감옥생활을 하고 있다. 이에 반발하여 광화문 일대, 시청 앞, 서울역 인근 그리고 청와대 근처에서 개신교인들이 중심이 되어 데모와 집회를 하고 있는데, 이들은 주로 문재인 대통령 하야와 박근혜 전대통령 탄핵 무효와 출소를 요구하고 있다. 태극기와 성조기를 들고 집회에 나오는 사람들의 상당수가 개신교인이다. 이들은 박정희 시대를 향수하며, 반북·반공을 외치며, 문재인은 공산주의자고 나라를 망치고 있다고 비난한다. 이들은 이렇게 새로운 냉전체제의 한 축을 담당하고 있다. 한반도에서 신냉전의 양대 축을 북한과 미국이 맡고 있고, 여기에 '태극기 부대'가 가세하고 있다. 태극기 부대의 중심에는 보수적 개신교가 있다.

이 글에서는 최태민 현상을 주로 다루었는데, 최태민 이후 지금 한국은 박근혜 전대통령이 극우의 이데올로기와 신냉전의 아이콘이 되어, 지지세력들을 태극기 집회로 결집시키고 있다. 위에서 보았지만 박근혜는 무속적·운명론적인 사상의 영향을 받아 시대를 보는 눈이 시운적으로 기울어져 있었다. 지금의 극우, 신냉전의 한 축을 담당하고 있는 개신교도 여기에서 크게 벗어나지 못하고 있다. 전지전능한 하나님을 내세워 보수신앙의 입장에서 역사와 사회를 재단하는 것도 크게 보아서 무속적 운명론적인 시운관에 가깝다.

결국, 이 연구자의 주장은 다음과 같다. 지금의 신냉전의 개신교 극우세력은 시대를 보는 지성적·비판적인 관점을 상실하고 있고, 그렇기 때문에 일반적인 보수진영으로부터도 신뢰를 받지 못하고 있으며, 그 숫자도 그리 많지 않아 보인다는 것이다. 개신교 본류는 이러한 비지성적이며 교양 없는 언어와 행위를 일삼는 세력에 흔들려서는 안 된다. 그러나 한국 개신교의 본류 속에 구냉전시대의 멘탈리티가 스며들어 있기 때문에 지금의 신냉전시대 정신구조와 상통할 가능성은 상존한다. 그러므로 양식 있는 개신교 교회들은 지성적이고 교양 있는 행동과 사회적 활동을 더욱더 활발히 하여, 보수 기독교를 잘 선도해나갈 뿐 아니라, 한국 사회로부터 인정받을 수 있도록 노력해야 할 것이다.

한국 현대사와 민주화운동에 처음 관심을 갖게 되었던 암울했던 유신시절, 어린 제가 이름으로나마 접할 수 있었던 민주인사들 중에는 유독 목사님이 많았습니다. 김재준, 홍현설, 문익환, 문동환, 박형규, 강원룡, 서남동, 조화순, 조승혁, 조지송, 서광선, 이해동, 김찬국, 조향록, 오충일, 인명진, 윤반웅, 이해학, 권호경 등등 얼핏 생각나는 분들만 꼽아도 스무 분은 너끈히 될 듯싶습니다. 목사님은 아니었지만 함석헌 선생님이나 안병무 선생님 같은 분들도 계셨습니다. 저는 기독교 신자는 아니었지만, 한국의 민주화운동은 기독교인들이 거의 다 하는 것이 아닌가 하는 생각을 갖기도 했습니다. 그런데 지금 젊은이들에게 사회적으로 존경을 받는 목사님은 몇 분이나 될까요?

2017년 독일을 방문할 기회가 있었습니다. 차를 타고 가다가 힐끗 갓 쓴 사람을 그린 포스터를 스쳐 지나갔습니다. 무엇일까 찾아보니 마침 마틴 루터의 종교개혁 500주년을 기념하는 전시회가 크게 열리고 있었는데, 그 포스터로 운보 김기창 화백의 〈예수의 생애〉 중 한 장면을 쓴 것입니다. 전시회는 개신교가 번창한 네 개의 나라를 대륙별로 소개했는데, 유럽에서는 종교개혁이 일어난 독일, 미주에서는 미국, 아프리카에서는 나이지리아가 선정되었고, 아시아에서는 한국이 소개됐습니다. 한국의 성령 대폭발은 가히 세계를 놀라게 한 일이었습니다. 세계 100대 교회에서 절반이 훌쩍 넘는 교회가 한국에 있을 정도로 한국은 전 세계에서 기독교가 가장 성공한 나라로 꼽히고 있습니다.

그런데 어찌 된 일일까요? 모 극우 목사가 국민 밉상으로 꼽히게 된 것이 어찌 코로나 때문만일까요? 청와대에 찬송가가 울려 퍼지고, 서울시가 뜻하지 않게 하나님께 바쳐졌는데, 한국의 기독교는 빛을 잃고 짠맛을 잃어버렸습니다. 흔히 '5가'라고 불리는 기독교회관은 더 이상 민주화운동의 중심지도, 이 시대 고난받는 사람들이 의지할 수 있는 곳도 아니게 되었습니다. 교회의 힘은 커졌는데 왜 이런 일이 벌어졌을까요? 양심에 따른 병역 거부와 관련된 일을 할 때에도 한국 개신교에 대한 의문은 더욱 커졌습니다. 서구에서는 양심적 병역 거부가 기독교 평화주의의 아주 기본적인 실천이었는데, 어쩌다 한국에서는 주류 기독교가 병역 거부는 이단이나 하는 짓이라고 아우성을 치게 되었을까요? 21세기에 들어와 보수진영이 길거리 대형집회를 시작한 이후, 개신교는 한국 극우진영의 주축이 되었습니다. 대형교회가 신자를 동원하면 수만 명이 모이고, 동원하지 않으면 1백 명 남짓 모이는 현상이 되풀이되었지요. 한국 사회의 보수화, 친미화, 남북갈등과 남남갈등의 심화, 그리고 물질주의·배금주의의 만연에서 개신교의 책임은 크다 하지 않을 수 없습니다.

평화운동과 과거사 진실규명운동과 관련된 다양한 활동을 하면서 좋은 목사님들을 많이 만날 수 있었습니다. 또 성공회대학에 적을 두게 되면서 훌륭한 기독교인들 속에서 지낼 기회도 아주 많았습니다. 한때 민주화운동의 중심세력이었던 개신교는 어쩌다가 수구보수세력의 주축이 되었을까요? 보수세력은 민족을 중시하는데, 어떻게 8·15도 아니고 3·1절에 성조기를 휘날리게 되었을까요? 종교인들이 사회와 보통 사람들을 위해 기도하고 걱정해야지 어쩌다가 비신도 시민들이 개신교의 거듭남을 걱정하게 되었을까요?

이 책의 기본이 된 세미나는 이렇게 시작됐습니다. 마침 NCCK 언론위원회 산하 이달의 시선 선정위원으로 참여하게 되어 언론위원회 담당 강석훈 목사와 교류하게 되면서 여러 가지 상의 끝에 평화박물관에서 장소와 약간의 비용을 제공받아 2017년 말부터 10여 차례에 걸쳐 한국 개신교의 역사를 되짚어본 것입니다. 세미나의 주제를 선정할 때는 한국 개신교가 사회의 빛과 소금이 되지 못하고 밝음과 짠맛을 잃어가고 있다는 안타까움에 부정적인 측면을 집중적으로 다루었지만, 한국의 근현대사에서 개신교가 기여한 바는 매우 컸습니다. 이만열 교수님의 글을 맨 마지막으로 배치한 것은 이 점을 다시 한번 짚기 위한 뜻에서였습니다. 먼 길 달려와 세미나 발표를 맡아주신 필자 여러분께 감사드립니다. 세미나를 조직하고 진행하는 것과 그 결과물을 책으로 묶어내는 것은 전혀 다른 작업입니다. 그 힘든 과정을 묵묵히 맡아주신 강석훈 목사님께 깊은 감사를 드립니다. 어려운 여건에도 불구하고 출판을 맡아주신 동연의 김영호 대표님, 그리고 세미나의 연락과 준비를 담당한 평화박물관 오하린 이사와 엄지 총무께도 고마움을 전합니다.

온수에서 가을을 보내며
한홍구